咨研究丛书（2014）

陆学艺评传

——一个社会学家的思想和学术人生

吴怀连　著

中国言实出版社

图书在版编目（CIP）数据

陆学艺评传：一个社会学家的思想和学术人生 / 吴
怀连著 . -- 北京：中国言实出版社，2014.5
（重咨研究丛书 . 2014）
ISBN 978-7-5171-0535-0

Ⅰ . ①陆… Ⅱ . ①吴… Ⅲ . ①陆学艺（1933 ~ 2013）
– 评传 Ⅳ . ① K825.1

中国版本图书馆 CIP 数据核字 (2014) 第 077072 号

责任编辑： 王　宁

出版发行　中国言实出版社
　　　　　　　地　　址：北京市朝阳区北苑路 180 号加利大厦 5 号楼 105 室
　　　　　　　邮　　编：100101
　　　　　　　编辑部：北京市西城区百万庄路甲 16 号五层
　　　　　　　邮　　编：100037
　　　　　　　电　　话：64924853（总编室）64924716（发行部）
　　　　　　　网　　址：www.zgyscbs.cn
　　　　　　　E-mail：yanshicbs@263.net
经　　销　新华书店
印　　刷　三河市祥达印刷包装有限公司
版　　次　2014 年 5 月第 1 版　2014 年 5 月第 1 次印刷
规　　格　710 毫米 ×1000 毫米　1/16　20 印张
字　　数　326 千字
定　　价　48.00　　ISBN 978-7-5171-0535-0

目录
Contents

"我是一个上过大学的自学成才者"。

"成就我学术人生的大部分知识，来自于'社会'这部大书。"

这两句话，陆学艺先生十多年前就对我讲过。当时，我是他的博士生，对他的学术思想和人生经历理解不深，只当成一位受人尊敬的学者说的两句场面话，自谦而已。现在了解他多一些，尤其是决定写作他的传记时，对这两句话，我是别有一番体会。

要理解陆学艺先生的学术人生和学术思想，我觉得这两句话是一把钥匙。他的理想志向的形成，以及他后来学术人生的起步，都与这两句话所能概括的他的青少年生活和求学的那个年代有关。

那是一个充满激情、苦难而动荡的革命年代。

1977年，中国历史的重要转折时期。

在这样一个历史时刻，思考和认识，往往决定一个人的命运，也决定一个国家的命运。

很多人只是欢庆一个极"左"时代的终结，而没有怎么思考即将来临的是一个什么样的时代。

陆学艺此时也在欢呼和庆祝，但他更多的是在思考和探索。从过去几十年的观察、体验和思考中，他认定这是改变农村、改变自我、改变中国的历史机会。

他必须抓住这个机会，通过自己的努力，推动农村和中国的改变。

为此，他作了十几年、甚至一辈子的努力。

第三章 代言"三农"

改革开放，为"三农"的发展开启了新征途，也为对这一问题的学术认识和探索提供了新要求和新视角。要在一个"三农"为主体的国家实现现代化，如何看待和处理"三农"问题便成为成败的关键。为此，各路人马都进行了艰苦和长期的探索。

陆学艺从20世纪五六十年代开始，思考探索农业、农村问题。1989年2月，第一次将农业、农民和农村问题放在一起系统思考，提出"三农"问题面临新的形势和新的问题，必须从整体上进行研究和认识。

他是"三农"的代言人？你确定？

是的，我确定。

第四章 社会结构——转型

中国社会学的恢复，始于改革开放初期的1979年。社会结构及其转型研究，也在80年代开始起步。但在国内，这是社会学研究最早、最热门、最重大，也最为持续的课题之一。一直到现在，都是人们津津乐道的"保留节目"，甚至成为社会学语言中的ABC。作为社会学家，如果不懂得"结构"、"功能"、"结构功能主义"和"结构化"这些常识性话题，那么，你就会在社会学界寸步难行。在这里，"行话"就是"黑话"，就像杨子荣进入座山雕的山寨，必须听得懂"天王盖地虎"一样。当然，"社会结构"话语，还不只是一种行话，而且还是一种解释"范式"。你要想看清隐藏在这纷繁复杂世界中的简单脉络，你要把握住现代社会未来趋势和走向，"结构"就是一把用得上的"钥匙"。从前工业社会到工业社会，再往前行至N社会，不管多么复杂的变迁和变化，社会学家都可以说得清楚明白。一言以蔽之：社会结构——转型。

1987年，陆学艺从农业经济学领域，转行至社会学领域，首先便碰到了这个"天王盖地虎"。好在陆先生原先研究过哲学和哲学史，知识广博，对"结构"的主义与问题，早已熟悉，一句类似于"宝塔镇河妖"式地对付，便得到了社会学的入场券（一笑！）——这也不完全是玩笑的。虽是受命来社会学所做领导工作的，但他也深深知道学界的潜规则，领导权来自于专业话语权，他必须通过掌握专业话语权来行使领导权。

第五章　走向社会现代化

现代化在中国现代史上具有时代的意义。无数革命的仁人志士，为了实现中国现代化理想，作出重大牺牲。作为中华民族、中国人民和中国无产阶级先锋队的中国共产党，很早就提出四个现代化的发展战略，并一直积极推进现代化建设事业。改革开放以来，更是找到了一条在市场经济条件下，加快推进社会主义现代化的现实道路。早在1979年，邓小平同志就提出在20世纪末达到小康水平的战略目标，后来又有"两步走"和"三步走"的构想，即到21世纪中叶时，达到中等发达国家的现代化水平。

陆学艺进入社会学领域后，他就开始从现代化的角度研究"三农"问题和中国社会发展问题，形成了他关于现代化的独特而极具现实意义的理论体系和学术视野。这就是通过传统农民终结实现农村现代化；通过社会建设实现中国社会现代化。这两个理论，犹如人之双臂，车之两轮，一左一右，一前一后，承载起陆学艺关于中国走向现代化的宏大构想。

第六章　社会学的中国元素

社会学是研究社会的社会科学的专门学科。

当代社会学主流话语都认为，社会学最早是由法国人孔德在上个世纪30年代提出来的，之后它在欧洲，继而在美欧和全球迅速发展，成为与经济学、法学等学科等量齐观的显学。在19世纪到20世纪中叶，社会学的经典颜色，都是欧洲的或美欧式的"白色"，理论也都打上了科学——工业至上主义、社会达尔文主义、西方中心主义和资本主义的烙印。20世纪中叶至今，社会学仍是西方主导，但全球化也让这门学问血统不再纯"白"，也不再偏狭于一隅，也渐渐地有了黄色、黑色和棕色，有了东方化和非西方化等等全球性味道。

第七章　"走"学问

　　长期做文史哲学问的人，总会有一些固化的观念：学问是做出来的。板凳要坐十年冷，文章不写一句空。如果不青灯黄卷、寒窗苦熬几十年，广搜博览，你的学问是不到家的。他们很看不起社会学家，认为这帮人在社会上"混"，不读书，没学问；他们更看不起那些当官的，不仅是没学问，而且没文化。

　　这里有门户偏见，也有学问方法论的误区。

　　十多年前，我鉴于反省真正的学问是什么，研究过几个社会学大家的学术经历，发现一个"规律"：即他们都是用"脚"做学问，即在现实中调查研究实践成功的代表。进而推至到社会学学术的成功，必须用"脚"走，而不只是用"手"做。只有到现实生活中去，到人民群众的实践中去，到改革开放和社会现代化的现场中去，观察、了解、调查、研究，才能发现中国社会历史和现实的真相，才能把握中国社会发展的规律和趋势，才能做出无愧于时代，无愧于人民，也无愧于自己的真学问来。

　　十多年过去了，现在，陆学艺的学术人生又有了新的发展，路程"走"得更远了，学问"走"得更大了。为了修正或丰富我当年的观点，我必须跟着"走"，把他的艰辛和精彩展现出来。

第八章　361 度看问题

　　1997 年 5 月 26 日，陆学艺接受中央电视台"东方之子"栏目记者的采访。记者问："人家说您像一名县委书记，您自己认为您更像一名县委书记呢？还是像一名学者？"

　　1983 年到 1986 年，陆学艺曾在山东陵县作农村体制改革试验蹲点调查 3 年。为了工作的方便，也曾挂职作了 3 年陵县县委副书记。因为有这一经历，因为这一经历给他的思想和行为可能带来了某些改变，故记者如是发问。当然，这是一个轻松、俏皮的话题。

　　陆学艺同样用轻松的话语回答："我觉得我还是一名学者。……我在陵县3年，基本上还是作调查。"

　　记者的话题当可一笑而过，但对陆学艺学者形象的认定，在社会学界和社会科学界，并非没有分歧。即使是我本人，对陆先生的认识，也在发生变化。1998年，我在一本书中写道：

　　"在我看来，陆学艺的确是一位学者，但他又是能够走到现实生活中去，用学术来解释和影响实际工作的学者，同时也是一名善于从实践中寻找学术概念的创新型学者。"

　　现在，十多年过去了，再来重新审视陆先生的学术人生时，我必须再加上一句：陆先生不仅是一位能"将学术与实际生活打通"的学者，而且还是一位具有"政治自觉"的学者，是一位能361度看问题的学者。

第九章　给知识分子当领导 ················· **283**

　　当领导，是中国人最感兴趣的话题。

　　在许多人看来，领导就是"官"，就是肥缺和美差。但在我看来，还得看给谁当领导。若是给知识分子当领导，那就不仅不是肥缺，而且还是一件苦差事。

　　陆学艺大多数时间里，当的恰恰就是知识分子的领导。这是一份权力有限责任无限的吃力不讨好的苦差事，但在他手中，却游刃有余，干得风生水起，硬是把社会学所这片干旱贫瘠、寸草不生的荒漠，打整成了风调雨顺、土肥水沃的米粮川；硬是将社会学会这锅好不做、不好做、做不好，6年无人问津的夹生饭，煮成了色香味型俱佳、谁都想吃的佳肴；硬是让北工大人文社科学院这位不解风情、不懂世事、爹不疼妈不爱的黄毛丫头，10多年之间，出落成有型、有料、有气质、有涵养的美少女，社会学T型台上一颗冉冉升起的明日之星。

　　这一切，他是如何做到的？

　　我很羡慕，也很好奇。

目录

5

导语

他是一名资深农民工。

他少年时便是一名农民工；青年时代下放"五七干校"劳改，别人愁眉苦脸，他却兴高采烈，因为那里有他亲爱的农民兄弟；中年时代为破解"三农"问题，走千山万水，说千言万语，想千方百计；老了，他还是一名农民和农民工……的代言人，为了农民和中国的利益，杜鹃啼血唤春风。

这位做过县委副书记的哲学家、经济学家和社会学家，在一大堆让人炫目的光环和名衔中，最看重的便是"农民和农民工的代言人"这个名衔。因为在他看来，能够与占全国人口 70% 的农民和农民工在一起，实属三生有幸，这是一个光荣又伟大的名衔。

他的学术人生道路绚丽而多彩。

他曾有机会做将军，做国防科技专家，做大官，但都被他放弃了，"死不悔改"地选择了做一名文字建筑工。在北京建国门内大街的一个地方，建造了一座让常人难以企及的学术思想高塔。

他曾经是一名哲学家，也曾经是一名经济学家，而现在则是代言农民和农民工的社会学家。为了推动中国社会的转型，他本人不断地转行。秉承着孔夫子的"学而优则仕，仕而优则学"的教诲，他不但要将社会科学内部打通，将人文社会科学与自然科学打通，而且还要将学术与实践打通。

在这方面，他有大境界、真功夫。

他逝世时被人称为学术泰斗、精神导师，这"泰"、"导"，我认为，不在于著作数量的多少；而在于在读者心目中分量的轻重。上能入高层法眼，让决策者击节叫好；下能扣民众心弦，在市场上畅销得洛阳纸贵，即为我谓之学问之"泰"。不是意料之中的叫好，而是意料之外的称奇；不是领导已想到没说到的东西，而是虽跟领导"顶牛"，却让领导高兴的东西。沿着"改革——三农"和"社会结构及其转型"这两条主线，把"社会现代化"这个命题演绎得波澜壮阔，浩浩荡荡，有如黄河之水天上来，大江东去之势，即为我谓之学问之"导"。

从中国传统和现实生活实践中汲取学术营养，使他的思想具有高度的"文化自觉"；用"360+1"度的视角看问题，又使他的思想具有了坚定的明确的"政治自觉"。比专家想得周全，又比领导想得超前。他的思想和观点，不仅引导着社会学的学术潮流，而且也影响着领导的决策。永远都比别人早半拍，源于他总是站在比别人高一度的地方。

秉承着中国学术的"知行合一"、"经世致用"的传统，他努力探索以实践为本体的学术路子，逐步形成了"唯实主义"的思想体系，把自己的学问不仅写在书上，而且还要写在中国的大地上。

他一辈子都做领导，是一个具有先天领导禀赋和机缘的人。

他从小就做领导，在家排行老二，作爹妈的助理，协助分管哥哥和一大群弟妹。13岁至16岁在工厂当学徒，他当工会的青工部长，领导师傅们护厂复工，迎接新中国的黎明。

在社科院读书，以学生身份，发展他的老师入党；工作时，又以副研究员身份，出任所长，为一大排资深研究员评定职称。

出任中国社会科学院农村发展研究所副所长，社会学所副所长、所长13年，中国社会学会会长（包括秘书长和名誉会长）18年，北京工业大学人文社科学院院长12年多，在这些别人焦头烂额的位置上，干的虽是个力气活，但他干得风生水起，得心应手。

即使退休了，啥也不是了，做课题，他以其个人学术魅力和人气，组织起大兵团作战，也横扫千军如卷席，毫不费力。

高度的政治自觉、杰出的组织协调能力、脚踏实地的工作作风和厚道的为人处世，让他不论在学术方面，还是在政治方面，亦或是在社会活动方面，做任何事都是领导，都是主角，都是当之无愧的带头人。

他是一个大智者。

大智者，若愚也。

不论是在学术殿堂，还是在田间地头，他留给人的印象，除了头发稀疏，戴一副眼镜，有点像学者之外，衣着和神态都永远是一个标准的老派农民模样。

在生活中和学术中，他坚持以本我形象出镜，绝不包装做秀，绝不拿腔作势，绝不虚情假意。这样做的后果，有好有坏。他给人的第一印象，往往是坏的：他不过如此，他徒有其名，他没有"派"；但接触多了，第二、第三印象，则往往是好的，他不可思议，他很难复制，他太有"料"了！

下级们、学生们很率性地称他为"老陆"，不是"陆所长"，更不是"陆老"。这一称谓倒是很符合老美的文化标准，然而与中国文化传统相去甚远。他也毫不在意，任凭那些不知天高地厚的小子们"胡言乱语"。

他的孩子们远在美国，但心仍在国内，他们挂念着父亲，也离不开他的教导。在孩子们心目中，父亲不仅是亲情和温暖的家的代名词，而且也是永远的人生导师。

最值得一提的是他的夫人吴孟怡。吴女士是他大学同学，70多岁时，患上了严重的老年痴呆症。当我去看望时，她已认不得我是谁了，生活中的起居和饮食，都得依靠他和保姆护理。往昔的风华绝代，如今的风烛残年，她与他和他的事业相伴始终。在生命即将走到尽头之际，吴女士仍将信任和眷恋的目光投向她的丈夫，好像在说，我这一辈子都奉献给了你，奉献给了你的农民工事业。我还将争取再多活一些时日，为你作更多的奉献，我无怨无悔……

这个社会上，智者分大智者和小智者。小智者，看起来聪明，其实很糊涂；大智者，看似糊涂实则很聪明。

他属于后者。

在学问这个问题上，在政治这个问题上，在人生这个问题上，知识分子往往犯错误，领导有时也会犯错误，而他既是知识分子，又是领导，却很少犯错误。

能够做任何事都极少出错，都能成功，都让人赞叹不已的人；能够让同事、朋友、亲人迷恋甚至对手都佩服的人；能够让我仰视的人，我反复数了数，只有他；我认真想了想，还是只有他。

他是谁？

他就是这本书的主人：陆学艺。

时任国务委员、兼国务院秘书长华建敏同志到全国先进工作者、中国社科院荣誉学部委员陆学艺家中慰问（2007年春节）。

第一章

读"社会"这部大书

"我是一个上过大学的自学成才者"。

"成就我学术人生的大部分知识，来自于'社会'这部大书。"

这两句话，陆学艺先生十多年前就对我讲过。当时，我是他的博士生，对他的学术思想和人生经历理解不深，只当成一位受人尊敬的学者说的两句场面话，自谦而已。现在了解他多一些，尤其是决定写作他的传记时，对这两句话，我是别有一番体会。

要理解陆学艺先生的学术人生和学术思想，我觉得这两句话是一把钥匙。他的理想志向的形成，以及他后来学术人生的起步，都与这两句话所能概括的他的青少年生活和求学的那个年代有关。

那是一个充满激情、苦难而动荡的革命年代。

未成年的青工部长

江苏省无锡县坊前镇北钱村，在哪里？

从南京走京沪高速公路到上海，在无锡新区下道处，我们会见到一个醒目的地名——坊前镇。

坊前镇 17 平方公里，原住民人口大约 17000 人左右。周邻无锡市区、高新区和新加坡工业园、经济开发区，又因京沪高速、312 国道、锡沪公路穿境而过，至南京、上海都只需一个多小时，几成近邻。近年因地理位置和交通条件得天独厚，而被国内外投资人看好。高楼大厂，笋生林立，商家涌入，声名远播。而在半个世纪前，甚至在改革开放前，这里还是江苏省无锡县的一个偏远乡村，并不知名。

北钱村，于今已消失在大都市的灯红酒绿之中，网络上、地图上已经找不到它的踪迹了。尽管它的一年四季，如同中国万千乡村一样，平凡得不能再平凡，但这是一个并非不值得记忆的地名，并非不值得一写的村庄。

那是因为，陆学艺，诞生在这里，诞生在 1933 年 9 月 3 日，一个家境殷实、传统而又普通的农民家庭。

20 世纪 30 年代的无锡县，相比之下是中国现代经济最为发达的地方之一。这里沉积了自唐宋以来的资本主义萌芽的深厚土壤，又在近代对外开放中抢得了先机，外资和民族资本都在这里竞相成长。20年代初，本土资本荣氏申新、唐氏庆丰、程氏丽新、杨氏广勤、薛氏永泰等一大批工商企业脱颖而出，成为名闻全国的巨子。由于他们的带动，无锡已迅速成长为中国新兴工业城市。30年代初，无锡县被定为模范县，当时的国民政府在这里推行新政，并发起乡村建设运动，城乡建设得到了较快发展。

北钱村地处锡东，离沪锡公路不远。从县城至坊前镇，都要经过北钱。因为交通便捷，人流如织，北钱村在20世纪30年代，便已发展成为一个小集镇。村上已有不少商业店铺，从卖点心、生面、杂货、食品，到餐馆、药堂、茶楼、旅舍，再到茧行、丝厂、仓库、票号和鸦片馆，一应俱全。据老一辈北钱村人回忆，生意做得大的有好几家，如周耀南、钱寿增、钱维良、王荣珊和陆爱棠等。当然，经商者也大多是本村和周边村民，他们大多还是自己耕地上的庄稼汉，农闲经商做买卖，农忙也下田干农活。——一个商品经济较发达的典型江南小镇或者村庄，一棵正在传统中国土地上缓慢生长的资本主义萌芽。

1933年9月3日，陆学艺出生于这个村子里的一位农民兼商人家庭。他的父亲陆爱棠，精明能干。祖上为陆爱棠留下了十多亩水田，他一方面种田养蚕，一方面还在街上经营了一间茶馆，生意红火。母亲华氏，为人谦和贤惠，持家有方。因此，陆家生活并不贫困，在北钱村属中上水平。

陆学艺先生兄弟姐妹6人，他排行老二。自幼温良恭俭让，善良乖巧，又聪明好学，还帮助爸妈料理家务、照看生意、协调兄弟姊妹之间的关系，深得父母及村民喜欢。

陆学艺和哥哥陆毓麟到了上小学的年龄，可是北钱村还没有一所正规的学校。为了让孩子获得很好的教育，1939年春，陆爱棠同王有衡等几位有点钱的村民合伙，创办了一所小学：北钱小学。

最开始的学校很简陋，只是两间破旧的厅屋作教室。将北钱、王岸圩、朱杨苍等3个村庄的二十几位孩子集合起来上课，由王有衡和他夫人徐若陶女士共同执教。

学校开学之后，深得学生们和村民们的欢迎。第二学期，学生又增加了不少。陆学艺先生在此时进入这所学校学习。为了满足学生们和家长们的要求，学校改聘了两位老师。

1940 年秋，学校又新聘来了一位名叫华仁容的男教师。华老师是上海光华大学毕业的高才生，知识全面，基础扎实，责任心强，也很热爱教育。据一位当时的学生钱志澄后来回忆说：

　　华老师按正规的课程设置和方法进行教学。课程设置很全面，根据不同年级增设了地理、历史、自然、阅读、英语、古文书法、美术劳作、尺牍课（教学生如何用文言文写信的课）……所有这些课，都是华老师一人担任，真不简单。

　　乡村学校，单班独室，只有四五十个学生，高低年级都在一个教室，需要教师有全面的基础和良好的教学方法，华老师两者皆有。他做到了把每堂课安排有序，这个班讲语文，那个班讲数学，这个班做习题，那个班练写作。主课、辅课、讲解、自学、时间、内容，安排得恰到好处。……单班复式教学虽是无奈，却符合精讲多练、启发学生思维的原则。特别是对接受能力强，学习自觉的孩子，受益更大。解放后，我到学校工作自己也成了教师以后，对华老师昔日的教学方法更是感同身受，他在教育上的长处，实在是可圈可点的。

　　这位后来成了老师的学生钱志澄，对华老师的教学方法，站在教育学的角度，给予了高度评价：

　　我的正规学历只是小学毕业，可命运却安排我到中学工作了几十年，直至担任了学校的校长和书记。在知识分子成堆的地方，我能站住脚顺利工作并取得成绩，同我在小学里受到的良好教育是分不开的。……小学的教育可谓得益终身。

　　这一评价，应属公允。1997 年，我在陆学艺先生处读博士时，他谈起他小学时的学业，对华老师的授业人品，也是感佩不已，说华老师对他"影响很大"。

　　华老师影响了陆学艺对读书的兴趣，是他开启了陆学艺求知之门。

　　然而，对他人生道路更大更深影响的，是他童年及少年生活的那个时代。

　　1937 年，"七七"卢沟桥事变，中日战争全面爆发。战争打断了中国现代化的进程，也葬送了亿万中国人追求和平幸福生活的梦想。

　　8 月 13 日，日本人进攻上海。顷刻之间，宁静平和的无锡，成为战火纷飞的战场。此时的陆学艺还小，不到 5 岁，还不懂战争对于一个国家，一个家庭意味着什么。但从大人们焦急和恐惧的言谈神情中，从天上飞机轰鸣、枪炮声四起的现实中，看到了劫难即将来临。随着前方的崩溃，敌寇长驱直入，整个江南陷入敌手。日本人在沦陷区实行残酷掠夺和殖民统治。经济一落千丈，人民生活陷入绝境。陆家原本是小康之家，丰衣足食，至此巨变，田地荒废，生意凋敝，家道中衰，以至三餐不继。这给陆学艺幼小的心灵，留下了永世难忘的痛苦记忆。这一经历，让他一辈子都痛恨战争，痛恨日本军国主义，痛恨中国那个软弱和落后的时代。

1945年，8年抗战终于赢来了日本人的投降。当胜利的消息传来时，全国人民奔走相告，北钱村这个小地方也沉浸在节日般的喜悦之中，毕竟当了8年亡国奴的日子一去不复返了。展现在村民们眼前的，尽管还是一片战火中的废墟，百废待兴，但大家都有理由相信，希望在前，光明在前。

这一年，陆学艺先生小学毕业。因家贫无力上中学，只好休学在家，帮助父母干点农活。别看他年纪小，但身材已长得有父亲两肩高；干起活来，很给力，是父亲的好帮手。他还十分关心时事政治，关心国家大事。每当去县城和坊前镇，总会买些报纸书籍回来读了，讲给父母和乡亲们听，让他们也了解到外面的形势。在这方面，他是北钱村公认的小"先生"。乡亲们有识字读书方面的疑难问题，他都能够帮助解决。

1946年10月，他经人介绍，到上海艺海袜厂当学徒工。这一来呢，是家庭贫困，单靠几亩薄田，难以养活一大家子；二来呢，是陆学艺决意走出去，到上海这个大都市去闯一闯。

这是陆学艺先生第一次只身走出家门，走出北钱村，来到中国第一大城市上海。这一年，陆学艺先生才13岁。

在艺海，陆学艺先生在老师傅们带领下，学习织袜。这是一个劳动强度非常大、非常累的活儿。但抗战刚结束的上海百废待兴，流民非常多，工作不容易找，为了生计，陆学艺先生只好没日没夜地干。即使如此，他还不忘学习和阅读，稍有点空

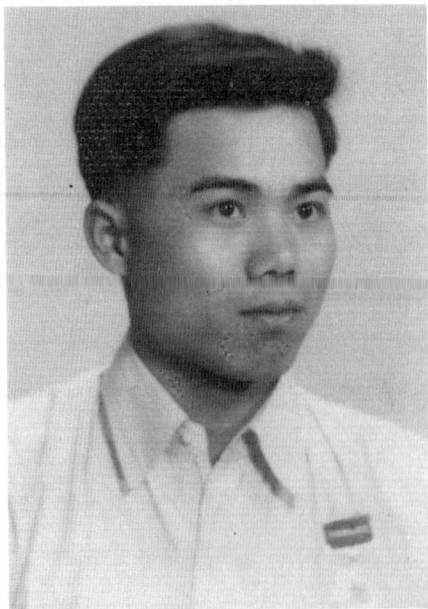

陆学艺先生在上海艺海袜厂做工人
（1948）

闲时间，便拿起书本，尤其是读一些进步书刊，例如鲁迅、郭沫若等人的著作，让他长了见识，开阔了眼界。

这个时候，厂里已有地下党和党的外围组织在活动。党组织见陆学艺这个青年工人有文化，也肯进步，于是在生活上和工作上帮助他。陆学艺开始并不知道时常关心他的师傅们是共产党，只觉得他们关心人，说话办事全向着工人大伙儿，于是很自然地同他们有了密切的往来。久而久之，他也就知道了共产党，懂得了革命和阶级斗争，更加自觉地参加到共产党和党的外围组织举办的各种活动中来。

1949 年，上海解放。艺海袜厂终于回到人民的手中。在艺海干了 3 年多，虽然只有 16 岁的陆学艺，此时已是工厂内的"老职工"了。他同厂内的党组织和老工人一道，积极参加护厂斗争和恢复生产。工厂成立工会，他很荣幸地被选为工会委员、青工部长。平时他除了更加努力地生产之外，还积极地参加到工会活动中。他将厂里的青年工人组织起来，在守护工厂恢复生产、组织工人群众活动中，发挥了重要作用。

1950 年 2 月，上海艺海袜厂遭国民党飞机轰炸，损失严重，恢复无望，只好破产倒闭。

工厂倒闭了，所有工人都解散。陆学艺无事可做，加之家乡正在进行土地改革，所以，他决定回乡参加这一场轰轰烈烈的农村大革命。这是他作为一个倾向革命，热爱共产党的青年人向往的运动。

一回到家，他就立刻参加了村土改工作队。这一是他的家庭阶级成分还不错：小土地出租者；二是他有点文化，在村中算是一个知识分子；三是他属于"工人阶级"，又表现积极，帮助工作队做了不少工作。不多久，6 月份，在坊前乡人民代表大会上，当选为乡人民代表。8 月份，他由土改工作队队长张祖骞介绍，光荣地加入了共青团组织。这一年，他 17 岁，是坊前乡（镇）党组织看好的苗子。

公益中学来了一名插班生

但陆学艺先生志还不在此，他希望有一个更大的舞台。

新中国刚刚诞生，一切都在新生、成长、变化之中，为青年人提供了近乎无限的机会。到处都需要有文化、有理想、有抱负的青年，到处都在向人才招手，陆学艺已经意识到更大的舞台在不远的前方。也就在这一年 10 月，他很轻松地考入中国人民解放军华东特种兵学校。培训数月后，分配到华东野战军新兵团某营做文化教员。

他在解放军这个大学校做战士们的文化教员，是自己学习的好机会。两年来，他不仅向首长和战士们学习到了更多文化知识，也学到了解放军的好作风、好精神，得到了很实际的锻炼。1953 年他在安徽无为转业干部速成中学任文化教员，并在这个学校的高中部学习。他和他所在的部队，正在为转入另一个战场，担负新的伟大任务作准备。

陆学艺先生在中国人民解放军华东
野战军新兵团某营做文化教员
1952 年

1954年10月，陆学艺所在的部队整体复员转业，他回到无锡。当时转业回地方的人很少，无锡县委很重视，准备将他安排到乡镇工作。这是一个难得的基层锻炼机会，是县委出于培养后备干部的考虑。以陆学艺先生那时的条件，再加上几年基层工作的经历，前途无可限量。但他当时似乎更向往学习，要求继续完成他的中学学业。组织上同意他的要求，于是将他介绍给无锡公益中学。

同年11月初，陆学艺到公益中学，见到了校长吴培共。由于有了组织介绍，吴校长简单地了解了陆学艺的情况和愿望，便同意他入学，并直接插高二班。

公益中学是无锡名校，由无锡实业家荣宗敬、荣德生先生于1919年创办。当时称公益工商中学，1929年更名为公益中学。1946年秋与群益中学合并，成为无锡规模最大、知名度最高的完全中学。这所学校有显赫的社会背景，光荣的传统和深厚的文化底蕴。从这所中学走出了一大批政治、经济、文化名人，例如后来做过国家副主席的荣毅仁、全国政协副主席钱伟长、著名经济学家孙冶方，以及锡城农民运动领袖陈凤威、太湖游击司令薛永辉、革命烈士许晓轩等，至于说在江苏、无锡、上海等地政、经、商、教、科、文各界担任要职，成为专家的公益学生，就更多了。

公益中学因为牌子响，名气大，所以"牛气"，在招生方面非常严格。不仅要有钱，更主要的是学业要拔尖。40年代后期，公益中学名气更是如日中天，生源不仅取自无锡，还大量来自苏常及南京上海等地，它只录取各地中考前10名的优秀学生。陆学艺以小学毕业，按现在标准衡量，基本上是杂牌初中"混"出来的社会青年，想到公益中学直接插班读高二，这在公益历史上还未有过先例。在公益中学教务会议上，反对他入学的人并不在少数。但后来达成的妥协是："考"！考得过，就录取；否则，谁"开后门"都不行。

在陆学艺入学后的第二天，教导主任陆正一找到陆学艺，对他说："你没有上过初中，插高二班，要测验一下。"

"考试？可以！"

陆学艺听说要对他进行特别考试，不仅不气馁，而且还很自信。

此时，他已21岁，在社会上闯荡多年，同时也做过部队的文化教员。加之平时对学习很上心，尤其是对马列主义和社会科学，很热爱，读了很多。虽说不上精通，但对付中学考试还是绰绰有余。

就在他入学之后的第三天，公益中学教务处从语文和数学教研组抽调骨干教师，专门组织了一次对陆学艺的入学考试。考试既有笔试，又有口试；既有语文、数学课的考题，又有理化和政治考题。在历时两个多小时的考试中，老师们尤其是语文课的老师，非常惊讶地发现，这位经历过工、农、兵各种职业的社会青年，具有很全面扎实的文化知识功底，同时又对当前形势有着很透彻精辟地了解和分析，是一位不可多得的人才。唯其不足，就是理化知识和外语有些欠缺。考试组老师对陆学艺的学业水平十分满意，一致全票通过，同意陆学艺到高二插班学习，突击补习外语和理化课程。

第四天，陆学艺在陆主任带领下，见到了高二班班主任荣老师和全班同学。大家见一位解放军"叔叔"般的年轻人来当他们的同学，都十分地欢迎。

能够打破常规，不拘一格，录用一名超低学历的社会青年插班学习，说明公益中学不愧是名校，公益中学的老师不愧是名师。我不知道陆学艺当时的心情如何，但从近60年后陆学艺谈论的口气中，听得出来，他对母校的知遇之恩，对他的老师的培养之情，是终生心怀感激的。

陆学艺知道，进入公益中学读书，是他人生腾飞的重要机遇。得到这个机遇，并不容易。他决心不辜负党组织、学校和老师的厚爱，为了党和新中国，为了学校的荣誉和自己的理想，他要用百倍于其他同学的努力，把欠缺的功课补回来。

经过一个学期的艰苦努力，陆学艺的外语和理化成绩有了明显的上升，数学、语文、史地和政治等课的成绩，更是名列前茅。有多篇作文都被校报选登，为同学们传抄。

第二学期，他被所在班选为班长、团支部书记。从此，他肩头上更增添了一份帮助全班同学进步的责任。在他的带领下，他所在班年年被评为先进班，为学校所表彰。

1956年4月，在中学毕业前夕，他因学习拔尖，政治进步，而被批准光荣地加入中国共产党。须知，在公益中学，陆学艺入党是当年仅有的两名学生中的一个，也是学校年度重大新闻之一。

在公益中学的两年时间，对陆学艺来说，是他人生旅程中最有价值的时光之一。他在这里，不仅光荣地加入了中国共产党，成为新中国共产党执政队伍中令人羡慕、前程无量的明日之星，而且还打下了日后进军中国学术事业顶峰的知识基础，形成了他作为一个农村及中国现代化问题专家，开创一代学术新风的思想家的最初志向。

他在中学毕业时的一篇作文中这样写道：

"我将通过什么样的活动来给人带来益处呢？带给人以什么样的益处呢？当我在高中毕业的前夕，我已抉择定了，我立志要在党和前辈们的帮助下，加上自己的刻苦努力，成为一个杰出的农业经济学家。

我生长在农村，农民同胞的喜怒享乐，我是深有感受的。我参加过伟大的土地改革运动，曾经同那些贫雇农一起，拿着崭新的土地证，度过那些狂欢的日子。但是我也亲眼看着他们中间的一些人，并没有因此而摆脱贫困，甚至还有挨饿受冻的——这真是给我一个重大的刺激，这不是说明我们的责任吗？——就在去年的冬天，我又亲身参与了我们家乡的农业合作化运动……经验又告诉我，在实现这样的宏伟的事业的过程中，没有忠实能干的干部去执行是不行的。我就是要成为这样的干部。通过我和我的同志们的科学研究和实践活动，使我们党的这个伟大愿望能实现得更早一些，更完美一些。

当然，我们的愿望还不仅是使人摆脱贫困和痛苦，还要使人过得富裕，而且最后要使人们从为生活资料的获得而操劳的束缚中解放出来，去从事更有意义的、更高尚的、更感兴趣的活动。……在我们的农业科学活动中，我和我的同志们要建立起这样一支最精简、也最强有力的队伍，以最少的人力和物力，去向大自然索取最高限度的恩赐，让更多的人去从事其他劳动。……"

陆学艺后来谈起他的这篇作文时，还特地提到了他当时在文章中没有披露的一点想法。他说："如果农民饿着肚子，怎么跟着共产党走呢？这一观点，当时限于各种外在原因，并没有写到文章中去"。他还说，当时的确只想当一名学者，一名能影响政府，改变农村农民处境，能让中国强大起来的经济学家。

这可能是与他从共产党动员农民革命取得胜利中得到的启示有关，也可能与他青少年时期的生活体验和命运安排有关。但不管怎么说，作为一个中学生，他能有这般见解，能有这样崇高而具体的人生理想，是非常难得的。

这表明，对农业、农民和农村问题的关注，对新中国社会主义建设和现代化的高度热情，是他早年的兴趣和心愿。不管今后人生道路如何，他的心永远都不会离开那一片绿色的田野，永远都不会忘记他的家乡和他的国家。

在燕园

1956 年，他以优异成绩从公益中学毕业，展现在他眼前的是一条金光大道的十字路口。

陆学艺毕业面临报考高等院校问题。他个人的志愿，是报考农业经济院校。但学校党组织对陆学艺今后的发展非常关心。领导认为，新中国社会主义建设重点，已从农业转向工业化；而且朝鲜战争之后，我党已注意到国防和军队现代化迫在眉睫，需要大量的高素质人才。因此，学校领导主张陆学艺个人志愿应服从国家需要，报考国防院校，到祖国最需要的国防建设上，一展自己的才能。

陆学艺作为一名学生，一名新入党的共产党员，对涉及在自己事业前途和祖国需要之间的选择，他毫不犹豫地选择后者，服从组织的决定，报考国防院校。

秋季，高考录取榜公布，陆学艺顺利地被北京工业学院（现北京理工大学）四系（光学仪器）录取。

北京工业学院是一所具有光荣历史传统的国防工业院校。它的前身是 1940 年在延安成立的"自然科学院"。这是我党创办的第一所理工科大学。1942 年，毛泽东还亲自为延安自然科学院题写校名。解放后，迁入北京，更名为北京工业学院，拥有火炮、自动武器、坦克、雷达等专业。这所学校至今培养了李鹏、曾庆红、叶选平、邹家华、彭士禄、谢光选等一大批党和国家领导人、将军、省部级领导和院士专家，被誉为是中国"红色国防工程师的摇篮"。陆学艺能够入学北工院，无论是从国家需要还是从个人前途着想，都是一个明智的决定。

但是一年后，大学进行院系调整。他也根据组织安排，经考试合格，被转入北京大学哲学系。

转入北大，当然是一个意外的好消息。谁都知道，北京大学是中国最著名的大学，也是享誉世界的一流大学。能在北京大学学习，是陆学艺当时奢望而不可企及的梦想。但转入哲学系，则是一个意外的坏消息。在他当时的观点看来，哲学是一种形而上的经院式学问，不能经邦济世，强国富民，远非他所愿。他从来都没想到要去学哲学。但在那一个由国家和组织决定一切的时代，他只好将个人的爱好舍弃掉，一切听从党的安排。

1957 年，他与牟钟鉴、贾信德、殷登祥、徐荣庆、冯增铨、李发起、李志平、杨克明、武葆华、金春峰、薛华、焦树安、王极盛等同学，一起进入北大哲学系。这些学生来自全国各地，都是各地出类拔萃的尖子，后来成为哲学及其他学科的知名学者。

当时，经过院系调整，哲学系集中了全国所有知名哲学教授，共计 30 多名，课程和任课教授都是中国一流的。例如冯友兰讲中国哲学史，朱伯昆讲易经，朱光潜讲西方美学史，黄楠森讲辩证唯物主义，冯定讲历史唯物主义，任华、汪子嵩讲希腊哲学，贺麟、齐良骥和张世英讲西方古典哲学，洪谦讲维也纳学派，郑昕讲康德哲学，熊伟讲存在主义，黄子通讲中国古代哲学史，朱谦之讲日本朱子学，王宪君讲数理逻辑，周辅成讲伦理学史等。

这些教师授课十分认真，一般都是讲授自己的研究心得。讲义往往由学生课代表随讲随记，并打印成篇，发给学生复习。一学期下来，老师的讲义也就汇篇成册，送出版社出版成书。这种研究式教学，很受学生们的欢迎，也是授课教师研究出成果的便捷门径。

除了名师研究式教学引导学生学习热情之外，北大图书馆的图书也给了学生们丰富的精神食粮。陆学艺的大部分课余时间，都是泡在图书馆的阅览室内的。几年下来，他的课外书籍，也读了不少。

此时，陆学艺虽志向不在哲学，但他仍然被哲学体系的博大和逻辑的严密性所吸引，被教授们的求知精神和学术风格所感染，一入其堂奥便流连忘返。

他后来回忆说，"印象最深、感觉最好的，是在北大燕园里的五个春秋。近1.8万个日日夜夜，使我认识了世界，认识了社会，认识了许多人（老师、同学），也认识了自己。从一个懵懵懂懂的青年，逐渐成长了起来"。①北大名师影响和哲学专业教育，对他也很重要。不仅给了他系统的理论素养和理解现实的背景知识，而且更主要的是开阔了视野，使他常常能够从宏观的和历史的角度来观察问题。

北京大学哲学系 1957 级毕业留影（1962 年 7 月）

---

①陆学艺：《心系社会，笃学成才》，2011 年 9 月在北京工业大学人文社科学院新生入学时的报告。

芦城情结

20世纪五六十年代，中国正处于一个大变革时期。与人民公社运动同时，学校也在开展教育革命。作为一名在校大学生，他自然不能超然物外，也参加人民公社运动和学校的教育革命。

1958年8月，哲学系到北京大兴县黄庄公社芦城大队开门办学。陆学艺和系里的老师同学一起参加。时任哲学系主任汪子嵩有一篇回忆录，记载了当时的一些情况：

那年暑假，哲学系奉命全系下放到北京大兴黄庄芦城（大队），实行开门办学。当年农村正是一派丰收景象，那里是有名的京西稻米产区，下去时正好参加割稻劳动，虽然很辛苦，但感到丰收的喜悦。大家还热情地参加当时号召的人人做诗比赛。报纸经常介绍大跃进增产经验，说土地要深翻三尺，我们十几个人在地里用铁锹翻了半天，才挖了一道不到两米长的深沟；还到处打狗，说将死狗埋在田里是最好的肥料。不久便听说要建立人民公社，跑步进入共产主义，农民的土地和地里的收获全部收为公有，对农民生活实行供给，办公共食堂吃大锅饭，并在许多方面实行包干。哲学系师生可以在公共食堂里和农民一起吃大米饭和白面馒头，过中秋节还放开肚子吃炸油饼。我看到刚从地里收到的花生堆在路边，问生产队长为什么不收到仓库去，他说"横竖是大家的，摆在哪里都一样"。晚上经常下地鏖战，干一会儿回来，已经煮好一大锅花生供大家畅吃①。

陆学艺对当时在芦城开门办学及他后来多次调研，作了更为详细的回忆："我和董福同、陈文伟住在盛洪奎家里，盛家有个小院……是典型的北方农舍，中间是门厅，东西两房，靠窗户是土坑。我们去后，盛家夫妇和3个孩子都住到东房，腾出西房给我们三个人住。在盛家，我们一直住到第二年5月回校，前后8个多月。"②

北大哲学系到北京大兴区黄村大队（现大兴县芦城村）开门办学与村民临别留影
（1959年5月）

这样的开门办学，在当时的政治背景下，实际上是向农民学习，劳动改造。陆学艺和他的同学们在黄庄芦城8个多月的时间内，每天的"学习"，就是和农民一起下地劳动。肯定影响哲学专业的学习，但对身体和意志是一个锻炼；而且，如果从了解现实，了解农村的实情的角度看，8个多月的社会实践，给了陆学艺许多从书本上和大学里学不到的知识。当时人民公社运动那种做法，

----

①汪子嵩：《1959年"反右倾"运动中的一件个案》，（网文）。
②陆学艺主编：《青春岁月在北大》，社会科学文献出版社，2012年第1版，第226-236页。

第一章　读『社会』这部大书

也让陆学艺对"跑步进入共产主义"的体制和幻想有了真切的体会，改变了他对人民公社这种传统社会主义的看法。

第二年冬天，北大再次派部分师生参加芦城农村社会主义教育运动，陆学艺被选派参加，担任芦城大队支部书记常编海的秘书，做些文字和组织方面工作。常书记是一位土改中培养起来的当地干部，对这个大队从土改到人民公社发生的变化很熟悉。陆学艺这时开始有意识地了解农村，所以他经常向书记请教。书记也很健谈，经常是谈话到深夜。陆先生后来回忆说，和常书记共事几个月，与其说是我帮助他工作，不如说是他帮助我更为确切。"实际说，我对农村的认识是从他开始的"。三年困难时期，使他开始自觉地思考一些问题。1961年底1962年初，他和另外一位同学被选派参加时任北京市副市长王磊同志带队的市调查组，又来到大兴县。当时的任务是贯彻《农业60条》，同时开展社会调查。这一次时间较短，任务很重。据陆学艺后来回忆，当时他们每天白天调查，晚上还要写调查简报，向市领导汇报，每天都工作到深夜12点，有时甚至是两三点。陆学艺在《简报》中，报告了当时他们看到和听到的最真实的情况，也大胆地谈了他对这些问题的看法，得到领导的好评。

1962年暑假，也就是他毕业前夕，他和几个很要好的同学，自费到农村作社会调查。他们分为3个组，实地考察了山东、安徽、河南、江苏、浙江、上海、江西、湖北等省市的一些农村。陆学艺考察的是江苏、浙江、上海这一条线。每到一处，他们都要详细了解三年自然灾害的成因和影响，了解近两年来的中央调整政策落实情况，以及农民对这些政策的态度。从调查中，他们惊奇地发现，三年自然灾害，更多的是"人祸"，是体制性问题，是极左路线造成的危害；同时，他们还发现，农民对"一大二公"的人民公社体制并不感兴趣，对农村干部粗暴简单的工作作风极为反感，对近两年来中央采取的整顿和调整政策非常拥护，增强了他们对农业和农村经济政策调整的信心，也坚定了他进一步研究农业和农村经济问题的决心。但是这一切，都只能作为一个想法，保留在年轻学子的心中，或者在朋友间私下交流，而没有机会公开发表出来。

1963年春节期间，陆学艺和他最要好的同学贾信德，在大学毕业后，还专程到东芦城大队访问。把近年来芦城发生的新变化及存在的问题，向中科院哲学社会科学部潘梓年副主任作了汇报,潘老很重视,要求他们把这些情况写出来。后来,这篇调查报告在北京市委的内刊《北京内参》上发表。这是陆学艺在刊物上发表的第一篇农村调研文章。

此后,他在"文革期间"及改革开放以后,又很多次去了芦城。有时是去调查,有时是去探亲访友。芦城的乡亲们对这一批"北大学"的知识分子,很有感情,经常惦记着他们。而陆学艺也把芦城看作是他的第二故乡,是他研究解剖农村的第一个"麻雀",是分析观察农村运行政策臧否的一个窗口,是研究写作三农问题的参照系。尽管岁月沧桑,人是物非,但陆学艺对芦城的"故乡"情结,至老都没有变化。

体验·观察·思考

当时，北京大学学制是 5 年，到 1962 年上半年，陆学艺的大学学业期满，面临毕业分配。

毕业分配，对一个大学生来说，关系到职业和人生道路的选择问题。如果由他来选择的话，他一定会选择最感兴趣的农业经济研究部门。但当时的分配体制无法满足他的愿望。还有，在北京大学哲学系，虽风风雨雨，但也毕竟学了 5 年，受哲学大师们的影响，以及同学们在专业上的相互激励，陆学艺也感觉到了哲学的博大与有趣。既然不能如愿作农业经济研究，他决定退而求其次，在自己的专业领域发展，也不失为一种适当的选择。

1962 年 7 月，他考入中国科学院哲学社会科学部哲学研究所中国哲学史研究室，作著名中国哲学史家容肇祖先生的研究生。

容肇祖（1897-1994），中国著名哲学史家、民俗学家和民间文艺学家。1897 年 12 月 1 日生于广东省东莞一个书香世家。容家三代都是饱学之士，其祖父容鹤龄为清同治年进士，一生执教为业；父亲容作恭，是清末拔贡，有诗文行世；母亲出自清翰林之家，自幼也受过诗书洗礼；容肇祖兄妹 6 人，其兄容庚，中国著名古文字学家；其妹容媛，也是五四时代的北大学子。

容肇祖幼年在母亲和舅父指导下，学习文字学和传统经典。中学毕业后考入广东高等师范英文部，1922年考入北京大学哲学系。大学二年级时，发表《美国初期的思想变迁》和《述复社》，为胡适所赏识。大学毕业后，与鲁迅、顾颉刚等人任教厦门大学，后又到中山大学、岭南、辅仁、北大、西南联大，从事中国哲学史、中国文学史、中国历史、民俗学、以及中国目录学等课程的教学和研究。1956年，调到中国科学院哲学社会科学部哲学所任研究员，兼任中国哲学史学会顾问、中国民俗学会副理事长等职。

容肇祖一生研究和著述颇广，涉及哲学、文学和民俗等领域。主要著作有《韩非子考证》、《明史思想史》、《迷信与传说》、《中国文学史大纲》、《魏晋的自然主义》等。他与鲁迅、胡适、顾颉刚、陈垣等人交往密切，在学术上，深得中国乾嘉学派的要旨，又与"古史辩"和胡适的实证主义思想相通融。虽一辈子研究国学，但他反对复古诵"经"，具有清初文人"拾寒琼于坊草，著潜德之幽光"的性格。有人称他"治学多样性，杂而精，竟能各方出彩"，是一位"坐集千古之智"的人物。①

1962年，容肇祖先生招收陆学艺为弟子时，年已65岁，不过身体还不错。他除了给学生们开中国哲学史专题课外，还具体指导陆学艺对宋明理学的研究。

早在20世纪20年代，容肇祖就开始了对明史，尤其是明代思想史的研究，1941年，他出版《明代思想史》一书，被誉为是"一部拓荒性、奠基性的学术专著"。为了写作这一部书，容肇祖先生花费了数十年时间，遍读明及明前后诸家之书，对中国古代思想发展和学术走向，作了一个系统的整理。《明代思想史》出版后，也就在五六十年代，他开始沿着这个走向，继续作断代史的研究，并指导研究生对清代思想和宋代思想作专题研究。对陆学艺这一届学生指导的重点，是宋明理学思想的研究。

从1962年下半年进所，到1964年9月的大约两年时间里，陆学艺在容先生指导下，扎扎实实地坐了两年宋明理学的冷板凳。这两年，他系统地读了先秦、两汉到唐宋各家的文集和研究专著。哲学所图书室本来有不少古本善本书籍，他都翻阅了一遍；除此之外，为了查找某一个专题资料，他还到北大和北京图

---

①陈静等：《考真伪剑指韩非疑案，拓荒原细掘明史内核》，《南方都市报》，2011年11月29日。

梁茜：《参得经史万卷，勘破世事百年》，《南方都市报》，2008年4月23日。

书馆去查阅。

在读书和查阅资料中，容先生对他的学生有一个"笨"要求，就是要动笔，"不动笔墨不读书"，要求边读书边记笔记，把有用的资料写在卡片上，记在本子上。按照这一要求，陆学艺两年下来，读了不少的书，也记录了不少资料。但在后来的研究写作过程中，这些资料并没有派上用场。这一方面是时局动荡，陆学艺没有条件做学术研究；另一方面，这一方法在方法论上还是有些问题。随着卡片越记越多，分类和查找是一个问题。查找不到，卡片的资料价值也体现不了。但是，容先生严谨的学术态度和不丝不苟的研究精神，还是深深地影响了陆学艺后来的研究与写作。

1964 年，中国的政治形势又急剧地"左"转，阶级斗争硝烟四起，政治运动一个接着一个。在这种情况下，陆学艺同所有的学者一样，实际上已不能安坐在哲学史的象牙之塔，做皓首穷经式的学术研究了。这一年 9 月，组织决定，派陆学艺等同志到湖北省襄阳县参加那里的农村"四清"运动。

"四清"运动，又称城乡社会主义教育运动，也称"社教"。它是三年经济困难时期之后，文化大革命运动之前，20 世纪 60 年代前期在我国部分省区开展的旨在"反修防修"的对干部群众进行社会主义教育的运动。湖北省的"四清"运动，其发展过程大致可分三个阶段：

第一阶段，从 1962 年 10 月至 1963 年 4 月，反对单干风，巩固集体经济。第二阶段，1963 年 5 月至 1964 年 7 月，进行以清经济为主的"小四清"，即清理帐目、清理仓库、清理财物、清理工分。第三阶段，从 1964 年 8 月至"文革"前夕，进行以清政治为主的"大四清"，即解决政治、经济、思想和组织上的"四不清"问题。这一阶段是重点，湖北省决定先行在麻城、孝感、襄阳、江陵、枝江和建始等 6 个重点县试点。

陆学艺作为从中央下派到湖北省参加农村"四清"运动的干部，有两个目的，一是把握好"四清"运动的有关政策，帮助基层干部工作；二是向农民群众学习，了解基层情况。前一个，他只是一个一般队员，跟着走而已；后一个，他比较有兴趣，觉得能够实地考察和了解农村情况，机会难得。

来到襄阳之后，根据中共襄阳地委"四清"工作组的安排，先进行一个短期的培训，然后再分配到公社和大队一级的点，驻点工作。据他自己后来回忆，他被分派到襄阳县竹条区牛首公社黄丰大队。这是他走出高楼深院，第一次直接接触农村基层和从事真实的阶级斗争运动。

当时的农村，正处于1958年"大跃进"和"人民公社"运动之后的，农村经济体制调整时期，同前几年相比，这一时期，三级所有，队为基础的体制逐渐建立和稳定下来，农业生产得以恢复，1958-1959年大跃进时期干部"五风"（即浮夸风、共产风、生产瞎指挥风、强迫命令风和干部特殊化风）有所好转，形势正在向好的方面转变。但由于高层对形势错误的估计和一些更复杂的原因，使得"四清"运动越来越成为一场阶级斗争运动，成为共产党发动人民群众革共产党干部的命的政治运动。有一篇对襄阳五四大队"四清"运动前因后果的回忆文章，介绍了当时"四清"的情况：五四大队是光化县白莲公社下辖的一个大队（相当于现在的行政村）。在光化县甚至在襄阳地区，五四大队都是赫赫有名的。这个大队以及从这个大队走出来的几位干部，如亢运清、亢玉杰、付敦品、朱正忠等人，都是解放初期参加工作的干部。在历次政治运动中，工作积极，成绩显著，多次得到上级领导的肯定和表扬。但这一批人，大多出身贫苦，大老粗，工作方法简单粗暴，特别是在"大跃进"、"人民公社"时期，"五风"严重，对不服从领导的老百姓，打击报复，甚至捆绑吊打。长期以来，干群矛盾尖锐。

"四清"工作组驻村之后，用解放初期发动贫苦农民斗争地主的方法和策略，来进行"四清"，比如说，工作队员一律住在与干部有矛盾的苦大仇深的贫下中农家里，同他们同吃同住同劳动，广泛接触群众，扎根串联，在贫下中农中发现和培养斗争的骨干力量，依靠他们来"揭阶级斗争的盖子"。

经过一段时间的发动、串联、揭发，广大群众的"觉悟"被提高了，积压在心中多年的怨气被激发出来了，干部的许多问题也逐一被揭发出来了：

"几年来，亢运清、亢玉杰、付敦品、朱正忠等人制造了9起冤案，采取捆绑吊打、罚跪斗争、扣口粮、扣工分、不叫社员吃饭等手段迫害贫下中农，共计捆绑吊打贫下中农77人，打死逼死贫下中农28人，逼跑贫下中农7户，罚跪的贫下中农44人，被斗争的有61人，……群众揭发的问题很快就化为一封封的检举信和一份份的证明材料，放在了工作组的案头。

在向光化县委汇报并得到认可的前提下，地委县委联合工作组对五四大队问题作出了初步结论：以亢运清为首的反革命集团是一伙漏划地主富农、历史反革命以及富裕阶层农民的共同体，他们是牛鬼蛇神，立场观点相同臭味相投，为了他们的阶段利益和个人利益，当他们骗取了上级信任和站稳脚跟后，就开始向贫下中农进行血腥的阶级报复和无情的政治迫害。"

于是，工作组召开了贫下中农代表大会，发动贫下中农对这几个"四不清"的干部进行"说理斗争"，虽然在会场上宣布只说理不允许打人，但群众被激怒后，也出现了打人的过火行为。批斗之后，上级对这一案件进行了司法审理，亢运清等人分别被判处有期徒刑1年至4年不等。还有党籍和职务的双开除处分。①

陆学艺后来回忆起这一段经历，十分感慨。他认为"四清"运动，对于纠正干部多吃多占，强迫命令、欺压群众，对于打击贫农盗窃、投机倒把和刹住封建迷信活动等歪风，起到了一定作用，但由于"以阶级斗争为纲"，把许多不同性质的问题都看作是阶级斗争，或者是阶级斗争在党内的反映，使不少干部和群众受到了不应有的对待。尤其是采取土改时对待地主富农的手段，对待干部，是不应该的。

1965年，他研究生毕业。毕业后留所作助理研究员，继续作容肇祖先生的研究助手。但由于政治运动的需要，这一年，他又被派往河北省徐水县德山村，从事"四清"的指导工作。在那里，他一呆又是一年半。因此，从1964年下半年，到1966年底，他在农村搞社教两年半。

这在当时，是政治运动、组织委派，不能不去。好在他的兴趣所在是了解农村，了解基层现实社会。到农村去，虽然政治运动令他生厌，但在这期间，也有许多足以影响他人生道路的意外收获。这两年半，是他体验真实的农村生活的两年半，观察阶级斗争和政治运动给每个人和中国社会带来何种影响的两年半，也是他思考中国农村发展道路以及中国社会变革出路的两年半。因此，参加"四清"运动的这两年半，是他人生的重要历程。后来他回忆这段经历时，也说收获还是很大的。

1970年5月，陆学艺随中国科学院哲学社会科学部的研究人员一起，被下放到河南息县"五·七"干校劳动锻炼。

---

① 龚强华：《湖北农村"四清"运动始末》，《湖北文史》，总86辑。

息县是外贸部、物资部、铁道部、中国科学院哲学社会科学部经济所、文学所、民族所、历史所、外交所、哲学所、世界文学所、考古所、还有对外文委、对外经委、全国总工会等中央机关单位"五·七"干校所在地。从1969年到1972年，一共有2000多人在息县东岳镇十多所"五·七"干校，接受劳动改造。当然河南息县只是中国众多"五·七"干校的一处，当时，中央机关在全国18个省办有106所"五·七"干校。各省及以下办的"五·七"干校更多。

"五·七"干校源于毛主席1966年5月7日给林彪的一封信，信上说，各行各业均应一业为主，兼学别样，从事农副业生产，批判资产阶级。后来成为干部和知识分子劳动改造锻炼的一种形式。当时，几乎全部的机关干部和知识分子都要分期分批到各单位"五·七"干校劳动锻炼数年。社科院有不少知名人士都到息县"五·七"干校劳动过。例如，老一代的文化名人钱钟书及夫人杨绛、俞平伯、沈从文、胡绳、何其芳、吕叔湘、孙冶方、骆耕漠、顾准等。

陆学艺大约是第二批来息县劳动的。他在息县一住又是两年半，直到1972年10月才回到北京。

在息县，生活十分艰苦，住的是低矮的平房，大通铺，冬天冷得像冰窟窿，夏天热得像蒸笼，电扇和空调自然是没有的。不过吃的，尽管是自己种的萝卜白菜，玉米苞谷，但还算新鲜，绿色，只是缺油少盐，一个月能吃上几顿肉，就算是改善伙食了。他们白天到地里干活，同农民一样，耕地、翻土、种麦、种菜、养猪、脱粒、打井等等，往往是早上三四点钟起床，下地干活，六点才在地头上吃早饭，劳动到中午休息，下午和傍晚还要干。有时候下雨或不能干活时，还要学习，学习马列和毛主席著作。

陆学艺在息县"五·七"干校，虽然同大家一样，觉得是对知识和人才的浪费；刚来时，这里的生活，也让他无法适应。但时间一久，也便慢慢适应了。繁重的体力劳动，虽觉得吃力和累，但也有锻炼身体的功效。他现在身体特棒，年轻人都比不上，可能与这个"五·七"干校的劳动有关系。农村的空气和景色，对于他这个从小生长在农村的人来说，也有一种久违甫见之后的惬意。更重要的是，他能够与当地的农民和基层干部交谈来往，这让他感到亲切和高兴。经常地交谈和往来，他从农民那里了解到了许多农村农业学大寨的新情况、新问题。同时，农闲和雨天，他又系统地阅读了马列和毛主席著作。有些书，限于专业和时间，他以前还未读到。现在，他有的是时间，他可以读也只能读这些书。所以，两年半下来，马列原著和毛泽东选集，他读了不少。用他自己的话来说，这是"补课"。"五·七"干校让他扎实地上了两年半马列和毛主席著作的原著课，获益良多。

实地亲身体验和马列主义基本原理的启示，使他对人民公社体制以及整个国家的经济体制，有了更深入的认识和理解。这时，他已经感觉到，农村人民公社体制和极左的计划经济体制，非改变不可。但怎样改变？以及改变为什么样的制度？他还没有想好，思路还不十分清晰。从"五·七"干校回来后，他开始对农村经济体制和人民公社制度进行系统的研究。这时，他的学术重点，已经从哲学史转为哲学史和农村经济制度的研究了。此后，他天天到科学院图书馆看资料，逐渐形成了对人民公社体制反思的一系列看法。

1975年他参观了大寨，1977年又到大庆参观。这是当时全国人民学习的典型，是文化大革命促进工农业生产的两个榜样。陆学艺参观之后，觉得里面有问题。最主要的问题是，例如大寨，尽管阶级斗争喊得震天响，但农民的生活仍然相当贫困；阶级斗争不能够使经典作家所主张的那种社会主义得以建立起来。限于当时的形势，这种看法，也只能私下同朋友们议论，而不能发表出来。

从1956年到改革开放前20年，是陆学艺思想形成和转变的重要时期。如果说哲学专业的教育和研究，训练了他能够从理论上思考问题，从中国传统文化背景来观察问题的话，那么，20年中一系列政治运动使他到农村实地调查、观察，又塞翁失马地使得他更多地具有了知识分子的历史使命感和现实参与感。他知道，从事哲学研究，尤其是从事中国哲学史的研究，对于弘扬中华民族优秀的思想文化，并从观念上解决现代化的人文精神动力问题，是具有重要意义的；但是看到现实生活中极左思潮和路线给中国造成的危害和深远影响，他又不能不放弃多年来熟悉和心爱的书籍，走出深宅大院，来到田间地头，专门从事更为紧迫的为改革开放鸣锣开道的现实问题研究。

第二章

为改革鸣锣开道

1977 年，中国历史的重要转折时期。

在这样一个历史时刻，思考和认识，往往决定一个人的命运，也决定一个国家的命运。

很多人只是欢庆一个极"左"时代的终结，而没有怎么思考即将来临的是一个什么样的时代。

陆学艺此时也在欢呼和庆祝，但他更多的是在思考和探索。从过去几十年的观察、体验和思考中，他认定这是改变农村、改变自我、改变中国的历史机会。

他必须抓住这个机会，通过自己的努力，推动农村和中国的改变。

为此，他作了十几年、甚至一辈子的努力。

推着"包老爷"朝前走

　　"四人帮"倒台后，陆学艺有了较多的机会到农村，作他感兴趣的农村调查。

　　1978 年 6 月间，领导派他和贾泽林一起去湖北省作研究生录取的政审外调。这是一次到基层的很好机会，他可以借机了解农村情况。当时，作这样的调查是没有专门的调研经费的。要想搞调查，只能利用出差的机会，"假公济私"。何况这次是到湖北襄阳，那是他"四清"时工作过、"战斗"过的地方。所以，领导一说，他就同意了。

　　在襄阳，他们把出差的正事搞完后，两人约着一起回了趟牛首村和竹条村，还去了江中的新中村。回到城区，他们见了老同学贾信德。贾当时在襄阳轴承厂宣传部作负责人。他是本地人，见陆学艺从北京来，很热情。三人在一起聊天、叙旧、喝酒。

　　闲聊之间，贾信德告诉陆学艺一个信息。他说中央可能要修改《人民公社60 条》，正在起草有关文件。他还说，初稿已征求了各地的意见。

　　7 月，陆先生回到北京，向有关方面了解，证实了这一消息：中央即将召开十一届三中全会，会前要开一次中央工作会议，讨论农业问题。

　　陆学艺意识到，这次会议将要出台根本性变革的文件。为了抓住这次难得的机遇，他立即行动，要给中央写一篇建议。于是，他闭门谢客一个月，写成了《关于加速发展我国农业的若干政策问题的建议》一文。

这篇长达4万字的文章，虽然写作只历时一个月，但是他多年调研和思考的结果。农业和农村发展问题，在他心中盘桓得太久太久了。就如同一颗苗壮生长的种苗，对阳光和雨露盼望得太久太久一样。中央将要改革农业和农村体制的消息，让他有如久旱逢甘霖的感觉。在他夫人吴孟怡帮助下，他将这篇长文工工整整地誊抄复写（当时还没有打字的条件）6本，准备分送给有关领导参阅。

他将第一本稿子亲自送给哲学所党委书记孙耕夫，并恳求阅后呈送中央关于农业问题文件起草小组参阅。

一周后，孙耕夫书记看完后，觉得很有见解，很好。他说他已转送到陈永贵办公室了。因为，陈当时是分管农业的副总理。

陆学艺一听，便知道白送了。

8月中旬，他又请农机部宣传部的马光富同志将稿子转送给项南部长。几天后，马光富给陆打电话，说他的同学新华社记者南振中看了这篇文章，想要。陆学艺答应给南振中。不久新华社国内部副主任张述忱来电话，约陆去他办公室细谈。陆应约前往，张主任热情接待。说："你的建议都很好，但要压缩。可以在新华社《国内动态清样》上分期发表。

受到初战告捷的鼓舞，陆学艺信心大增。回家后，连夜修改。

一个星期后，他将修改本分送新华社和薄一波同志审阅。当时薄老的儿子薄熙成在哲学所科研处工作，陆学艺与熙成很熟。于是陆学艺便托他带了一本给薄老看。薄老认真看了，批示说："这十二条建议都很好，有针对性。有些文字语气过重，过激，要注意分寸。"

1978年10月3日新华社《国内动态清样》，开始分三期发表这篇文章。

陆学艺在这篇反复修改，艰难出世的文章中指出：目前我国农业生产率太低。4亿多劳动力，3亿多在搞农业，但粮食、副食品供应仍很紧张。党的农村经济政策没有很好地落实，农民生产积极性没有很好地调动起来，是当前农村中存在的主要问题。调整、落实党的农村经济政策是加速农业发展的关键。

接着，他提出了12条建议。其中，有7条在新华社内刊上发表，即：调整工农业产品的价格；增加农业投资、扩大农业再生产能力；调整征购政策；保障农民经营自留地、家庭副业、参加集市贸易的正当权利；发展社队企业，试办农工商联合企业；以劳动生产率、农业人口平均产量等指标考察一个社队的农业生产水平，不再用"过黄河"、"跨长江"之类的亩产量指标来衡量；充分利用丰富的劳动力资源等等。

另外 5 条当时没有发表，但我认为同样是很重要的。如他认为要减轻农民负担；纠正目前存在的土地、人口、产量统计不实的问题；妥善解决全国 1/3 社员超支户（贫困）的问题；实现工业化，扩大城市的农业区，促进工农结合、城乡结合；成立全国农业生产建设委员会等，这些点在后来都成为研究的热点问题，引起党和政府部门的高度重视。[①]

从现在来看这篇文章，虽然从中可以看到陆学艺对发展中国非农产业和农村剩余劳动力转移问题的远见卓识，甚至从中也多多少少地显示了他的一些关于中国农村工业化现代化道路的学术构想，但总的来说，这篇文章的重点，是针对当时农村经济体制中存在的问题而进行改革的政策性思考。

正是因为它及时地提出了符合当时形势需要的政策改革建议，所以才在决策层和学术界产生了广泛而重大的影响。

当时任中国社会科学院副院长的宋一平同志看到这篇文章后，觉得陆学艺对农村问题有独到的见解，是这方面难得的人才。于是便同哲学所党委书记孙耕夫同志商量，并找陆学艺谈话，要他专门从事农村问题调查研究，院里对他的研究提供条件和必要的支持。这些支持包括出差费用，还有可以到院里的机要室去阅读只有司局级干部才可以读到的文件和资料等。[②]

这正合他多年的心愿，一说即合。从此，陆学艺便开始专门从事农业和农村经济体制改革方面的调查研究。

从 1978 年冬天开始，一直到 1983 年秋，陆学艺利用社科院给予他的优惠工作条件，平均每年大约有一半时间在全国各地农村调查。他先后到过北京、江苏、安徽、浙江、上海、山东、云南、甘肃、黑龙江、辽宁等省市的几十个

------

①陆学艺著：《当代中国农村与当代中国农民》，知识出版社，1991 年第 1 版，第 2—10 页。
②陆学艺由于在农业问题的研究上有突出成就，1986 年被国家科委评为有突出贡献的中青年专家；1990 年第一批享受政府特殊津贴待遇；之后又被选评为北京东城区人民代表、八届人大代表和全国劳动模范和先进工作者。谈起个人的成功，陆学艺总是十分谦虚地归功于党的培养、社科院领导的关怀和照顾。他说，如果没有社科院领导识才、爱才、重才，没有社科院好的学术环境，他要想取得这样大的成就是不可能的。

县的农村，同农村干部和农民讨论农村经济体制改革方面的问题，总结各地的经验。这一期间，他写了大量的调查报告和文章，汇集为《农业发展的黄金时代——包产到户的调查与研究》（1983）一书出版。这是他第一本关于包产到户问题的专集，也是他关于农村改革问题的第一项成果（前面所述的那篇文章也收入此书中）。在这本书中，我们可以看到随着家庭联产承包责任制的产生和不断发展，作者思考不断深化的历程。

1979年4月中旬，陆学艺和贾信德到无锡参加全国价值规律学术研讨会。这次会议规模很大，规格也很高，苏绍智主持，于光远、薛暮桥、孙冶方、钱伟长、李洪林、吴敬琏等300多人参加。会后，陆学艺和贾信德，以及社科院科研处的李兰亭同志，一起到华东农村调查。

当时的情况是，党的十一届三中全会两个重要的农业文件，虽然肯定了包工到组、联产计酬等农业生产责任制形式，但也明确提出"不许包产到户、不许分田单干"。直到1979年9月，党的十一届四中全会正式通过的《中共中央关于加快农业发展若干问题的决定》，也还是规定"不许分田单干。除某些副业生产的特殊需要和边远山区、交通不便的单家独户外，也不要包产到户"。

包产到户究竟能不能搞？在下乡调查前，1979年4月15日，陆学艺写过一篇文章：《部分调整农村所有制关系有利于农业发展》，认为农业发展长期缓慢的原因之一是在所有制问题上，部分调整农村的所有制关系有利于农业生产。[1]但他还不知道包产到户的情况，他只是希望在集体经济框架内，部分调整所有制关系，承认和保障部分所有权和自主权，来调动农民生产积极性，把农业搞上去。

从4月20日到7月8日，他用了80多天时间，实地调查了江苏扬州、盐城、连云港，安徽肥西、岳西、宣城，浙江绍兴和上海嘉定等4省市8县（市）11个公社13个大队的情况。尤其是6月份在安徽省肥西县调查，知道他们在搞包产到户。在安徽省委支持下，他实地考察了肥西县山南区的包产到户情况，看到了包产到户后农民生产的积极性和夏粮丰收的结果，觉得这是一项重大创造。鉴于当时人们的思想观念还很"左"，中央也没有松口。他回京后不久，写了一篇《包产到户问题应当重新研究》，旗帜鲜明地支持安徽农民的新创造。

---

[1]陆学艺著：《当代中国农村与当代中国农民》，知识出版社，1991年第1版，第11—17页。

他认为，包产到户只是生产责任制的一种形式，不是分田单干，更不是搞资本主义。甚至他认为对1962年包产到户的问题，也要重新调查研究，实事求是地作出恰当的结论。他在文章中写道："实行包产到户后，能够更充分地发挥社员的生产积极性，调动农民的劳力、物力、财力投入农业生产，农业能较多地增产，高速度地发展，这就可以从根本上巩固集体经济。……应该说包产到户也是搞社会主义。"①

这是我国关于包产到户研究最早、也是最具震撼力的调查报告。因为它突破了关于不许包产到户的说法，在理论上阐明了包产到户的社会主义性质。

文章在中国社科院内部刊物《未定稿》（1979年11月3日）发表后，决策部门反应强烈。农业部有人不同意其中的观点，要组织批判。但中央有关领导同志认为，这篇文章基本观点是正确的，分析是马克思主义的，对陆学艺的研究表示了肯定和支持。

当时万里和宋平同志均予以高度肯定。万里同志说："肯定包产到户的（第一篇）文章，是社科院（的同志）写的。"甘肃省省长李登瀛同志看过此文后批给宋平（甘肃省委书记）同志的一段话这样说："请你们看看这个材料，特别是（社会）科学院写作组的一篇，对包产到户的看法，应引起我们重新考虑问题。"宋平同志圈阅了这篇文章。

在以后的4个月的时间内，陆学艺被借调到中共中央政策研究室，参与有关文章的起草写作工作。在那里，他对中央的改革开放精神和步骤有了较多的了解。

当时，安徽的包产到户经验在全国引起了强烈的反应。到1980年初，全国试行包产到户的生产队达到生产队总数的1%。4月份，邓小平、姚依林同志提出，边远落后地区与其调粮食救济，不如搞包产到户，极大地推动了这些地区包产到户的发展。但是，这时全国上下，都只把包产到户看作是治穷救贫的一种权宜之计，并没有把它作为一种新体制来加以提倡。认识不清，行动上自然会产生犹豫。

为了解决这个问题，1980年8月下旬，陆学艺和王小强同志一起，到甘肃省调查农村包产到户等问题。在省委宣传部的安排下，他们实地考察了榆中、

----

①陆学艺著：《农业发展的黄金时代——包产到户的调查研究》，甘肃人民出版社，1983年第1版，第1—8页。

陇西、定西、渭源等县市。当时甘肃省委对于农民要求包产到户的呼声，本着实事求是、因地制宜和放宽农村经济政策的原则，积极而稳妥地予以回应，因而收到了很好的效果。陆学艺将他在甘肃调查一个多月的所见所闻，写了一篇《包产到户的由来和今后的发展》的报告，用大量的事实论证了包产到户产生的必然性：

"正是在我们……一步步调整生产关系的实践中，广大劳动农民从最切身的物质利益出发，重新创造性地找到了包产到户这种与生产力水平相适应，因而能够最大限度地发挥劳动者生产积极性的责任制形式，从而找到了目前生产条件下发展农业的一条根本出路。"同时他还着重指出：包产到户有强大的生命力，有广阔的发展前途。它不是所谓的"权宜之计"，而"可能成为农业向专业化、社会化发展的桥梁，很可能成为中国农业现代化的一个起点，从此走出一条适合中国国情的农业现代化的道路来"。

最后，他高度肯定包产到户的实践意义和理论意义。他说："随着生产组织形式的改变，人与人之间过去那种单一的领导与被领导的行政关系也将随之发生变化。随着农业生产向专业化、社会化方面的发展，随着农产品商品率的提高，随着商品经济的繁荣，人们之间横向的经济联系，也会日益丰富起来。随着经济基础的变化，随着多种经济成分的共同发展，我们的经济管理体制以及整个上层建筑，也会自然地得到进一步改善。……四个现代化的宏伟目标就一定能早日实现。"①

这篇文章发表在 11 月的《未定稿》上。文章发表后，得到宋平等同志的高度肯定。当时宋平同志让秘书传话，说这篇文章写得好，并将全文发表在省委的内刊上。肖华同志看过后也同意文章中的观点。当时还有一个细节。中央 75 号文件明确规定包产到户只在三靠地区搞。然而陆先生文章中说，包产到户将势不可挡。甘肃的领导建议要修改一下。但实践证明陆学艺所坚持的观点是正确的。

安徽在 1979 年 6 月后，包产到户势如星火燎原，在不到一年多的时间内，全省有 44% 的生产队实行了包产到户。在群众热烈欢迎拥护的同时，在干部中间尤其是高层反而引起了严重的分歧。有的地区的领导把包产到户视之为资本主义

---

① 陆学艺著：《农业发展的黄金时代——包产到户的调查研究》，甘肃人民出版社，1983 年第 1 版，第 9—42 页。

的洪水猛兽，千方百计地"围、攻、堵、灭"，压制基层和农民包产到户的积极性。认识不统一，工作措施形成"顶牛"之势，严重影响农业生产和安定团结。

为了进一步了解包产到户以后农村形势，从实践上说明包产到户改革的现实必然性和必要性，1980年11月，陆学艺一行再一次到安徽农村调查。他们走访了省有关部门，又到了巢湖、六安、滁县三个地区的巢县，无为、金寨、霍丘、肥西、来安、嘉山等7县10多个社队考察。回京后，写了《关于包产到户的几个问题》（1981.1）、《安徽包产到户后的新形势和新问题》（1981.3）和《农村政策问题的长期争论应该解决》（1981.3）等文章。重申了包产到户势不可挡的看法，批评了安徽省某些地区包产到户反复的问题。

作者在第一篇文章中，从生产关系必须适合生产力水平的原理来解释为什么农民强烈要求搞包产到户。他认为，过去多年来，农业生产力长期发展缓慢，甚至停滞，根本问题是农业政策有这样那样的问题，生产关系和生产力不适应。农民要求包产到户的强烈愿望，一方面反映了对极"左"路线的反抗，另一方面也反映了要求调整部分生产关系。"包产到户说到底，就是调整生产关系，改变组织形式，调动人的积极性"。所以他认为，"包产到户好就好在真正调动了积极性，这是解决农村问题的关键"。

不仅是解决农村问题的关键，而且他还再次强调，包产到户是现代农业的起点、桥梁，是大有发展前途而不是权宜之计。[①]

在第二篇文章中，作者从大灾之年之后好收成、城乡经济事业的发展、科学种田农机化事业发展和农村出现新集体经济组织等四个方面详述了包产到户后农村大好形势；对于新形势下新问题，他提出一系列改变和改革措施。他认为，包产到户以后，农村的生产形式、经营方式变了，要求我们在交换、流通、分配等方面制定一整套政策、措施，使之相适应，以促进生产的发展；要改变官办作风，积极扶持民办企业。农民基层干部的工作内容变了，农村基层政权的结构要作相应的改革。[②]

作者在第三篇文章中，专门对农村政策的争论问题，作了分析。他认为，

[①] 陆学艺著：《农业发展的黄金时代——包产到户的调查研究》，甘肃人民出版社，1983年第1版，第45—54页。

[②] 陆学艺著：《农业发展的黄金时代——包产到户的调查研究》，甘肃人民出版社，1983年第1版，第55—57页。

在三中全会以前，争论的中心在于要不要批极"左"，要不要落实党的农村政策；三中全会以后 1979 年争论焦点集中在可不可以搞生产责任制，包产到组？1980 年的争论围绕着可不可以搞包产到户问题。每一个阶段的争论，都是群众走在前面，基层走在前面，实践走在前面，而干部、上级和理论界被拖着走。陆先生认为，产生这些分歧原因是多方面的，有左倾思想影响，有体制和既得利益的阻碍，还有官僚主义脱离实际等等。

针对这些问题，他提出了要加强调查研究，展开讨论，加强总结和指导，加强宣传等建议。

他认为尤其是对包产到户的社会主义性质和前景，要"理直气壮"地宣传，深入讨论，并作出规划，指明方向和目标。这样，有利于统一认识，引导发展，安定人心，积极推进。

在第三篇文章写作时，陆学艺已经深深地感到，包产到户改革在实践上的成功，使理论上的总结和探索，成为必要和一个十分重要的问题。1981 年 8 月至 9 月间，他连续写作了几篇关于包产到户理论探索和研究的文章。其目的在于从理论上讲清楚包产到户的性质和前景。

在《为什么说包产到户仍坚持了社会主义方向》一文中，陆学艺对包产到户的社会主义性质，在以前文章论证的基础上，作了全面深入系统的论证和阐述。他从社会主义本质特征——生产资料公有制和按劳分配的角度，论证包产到户既没有触及生产资料——土地、大型农机具和水利设施等的集体所有制的变动，也坚持了按劳分配的原则，它只是"一种生产责任制形式，和合作化前以私有制为基础的单干是不同的。"

同时，他还逐一批驳包产到户"产生两极分化"、"丢掉了农业现代化的大方向"、"科学种田搞不起来"等错误观点，认为包产到户后"出现的富裕程度的差别，是在共同富裕过程中先富后富的差别，这和因剥削关系造成的两极分化有着本质的不同；""包产到户不仅能增产，而且还促进了农机化，促进了科学种田，……很可能成为实现农业专业化、社会化也即农业现代化的一个新的起点。"[1]

---

[1] 陆学艺著：《农业发展的黄金时代——包产到户的调查研究》，甘肃人民出版社，1983 年第 1 版，第 94-99 页。

在《农村包产到户后的发展趋势》一文中，他进一步肯定了包产到户发展的新趋势。他预测，包产到户后，各类农户发生了富裕程度不同的变化，一部分农民先富起来；农村会发展新的社会分工，社员之间出现职业上的分化；社员正以各种形式再次联合起来，发展成商品经济基础上的高水平的集体经济。对此，他不认为这是坏事，而只是生产关系的一种调整。"改善了集体经济的经营管理，使生产关系更适合当地生产力的状况"，甚至他设想，以此为起点，通过发展专业分工、联合，有可能"走出一条坚持社会主义方向，既能发挥集体经济优越性，又能充分调动农民个人积极性的实现农业现代化的道路"。①

在《包产到户的动向和应明确的一个问题》一文中，他对从包产到户发展到包干到户这样一个新动向，作出肯定和积极评价，但对这种改革的"底"，也作出交代。他认为包产到户之所以迅速向包干到户过渡，受到农民普遍欢迎，是因为包干到户在分配上是按合同分配，"使经营方式与分配方式统一起来"，更简化、更明确、更直接、更好操作。他进而指出，"包干到户也是公有制经济的一种责任制形式，不是分田单干"。同时，他明确指出，农业生产责任制改革，要有一个限度，一个"底"线，这个限度和底，就是包干到户。事实证明，社会主义集体经济的生产关系，基本符合我国绝大多数农村的生产力要求。农业经营体制的调整、改革，包干到户就是'底'了。②

陆学艺的这些看法，代表了 20 世纪 80 年代初中国农村体制改革最前沿也最具政策性的观点。即使现在看来，也是正确的，不失为超越时空的政策性言论的经典。

从 1978 年 10 月发表《关于加速农业发展的若干政策问题》起到 1983 年底，陆学艺从事农村经济体制改革研究整整 5 年。5 年中，他始终从建设具有中国特色社会主义的高度，观察着农村改革的前沿问题，同时，高度的社会责任感和"不唯书，不唯上，只唯实"的学术风格，又使他对农村家庭联产承包责任制的研究，具有当时一般人不敢也不能达到的创新性高度。

----

①陆学艺著：《农业发展的黄金时代——包产到户的调查研究》，甘肃人民出版社，1983 年
　第 1 版，第 101-106 页。
②陆学艺著：《农业发展的黄金时代——包产到户的调查研究》，甘肃人民出版社，1983 年第
　1 版，第 107-118 页。

当然，他的研究在推动中国决策层对包产到户的态度从"不准"变为"不要"，再变为"有条件地允许"，最后完全放开；从"解决温饱问题的权宜之计"，变为"适合中国国情的主要形式"的转变的同时，其自身也是在不断发展的。1983年4月，他将这5年来的研究作了一个系统的整理，于1986年出版了《联产承包责任制研究》一书。这本书既是他5年成果的一个理论总结，又是他对这个问题的再思考、再认识。

在对以前的研究成果进行总结时，他十分注意理论的系统性和表述的严密性。例如对联产承包责任制本质特征和性质的理解，对它的历史的考察，对它的地位和作用、意义的把握，都比以前全面、准确和严密。这也许是制度本身发展已臻于完善，也许是他的认识比以前更加清楚的缘故。

除此之外，这本书还有许多新的论述是以前所未曾有过的。例如，他认为包产到户最早是在经济比较发达地区创造出来的。1956年4月29日何成同志在《人民日报》上发表一篇题为《生产组和社员都应该"包工包产"》的文章，介绍四川江津地区包工包产的经验，是评介包产到户的第一篇文章；同年浙江永嘉县燎原合作社包产到户，也是最早的包产到户实践。这种看法，具有较大的学术意义。又如，在讨论实行联产承包责任制后农村面临的新形势和新问题中，他指出农村商品生产和交换将会大大发展，农村大量剩余劳动力要求转移，以及农村社会将发生重大转变等，都是在这本书中得到全面阐述的。

关于当前需要解决的几个问题，这本书重点强调了"合作经济"这个新的概念，并提出了作为一个整体的农村政治经济体制改革的设想。这方面的内容，即使现在看来，也都具有重大的现实意义。

陆学艺在《联产承包责任制研究》的"后记"中说，他这本书的目的是从理论上阐明联产承包责任制的本质特征，它的发生和发展的规律。应该说，他的这个目的是达到了。在我看来，这是当时（甚至也是后来）关于联产承包责任制研究的最系统、最全面和最深刻的著作。这本书所阐述的关于农村经济体制改革的观点连同作者以前就这些问题发表的看法，不仅极大地推动了当时农村经济体制改革的进程，而且也对建设具有中国特色社会主义理论相关内容的形成产生了积极影响。

陵县试点三年

1982 年夏，北戴河。

雷雨过后的傍晚，海边的景色是美丽的——那铺陈在天际的晚霞，与眼前波光粼粼的海面连为一体，其中，点缀着若隐若现的渔船帆影，沙滩上和海水中嬉戏的游人，宛如一首歌、一幅画。

欣赏这如歌如画的美景，能给人带来闲适与快意。对当时的中国人来说，这是一个奢侈的难得的享受时光。

陆学艺由于先前卓越的工作成绩，使他获得了一次享受休闲生活的机会。这年夏天，他第一次来到北戴河休假。

但是，眼前的美景，引不起他的兴趣，闲适的海风也吹不散他的思考。此时，在他的脑海里，正在思考着家庭联产承包制普遍实行之后，作为整个上层建筑一部分的县级经济政治体制改革问题。

他认为，到 1982 年，全国农村 85% 的生产队都实行了以包产到户为主要形式的家庭联产承包责任制，作为农村经济体制的微观基础已经发生了根本性变化。现在所需要进一步改革的，是农村经济体制宏观方面的县级经济政治社会体制。只有县级经济政治社会体制也作相应的改革，才能适应新的经济形势发展的要求，才能领导农村各个方面的改革更好更深入地发展。

第二章 为改革鸣锣开道

他把这个想法同一起来休假的中国社会科学院科研局长王焕宇同志和科研局负责经济学科的学术秘书李兰亭同志讨论，得到他们两位的完全赞同。在讨论中，大家都觉得中国社会科学院，作为党和国家的咨询研究机关，应该牵头组织力量，深入到改革发展的农村，调查新情况，研究新问题，总结新经验，尤其是要对县级机构的现状和改革的前景，进行研究。这一方面可以为上级决策部门提供信息和政策建议；另一方面也可以让中青年科研人员和机关干部接触基层生活，理论与实际相结合，走出书斋，走出高楼深院，在农村实践中锻炼成长。

1983年春，他将这个设想写成一份《关于建立农村体制改革试验县的建议》，送给中国社会科学院领导，得到了校党组和时任马洪院长的赞同和支持。马洪院长还指示，将《建议》以院党组名义转报中共中央书记处农村政策研究室。因为办体制改革试点县要通过他们，取得他们的支持才行。

《建议》转报中央农村政策研究室后，很快就得到了当时任室主任的杜润生同志的重视和热情支持。杜润生主任觉得这一"建议"很好，他提出基地县由中国社会科学院主办，农村政策研究室全力支持。为了表示支持这件事，他还专门选派时任农村政策研究室处长的王岐山同志，作为他的联络员，参与领导和协调工作。

双方领导批示后，筹办试点工作组的工作就开始了。社科院由孙耕夫副秘书长、王焕宇和陆学艺为首，先建小组，哲学所的冉隆清、张晓明，农经所的张晓山，法学所的刘曙光等人参加。关于选点，院领导的意见，离北京不能太远，便于联系。

中央农研室对此事很积极。王岐山同志作为联络员，为此约陆学艺去他那里谈过几次。他也认为选点要近一点好。但当时，河北省几位领导正在闹不团结，所以，王岐山和陆学艺决定到山东去选一个点。

1983年8月，经杜润生主任介绍，山东省委书记苏毅然同志同意，中国社会科学院派陆学艺带了几个人到山东选点。山东省委副书记李振、副省长卢洪会见了他们，当场确定德州地区陵县为试点基地县。

陆学艺之所以把点定在陵县，当时是出自于以下考虑：陵县地处黄淮海平原，农业人口占总人口的96%，农业产值也占工农业总产值的64.5%，是华北较典型的农村地区。其经济社会发展状况在全国属于中等略偏下的水平，在这里试点有代表性；陵县近年改革步子迈得大，农业发展快，工作基础好；此外，离北京也不远，交通比较方便，双方人员往来很便利。对陆学艺来说，这里也是他多次调查过的地方，情况也比较熟悉。

9月，中央农研室主任杜润生同志，在办公室同陆学艺和课题组成员谈话。他对这次课题组进点的调查研究、策划县级体制综合改革的要点等，都作了明确指示。

10月，陵县农村发展研究组成立。研究组成员来自中国社科院有关所、局，山东省社科院和德州地区、陵县的有关部门，一共18人。陆学艺担任组长。为便于开展试点工作，经中国社会科学院党组建议，中共山东省委组织部行文，他还被任命为陵县县委副书记。

1983年10月25日，研究组在陆学艺的带领下，正式进点，受到中共德州地委、行署和陵县县委、县政府领导和工作人员的热情欢迎。陵县政府还专门为研究组人员腾出了县委招待所的西小院，作为他们的居室和办公室。专门安装了一部电话，还有一个图书资料阅览室，在院子里专门盖了一个小厨房，单独起伙，工作条件和生活条件都一一保证。

在县委、县政府的大力支持和直接帮助下，研究组的工作开展得很顺利。陆学艺后来回忆陵县调查10年，尤其是1983年至1986年他在陵县挂职蹲点时写道："那时，我们研究组的同志，白天各自到县里各部局，或到乡里进行访问、调查，晚上回到由招待所蒙万俊同志为我们收拾得干净整洁的西小院，一起讨论总结，一起整理材料，筹划第二天的活动。"[1]就这样3年下来，他在陵县可以说收获不小。

他们的第一项工作，也就是第一项社会调查是摸清陵县县级机构和县经济社会的基本情况，为县级体制改革和发展的研究做准备。

首先，对当时全县66个部、委、局、办中的31个主要部门逐一进行调查、访问。随后，他们又下到乡里，选取了城关镇和袁桥乡等3个不同类型的村，进行蹲点观察，对其中153家农户还进行详细的访谈。通过这些调查，取得了大量的第一手资料，搞清了基本情况。

----

[1]陆学艺主编：《中国国情丛书——百县市经济社会调查（陵县卷）》，中国大百科全书出版社，1993年第1版，第65页。

第二章 为改革鸣锣开道

在研究组进点时,农村正准备实施家庭联产承包责任制后的第二步改革、"三级所有,队为基础"的人民公社体制以及县级体制改革也在酝酿,同时,农村在联产承包制后要根据社会需求调整产业结构。这样,体制改革和经济上的调整便交织在一起。

1984年4月,陵县按照上级的统一部署,实施了由公社改乡、镇,生产大队改行政村的改革方案。6月份,山东省委把陵县定为省委直接领导的3个农村综合改革试点县之一,派省农工部副部长金石开率一个工作组到陵县,同陆学艺他们一道调查研究。

经过几个月的工作,他们拿出了一份陵县综合体制改革的设想。主要内容是调整农村产业结构,建立农业社会化服务体系,改革统收统支的财政体制,实行财政包干等。

1985年年初,在中央农村工作会议期间,陆学艺同王岐山同志等人商量,陵县的县级综合试点,已近3个年头。山东省委工作组就这一改革形成了文件,福建、辽宁、浙江、江苏、四川、河北等地也有一些经验出来。能否筹备开一次县级体制改革的研讨会?王岐山表示赞同。

1985年5月18日到23日,国务院农村发展研究中心在陵县召开了华东地区经济体制改革试点县讨论会。时任国务院农研中心副主任吴象同志、联络室主任王岐山同志等出席了会议。华东6省1市有关部门的负责人和16个试点县的代表,北京有关部门的同志和理论工作者,还有辽宁省海城县、山西省原平县、河北省正定县、以及四川、广东等地的代表共50多人参加了会议。

国务院农村发展研究中心副主任吴象同志在会上作了重要讲话。陆学艺介绍了陵县体制综合改革的设想,各地代表也在会议上交流了各自的改革情况和经验。会议还就当时县级财政包干,县党政机构设置和政府职能转换等主要问题进行了讨论,最后形成了一个"华东地区综合体制改革试验县讨论会纪要"。报送中央有关部门,以后又在刊物上发表。

从陵县以及全国的情况看,县级体制是中国政治体制中最基本,最重要的一个环节,也是建国以后几十年来逐渐形成的,是一个完整的政治体系。对县级体制进行改革,涉及到经济、政治、社会、文化方方面面的问题,牵一发而动全身,难度很大。它不仅是一个体制问题,同时也是一个发展问题。要进行体制改革，必须由国家通盘考虑和统一部署。这次会议强调了县级体制改革的必要性和重要性，对改革的复杂性和难度也给予了充分考虑，是有关县级体制改革的一次较早会议，对后来县级体制改革起了较好的推动作用。

1985 年 7 月，陆学艺被任命为农业经济研究所（后改为农村发展研究所）副所长。由于陆学艺工作单位的变动，所以，原挂靠哲学所的陵县调查研究点也改挂靠农村发展研究所。这样，陵县调查研究就和所里的本职工作结合起来了。在所里的领导和研究人员的支持和参与下，陵县点上的研究得到了进一步发展。

1985 年秋，农村所的顾秀林、张军、王华民、尹晓青、佟绍伟、王学东和北师大的曹和平到陵县蹲点，对镇级机构和乡、村、户关系进行了深入的调查。1986 年春，所里还把陵县经济发展列入当年的科研计划。在当时的所长王贵宸和《中国农村经济》编辑部副主任张庆忠的主持下，在陵县调查的研究人员分章写作，于这年底完成了《陵县经济发展的回顾与展望》一书。另外，研究组在陵县 3 年中就家庭联产承包责任制后的县、乡、村、户 4 个层次分别作了较为系统深入的研究，后编为 3 本《农村发展研究》资料集，共 110 万字。第一本主要汇集了前述反映陵县经济发展水平的三类 153 家农户经济状况的全部资料和对它们的初步分析。第二本是陵县县级机构状况和县情资料。第三本是在陵县召开的华东地区县级体制改革讨论会的一批报告和探讨县级改革的文章，还有陵县乡、村、户情调查。这 3 本资料，是陵县研究组 3 年的调查研究成果的一部分。它为我们研究当时农村的经济社会发展，提供了翔实可靠的实证资料。

这个时候，陆学艺还是决心把县级体制改革的研究再扩展一步，决定开展县经济社会协调发展的研究。他认为：

"县经济社会的发展是中国现代化的关键环节，离开了县经济社会的现代化，中国的现代化是不可想象的。特别是党的十一届三中全会以后，县的地位和作用越来越重要，将逐步变成中国现代化的主战场。县经济具有类似国民经济大系统、大网络的综合性特点，……集政治、经济和社会等各种功能于一体，结构比较完整。因此，研究县经济社会发展，有助于认识整个国民经济和整个社会的发展。实行县级改革可以为整个经济和社会改革提供经验和借鉴。"

1986 年，"县经济社会发展研究"课题通过国家社会科学基金会审评立项，确定为经济学类国家"七五"重点课题。课题组主要负责人是陆学艺，此外还有刘树勋、顾焕章、徐逢贤、冉隆清等人。

经过几年的研究，课题组于1993年出版了《县级综合改革与经济社会的协调发展》一书。全书有1个总报告和19篇专题报告。19篇专题研究中，有10篇是研究发展问题，另9篇是研究改革的。其实，这两者在现实中是密不可分的，只是在研究的侧重点上有所区别。

写于1991年的总报告，主笔人是陆学艺（一共有5位主执笔者：陆学艺、徐逢贤、张其仔、崔力群、冉隆清）。这篇总报告的中心论点是县经济社会的加速发展是一种不平衡发展。县级综合改革的根本任务就是由不均衡发展转向均衡发展。

所谓均衡发展，指的是经济、社会和政治发展的协调性，并不是经济学意义上的市场均衡。在他们看来，十一届三中全会后，县经济社会的发展逐步摆脱了从属和依附于城市的地位，获得了相当的自主性和独立性，出现了加速发展的势头，但这种发展是一种不平衡发展。县经济社会发展同其外部环境之间、经济系统内部、社会发展系统内部以及经济和社会发展之间存在着不协调性。具体说来就是6大矛盾：城乡矛盾、区域矛盾、生产和流通的矛盾、社会分化与整合的矛盾、经济基础和上层建筑的矛盾、还有经济发展和社会保障制度的矛盾。这6大矛盾是妨碍县经济社会现代化的主要因素。因此，解决这6大矛盾，实现县经济社会协调发展，使县经济社会发展由不均衡发展转向均衡发展，是目前加快县经济社会发展的一个重大课题。

怎样才能实现由不均衡发展向均衡发展的转变呢？他们认为，应该抓以下工作：第一，回忆县级政治体制改革步伐，转变政府职能，完成向"小政府大服务"的目标转化；第二，加快乡镇企业的发展，完善双层经营体制，发展社会化服务体系；第三，深化流通体制改革，完善市场体系，搞活流通，以流通促生产；第四，发展社会保障事业，逐步实现社会保障制度的城乡一体化；第五，实现城乡开通，打破城乡隔离，使城乡在就业等多方面逐渐实现平等；第六，县级综合改革的总目标，是逐步建立社会主义市场经济的新体制。

这篇长达65000多字的报告，内容非常丰富，有关县级经济社会发展和政治体制改革方方面面的问题都提到了，但全部问题都围绕着6大矛盾展开与解决立论，最后以不平衡到均衡——发展型式的转换的中心论点作结。整篇文章思路清晰，论据充足；观点鲜明，体系宏大；有纲有目，纲举目张，结构严谨，是一篇思想性、理论性强，同时具有可操作性和现实意义的研究报告。报告主张的县级改革的观点，在后来中央和各级地方政府的经济社会发展规划和战略中，得到了充分地吸纳，尤其是对后来科学发展观的形成和实践也提供了理论依据，不失为在综合体制改革和发展战略研究方面的开山之作之一。

1986年11月下旬，陆学艺参加中央农村工作会议。这个会议自1981年以来每年召开一次。分析当年的农村工作形势，以及可能出现的问题，提出下一年的任务和对策，形成文件。在万里、胡耀邦等领导的提议下，作为中央新一年的一号文件颁发。此后每年中央一号文件，是关于农业和农村工作的。到1986年，农村工作会议形成了中央第6个一号文件。

12月下旬，陆学艺会后回到陵县。当时，他已经意识到，政策部门关注的重点，已从农村转向了城市和国有企业。县级体制综合改革，肯定是必要的，但这种改革必须是自上而下的。这好比是蜂窝煤，上下必须对口。县级改了，省地不改，就不对口，还得改回来。虽然改革是好的，但上层还未下定决心，单靠一个点，单靠基层推动，孤军奋战，难有成效。

但要让他撒手放弃他三年为之奋斗的成果，他还是有点舍不得。于是，他找一些老朋友交换意见，看怎么办才好？

多数朋友劝他放弃。苗玉友、郭爱民等朋友说得更直接："陵县试点可以告一段落了，不要在这里耽搁时间了。"他的课题组的同事们多数也是这个意见。请示了社科院孙耕夫，孙也赞成。

陆学艺最后决定：回家。

作为县级体制综合改革试点，陵县3年，无果而终。从现在的角度看，如果这项改革试点成果被付之实施，那么中国的现代改革开放历史或将改写。这样的一项富有创新性的改革方案未被决策层采纳，这让陆先生感到十分遗憾。但这并不意味着他们失败。陆学艺和课题组在这里进行调查研究，提出了县级综合改革方案；之后又提出了县域经济社会协调均衡发展的命题，这是政治体制改革之第一声，在中国政体改革史上应有其地位。

此外，陆学艺还在陵县作了第二步改革的调查研究工作，成果丰硕。他还帮助陵县创办了一所大学——农村发展学院，帮助德州培养了大批有用人才。短暂的试点3年，陆学艺取得了让陵县人感激，也让自己满意的成绩。

将改革进行到底

在进行县级综合体制改革试点的同时，陆学艺还在思考"后包产到户"时期的农村改革问题。

1983 年，他开始从两个方面入手，寻找下一个改革的方向。其一是调查，及时掌握包产到户后出现的新形势和新问题；其二是研究，从理论上对包产到户改革进行归纳总结。

这一年的四五月份，陆学艺为了了解包产到户后的新情况、新经验和农村发展商品经济问题，到四川新都、浙江温州和绍兴、江苏无锡、上海等省市的农村进行调查。8 月份，他们又为中国社科院建立县级体制综合改革试点去山东选点，顺路调查了山东济宁的邹县和德州的陵县农村。9 月下旬，他又参加山东省委农村政策座谈会，听了十多个县的情况介绍。

调查所得和会议信息告诉陆学艺，三中全会以来，实行了联产承包制以后，农村出现了社会主义商品生产大发展的趋向，但是包产到户改革，只是为发展商品生产准备了条件，要向大规模的商品生产转化，还需要在生产、交换、分配、消费等各方面，以致上层建筑领域作相应的改革。他认为，要使广大农民真正富裕起来，彻底解决农村问题，实现农村的现代化、就必须靠发展社会主义大规模的商品生产。他意识到，"这是摆在我们全党面前的一项艰巨任务"。于是，

8 月，他写了《当前农村形势和值得注意的几个问题》一文，及时表达了他对包产到户后下一步改革的看法。

他在强调了要加强承包农户经营这个层次的政策和投入支持，完善生产责任制工作，稳定包产到户体制之后，重点提出了"建立多种形式的为农业生产服务的体系问题。农业由自给生产向农业专业化、社会化、商品化转变过程中的买难卖难、产前产中产后服务不配套问题，需要通过整个经济机制的改变，通过逐步实现农业的专业化、社会化来解决。[1]

1984 年 4 月，陆学艺写了《关于农村发展商品生产的几个问题》一文，对中央 1984 年一号文件提出"发展商品生产"的要求，作了系统地解读。他得出结论，"今后农村工作的重点，就是大力发展商品生产"。如何发展商品经济呢？他讲了 10 条，特别强调体制问题。他认为，要发展商品生产，必须要搞体制改革。工业、商业和国家机关的体制都要相应改革。[2]

农村体制是国家计划经济体制的组成部分，但只是它的边缘部分。第一次改革成功，虽然是在计划经济体制尚未改革的条件下实现的，但只是一次农业生产经营层面的家庭联产承包责任制的改革，它并未触及到计划经济体制的关键和"核心"利益。待到 1984 年农业大丰收，转而要进行第二步流通体制改革的时候，涉及到城市居民的利益关系，改革成本过大。农民也不欢迎，生产积极性受挫，当年粮食减产。到 1985 年，农村进行的以流通体制改革为中心的第二步改革，也就举步维艰了。

对此，陆学艺并不灰心，他在作另辟新径的努力。1985 年 3 月，他写了《农村改革的若干基本经验》一文，对第一次改革的历程作了认真回顾和总结。他写道：

"回顾这 5 年农村大发展的历史，……可以得出这样的结论：原来那一套僵化的经济体制必须改革，早改早主动，晚改就被动，不改就没有希望，就没有出路。这个经验同样适用于城市，适用于工业、商业。"

他从第一步改革成功中，发现了 6 大基本经验：

---

①陆学艺著：《当代中国农村与当代中国农民》，知识出版社，1991 年第 1 版，第 140-146 页。
②陆学艺著：《当代中国农村与当代中国农民》，知识出版社，1991 年第 1 版，第 167 页。

第一，实行改革，要因地制宜，实事求是，一切从实际出发，坚持分类指导的原则。农村改革这一成功经验，也完全适用于城市经济改革。

第二，实行联产承包制是农村改革成功的关键。城市的工业、商业、教育、科技等等体制怎么改？从哪里突破？也还是要抓住主要矛盾，找突破口，找到关键性措施。

第三，农村改革是生产关系的调整，结果是使所有权和经营权适当分离。这一经验对发展工业和第三产业都有普遍意义，有直接的借鉴作用。

第四，改革要注意调动主体劳动者的积极性。主体劳动者是指组成某一部门、行业、单位的主要劳动者、主要成分、主力军。发展生产要依靠主体劳动者，进行改革也要依靠主体劳动者。实行联产承包制，之所以能把亿万农民群众的积极性调动起来，是因为贯彻了在经济上充分关心主体劳动者的利益，在政治上切实保障了主体劳动者的民主权利这两条原则。城市和工商企业的改革，应该也可以借鉴这个经验。

第五，改革的目的是发展社会生产力，提高经济效益。联产承包制之所以能冲破层层阻力，在全国普及，是因为它对生产有利，对农民有利，使农民有了经营管理权和产品支配权。城市和工商业改革，也可以借鉴农村经验，从薄弱环节突破，从落后亏损的企业搞起。

第六，在改革中要加强和改善党的领导。联产承包制虽是农民创造，但如果没有党中央的正确引导，总结推广，要想在全国普及是不可想象的。农村改革中稳妥推进，依靠群众，从实际出发的领导经验，也可以为城市工商改革所借鉴。①

这一总结旨在提醒决策人，改革是中国走向现代化的不竭动力，必须将改革进行到底，不能中途停顿。当然，中国改革进行到第二阶段，进行到城市和国有企业领域，尽管范围更广，利益关系更复杂，矛盾更尖锐，难度更大，但农村改革成功经验中的基本原则和精神，对城市工商企业改革仍然适用；第二次改革可以不进行流通体制改革，但不能不进行改革。这如同长江黄河，尽管

----

① 陆学艺著：《当代中国农村与当代中国农民》，知识出版社，1991年第1版，第214—235页。

千回百转，仍不废滚滚东去归大海。

1986 年，陆学艺开始从另一角度思考下一步改革的重点。其时，学术界和实际工作部门对第二次改革的讨论仍没有止歇，但众说纷纭，有主张发展和完善农村合作经济的，进行产业结构调整，发展第二、三产业，社会化、商品化的；进行流通体制改革的，理顺价格体系的；建立新的市场机制的；进行小城镇建设的；还有主张进行县级综合体制改革的；发展教育事业的等。

在陆学艺看来，这些主张和看法，都有一定根据，都反映了农村第二步改革的内容。随着农村改革的深入，在实践中可能还会提出不少其他方面需改的内容来。

下半年，他连续写了两篇文章，表明他对第二步改革的看法。

首先，他认为，农村第二步改革是一个整体，是一个大的系统工程，将是由若干个子系统组成的。

其次，第二步改革目的是要继续实行放宽搞活政策，促进农村社会生产力的发展，促进农村由自给半自给的自然经济向有计划的商品经济转化，由传统的农业向现代化农业转化，逐步缩小工业和农业、城市和乡村间的差距，使整个国民经济协调高速地发展。

第三，从我国整个国民经济的全局看，从实现了联产承包责任制后农村发展趋势看，农村第二步改革的关键，是要大力发展乡镇企业。

陆学艺对乡镇企业认识，是同农村专业化、商品化、现代化、产业结构调整、流通体制改革、加强农业基础和建设小城镇等联系在一起的。他认为这是一个农村现代化过程中如何使农民变为非农民，如何使非农业占优势，使商品经济占绝对优势和农村居民富裕的关键和中心环节。"抓住了这个中心环节，农村改革的局面就活了，整个国民经济的全局也就活了。"

为此，他认为，在这个新的历史阶段，我们应当采取新的政策。第一，统一认识，继续改革，不能停止，更不能后退。第二，重申农业基础地位不变。第三，要把发展乡镇企业作为今后农村工作的战略重点。第四，要按商品经济发展的要求，进行政治、经济、文化、思想、体制、传统、习惯等各方面的改革。

乡镇企业同样是改革的产物，是农村继家庭联产承包制改革之后异军突起的新生事物。1978 年全国社队企业只有 152 万个，职工 2826 万人，产值 493 亿元，只占农村社会总产值的 25%。到 1984 年，全国乡镇企业 600 多万个，总收入 1537 亿元，分别为 1978 年的 4 倍和 3.5 倍，发展虽快，但在整个国民经济中的比重和地位，仍显卑微。陆先生此时提出，以乡镇企业发展为关键和中心环节，来带动农村第二次改革，是现实的和富有远见的。这一年，中央下发大力发展乡镇企业的 4 号文件。此后，乡镇企业发展更为迅猛，到 1987 年，企业总数达到 1750 万个，职工人数 8800 万人，总产值 4764 亿元，超过当年社会总产值的 50%。至 1997 年全乡镇企业 2015 万个，当年营业收入 37953 亿元，实现增加值占国内生产总值近 1/3。

此后，26 年来，陆学艺的改革研究、范围和思路有了进一步拓展。他笔下的体制改革，不再局限于农业、农民、农村内部，而更多地从城乡二元结构的视角，从社会结构转型与调整的层面，从社会现代化的高度来观察；不再只是经济体制改革，而且还包括甚至更多的是社会体制和政治体制改革；不再只是单纯的改革，而是把改革同推进结构转型和现代化进程结合起来；不再只是源于"危机"的被动式的反映，而是基于追求富民强国、科学发展，以及社会主义、中国文化和中华民族复兴的伟大目标，而进行的中国人民的自觉行动。

对于改革，陆学艺从始至今都情有独钟。他把改革看作是中国社会发展和现代化的起点、全过程和不竭动力。几十年来，他一直在为改革鸣锣开道、奔走和呼吁，至今都没有停歇。当前，改革正处于攻坚克难时期，也处于深水期和敏感期。他认为，改革和不改革都存在着风险。改革的风险是前进中的风险，不改革的风险则是失败。

为了富民强国，科学发展，也为了社会主义、中国文化和中华民族的伟大复兴，他选择将改革进行到底。

第三章

代言 "三农"

传统中国是一个农业、农民和农村为主体的国家。农本主义作为这个国家最具权威和经典性的政治社会理论，被历朝历代统治者所遵循和信守。虽然，中国也曾数次因人口过剩和工商业侵蚀引发周期性兴盛与危机，但其最终结局仍须回到农本主义的轨道上来。

　　但近代工业革命和西方资本主义对东方的冲击与挑战，第一次彻底打破了王朝的周期循环，而将"三农"作为一个严重的政治社会问题，摆在中国政治家和社会学家面前。对此，乡村建设派主张通过乡村的改良和建设，来复兴儒家秩序和中国；马克思主义农村社会学则主张通过农民革命和阶级斗争，推翻帝国主义、封建主义、官僚资本主义三座大山的统治，把一个半殖民地半封建的中国改造成独立自主和高度计划性的社会主义国家；信奉现代化的学院派社会学家们则从西方化的观念看待中国的文化传统，主张走西方现代化的道路。

　　改革开放，为"三农"的发展开启了新征途，也为对这一问题的学术认识和探索提供了新要求和新视角。要在一个"三农"为主体的国家实现现代化，如何看待和处理"三农"问题便成为成败的关键。为此，各路人马都进行了艰苦和长期的探索。

　　陆学艺从20世纪五六十年代开始，思考探索农业、农村问题。1989年2月，第一次将农业、农民和农村问题放在一起系统思考，提出"三农"问题面临新的形势和新的问题，必须从整体上进行研究和认识。

2004年2月3日，在温家宝同志召开征求对《政府工作报告》修改意见的座谈会上，陆学艺发言："我们至今仍未改变'以农补工'、'以乡养城'的格局。9亿农民每年向国家向城市作了2万亿元的贡献，农村怎能不穷？农民怎能不苦？"

"我到几个省调查了，印象深刻的，听了四句话，可概括这些地区的情况：'毁农民的庄稼，拆农民的老房，挖农民的祖坟，强占农民的耕地。'既不给农民相应的补偿，不等价交换，也不作相应安置。被占了地的农民成了'种田无地，就业无岗，低保无份，上告无门'。……政府要给老百姓撑腰……"

陆学艺犯颜直"谏"，语惊四座。

类似的批评和建议，每年都出现在全国人大会议他的发言中，出现在他论文和报告中。50年来他的学术研究和社会活动，大部分与"三农"有关，与争取和保护农民利益有关，也与"终结"传统农民有关。

他是"三农"的代言人？你确定？

是的，我确定。

让农业不再"扭秧歌"

1989 年 10 月 24 日,江泽民同志出任中共中央总书记不久,即邀约了几位农业和农村经济专家,在中南海谈当前的农业问题。陆学艺应约参加了这次座谈会。他在会上,专就解决农业徘徊问题,谈了几点意见。

他说,农业已经徘徊了 5 年,其根本原因,是前几年宏观决策失误引起的。他当着许多中央领导同志的面,批评当时的领导不按邓小平同志的批示办,应"对这次农业徘徊负一定的责任",说他们提出一些错误的理论,主张减产有理、徘徊有理,是"文过饰非,推诿责任"。

以江泽民同志为首的新一届领导班子上来后,高度重视农业、农民和农村问题,让他看到了希望。他建言抓住当前的大好时机,下 · 着活棋。"要下个狠心调整工农、城乡关系,从各方面支援农业,把 8 亿农民的生产积极性再次调动起来,率先振兴农业。"

江泽民同志在座谈会总结讲话中,对陆学艺的率直发言,高度评价,说他很久都没有听到这么尖锐的批评了。他感谢发言的专家学者,长期以来从事基层调查研究,为各级党委和政府提供有价值的研究报告。他表示,中央会认真研究各位的建议,采取切实有效的措施,推动农业和农村经济再上新台阶。

这次会议之后,1989 年 11 月,中共中央召开十三届五中全会,作出了《关于进一步治理整顿和深化改革的决定》。《决定》再次强调了农业的极端重要性，要求全党、全国动员起来，集中力量办好农业。《决定》还提出了一系列促进农业发展的具体措施，如增加对农业的投入，增加对农业生产的贷款，大力发展农用工业，提高棉花等农产品的收购价格。这一年冬和第二年春，在中央的领导下，各地组织农民大搞农田水利建设；又动员大批干部到农村基层去调查研究，帮助农民搞好生产。几项措施一下来，农业徘徊的局面立马有了好转。1990年粮食产量，在徘徊5年之后，首次转增，其他主要农产品和农业经济指标，也大多触底回升。

这充分证明，陆学艺的观点，经得起实践的检验，是完全正确的。

1985年以来，陆学艺长期关注包产到户后的农业发展，一直呼吁国家重视农业，提出当前农业和粮食生产面临严峻形势，被反对他的人斥之为"农业悲观论"的代表。

《陆学艺文集》封面

实际上，他只是对种植业尤其是粮食生产中的管理部门过分乐观的认识和轻农政策，表示担忧，而对于整个农业和农村形势持一种乐观的态度。他在1988年12月写的《我国农村改革与发展的成就及当前面临的几个问题》一文中分析说：

"这几年（1985-1988），林业、牧业、副业、渔业都有不同程度的增长，特别是副业中包括村以下的工业，这些年增长幅度很大……，当前我国的农村经济还是很好的，大农业发展也还可以……"①

1990年5月，他在《当前中国农村形势和前景》一文中，更进一步地把改革以来的农村形势概括为三句话：

农村经济社会形势很好；农业生产形势严峻；粮食、棉花等主要农产品供应紧张。②

----

①陆学艺著：《当代中国农村与当代中国农民》，知识出版社，1991年第1版，第359-360页。
②陆学艺著：《当代中国农村与当代中国农民》，知识出版社，1991年第1版，第400页。

由此可见，对农村经济社会整体而言，他不是一个悲观论者。不但不悲观，他还经常驳斥悲观论，认为中国农业发展潜力很大。1989年9月29日，他在《人民日报》发表《社会主义道路与我国农业的发展》一文，就对我国农业发展的前景持乐观态度。他说：

"怎样看待这几年出现的农业徘徊呢？有的同志认为，近几年的农业徘徊，主要是联产承包制不灵了，农业要有新突破，只有采取新的经营形式，这种看法是脱离实际的。……有的同志认为，我国人口不断增加，耕地日趋减少，而小农经济的潜力已经耗尽，供给有限，提出今后要长期进口粮食的看法，这也是不正确的。我国人口多，人均耕地资源少，这是事实。在现阶段，国家经济实力还不强，农田基本建设和农用工业还不够，抗御自然灾害的能力还不足，因此，盲目乐观，认为农业已过关，不抓紧农业生产和建设的想法和做法是错误的。但也不应该因此得出悲观的结论。我国农业增产的潜力还很大，农业发展的前景是有希望的。"

他从四个方面分析，认为我国农业还有潜力，如耕地面积及增产潜力还很大，农业科技潜力大，农用工业大有文章可做，以及我们有一支勤劳俭朴、有精耕细作传统的农业劳动力队伍等，再加上政策的得当，把亿万农民的积极性调动起来，就一定可以创造农业发展的奇迹。"总之，我国农业发展的前景是可观的，悲观的、眼睛向外的观点，都是不足取的。"①

当然，我要强调的是，陆学艺对工业化、城市化进程中的中国农业发展的乐观态度，是有条件的谨慎乐观。这个条件就是，只要"政策得当"，"只要真正加强对农业的领导和支持；调整国民经济格局，改变工业过热，农业过冷的状况，按照价值规律，调整价格政策，减轻农民负担，进一步发挥联产承包制的作用，把广大农民的生产积极性重新调动起来"，②我们才有理由保持乐观态度。否则，农业难免重陷徘徊之境。

陆学艺有条件、谨慎乐观的态度，在20世纪90年代的农业发展进程中，再次得到事实的支持。

---

①陆学艺著：《陆学艺文集》，上海辞书出版社，2005年第1版，第152-154页。
②陆学艺著：《陆学艺文集》，上海辞书出版社，2005年第1版，第152页。

由于中央的高度重视和政策得当，粮食产量在 1988 年触底回升之后，1989 年至 1990 年连续增长，不再徘徊。但 1991 年之后各地工业和城市开发过热和轻农的老毛病复发。1992 年 12 月，他写了《农业要警惕再走扭秧歌的老路》的文章，刊登在中国社科院《要报》上，向中央预警：粮食棉花明年可能再度减产，农业有可能再走扭秧歌的老路。[1]文章发表不到一年，粮食减产涨价如期而至，随之而来的是通货膨胀。

在治理通胀过程中，他向中央提出的建议，仍是加强农业，增加农副产品的有效供给，调控粮食市场。

1995 年，国家大量进口粮食，以平抑粮价。这一年，江苏省农业厅长俞敬忠同志写了《一个新的粮食增长高峰正在孕育》一文，预测 1995、1996 两年，中国农业将增产 1000 亿斤粮食。这一观点让决策层震惊，指示在京专家论证。

陆学艺按中央财经领导小组办公室要求，写了《要为形成新的粮食增长高峰准备条件》的文章。指出"这种增长高峰在近几年再现是有可能的，问题的关键是我们能否为这个增长高峰的出现创造必要的条件。"他列了三个方面的条件：一是继续稳定和完善家庭承包责任制；二是继续深化农产品购销体制改革，加快建立农村社会主义市场经济体制步伐，改变长期困扰农民卖难买难的状况；三是要下决心增加对农业的投入。他最后说"农业发展，还是那几句老话：一靠政策；二靠科学；三靠投入。问题是认真做还是应付做。真的认认真真做到了，真的把亿万农民的生产积极性调动起来了，又有科技和物质力量作支撑，那么，农业这盘棋就活了，新的粮食增长高峰是能够实现的。"[2]

后来的发展，完全证实了陆学艺的判断。1995 年和 1996 年，两年粮食大丰收，增产 800 亿斤，接近 9800 亿斤的规模。

在中央决策层和全国上下为粮食生产再上新台阶而欢欣鼓舞的时候，陆学艺的态度仍是有限的和谨慎乐观的。一方面他指出，我国增产粮食的潜力很大，再继续增产粮食是完全有可能的；另一方面，他也担心，今年粮食大丰收，明

①陆学艺著：《陆学艺文集》，上海辞书出版社，2005 年第 1 版，第 233-248 页。
②陆学艺著：《"三农论"——当代中国农业、农村、农民研究》，社会科学文献出版社，2002 年第 1 版，第 69-73 页。

第三章　代言『三农』

年会不会又要掉下来? "历史的经验和教训是,越是农业丰收的时候,越要注意保护农民的利益。一定要想方设法避免'卖粮难'、'打白条'之类的情况再现,损害农民利益。丰产后不能丰收,也会给农民一个错误的信号,以为粮食太多了,国家不需要粮食了,这就会挫伤农民的种粮积极性,转而从事别的挣钱的行当,粮食产量就会掉下来。……我们已经有了一而再的教训,可不能再而三地重蹈覆辙了。"①

但很不幸的是,陆学艺担心的事,总是在眼前变为现实。1997年粮食产量开始减少,当时还觉得减得少,掉一点没关系。及至1999年以后,粮食连减5年。2003年粮食总量8614亿斤,比1998年减少16%,市场价格暴涨,粮食再次成为问题。而且农民收入自1996年后增幅连降7年。以至于有人惊呼:"农民真苦,农村真穷,农业真危险!"

1991年2月,陆学艺对中国近40年来的农业发展进行了初步总结,认为新中国成立以来,农村经济和农业发展经历过农业蓬勃发展(1949-1958)、农业衰退倒退(1959-1961)、农业恢复发展(1962-1966)、农业长期停滞(1967-1977)、农业发展的黄金时期(1978-1984)、农业再度出现徘徊(1985-1989)六个阶段,三起三落波浪式的发展,取得了伟大的成就,有很多成功的经验和值得谨记的教训。其中,除了坚持农村发展的社会主义道路是我国农业稳步发展的基本保证和家庭联产承包制改革是中国农民的伟大创造外,正确处理农业和工业的关系,把农业放在一个恰当的位置上,正确处理国家和农民的关系,按价值规律办事,建立有计划的商品经济体系,以及因地制宜、分类指导、分别治理,最为重要。

在这里,他很清楚地意识到,农业问题不但是一个粮食和经济问题,而且还是一个农民问题,是一个得罪了农民,挫伤了农民的生产积极性而导致的问题。

2005年2月,他对农业周期性地徘徊反复,作了更加深入的思考,认为,

---

① 陆学艺著:《"三农论"——当代中国农业、农村、农民研究》,社会科学文献出版社,2002年第1版,第78-79页。文章在《要报》和《内部参阅》上发表后,李鹏、朱镕基、李岚清、姜春云先后作了重要批示,肯定这篇文章的观点。

不能走就农业问题解决农业问题的老路。

"1996 年农业获得改革后第三次特大丰收后，政界和学者都认为：中国的粮食和主要农产品的供给问题得到了基本解决，实现了由长期供给不足到总量基本平衡，丰年有余的转变。当时，我对于'三农'问题有一个基本判断，认为中国的农业问题基本解决了，但是农村问题、农民问题还没有解决。但实践又教训了我们，问题远没有这么简单。……改革开放 26 年来，农业经历了四次周期性反复，说明了一个问题：'三农'问题是一个整体，核心是农民问题。……要解决'三农'问题，第一位的是要解决农民问题。只有把农民问题解决好了，农业问题、农村问题才能顺利解决。可是过去我们总是把解决农业问题放在第一位，粮食、农产品供给有问题了，才想到要调整农村政策，给农民以优惠政策，以调动农民生产的积极性，一旦供给好转了，政策就变了。农业的周期性反复，说到底是中国农民问题的反应，是国家农民政策反复的表现。我们应该总结解决'三农'问题的经验和教训，不能再走就农业问题解决农业问题的老路，而应该执行统筹城乡经济社会发展的方针，把解决农民问题放在第一位。"①

把农业问题同农民问题联系起来，并非自 2005 年始，其实早在 20 世纪 80 年代初，他就注意到农民问题与农业的关联。在他研究写作的大部分农业课题和文章中，都把农民作为农业问题的重要因素考虑，但正如他自己反省时说的那样，在一个相当长的时间内，农民问题只是作为农业问题的一个因素和组成部分，农业问题始终是第一位的。只是到了 20 世纪 90 年代末，他才开始把"三农"问题作为一个整体进行研究，把农民问题作为"三农"问题的核心和关键来思考。

在高度重视农民问题在农业和三农问题中的地位的同时，他对农业问题与农村问题的关系，也早有思考。1993 年，他第一次全面系统地反思农业问题与农村问题的关系，一口气提出 12 个疑问，与读者共同探讨。这 12 个问题是：

——为什么我们反复强调要加强农业这个国民经济的基础，强调了 30 多年，而至今农业这个基础仍然比较脆弱？

----

①陆学艺著：《陆学艺文集》，上海辞书出版社，2005 年第 1 版，"自序"第 8-9 页。

——为什么农业发展老是扭秧歌？

——为什么我们一贯强调要切实保护农民利益，而农民的利益总是保护不住？

——为什么老喊要减轻农民负担，而实际上却年年在加重农民负担？

——为什么会产生超经济剥夺农民生产成果的"白条"现象，近几年中央多次明令禁止而越打越多？

——为什么农民呼吁了多年的买难、卖难，总是解决不好或解决不了？

——为什么会发生乱占滥用耕地的现象，农民拥有耕地的使用经营权，为什么如此容易地被剥夺？

——为什么我们人均耕地很少，而近年来却有不少农民抛荒撂荒耕地？

——为什么会出现民工潮现象，而且越涌越多？

——为什么农民要用几千元及至上万元买一个农转非户口？

——为什么扶贫工作进展缓慢？

——为什么我们强调要共同富裕，而实际上东西部地区差距和同地贫富差距越来越大？

他还认真反省了包括自己在内的学者提出来的一些认识。

——是对农业重视不够，认识不到位吗？不是。我们很早就提出了农业是国民经济基础的理论，现在又在十三届八中全会上专门做出决定，提出"农民是经济发展、社会安定、国家自主的基础，农民和农村问题始终是中国革命和建设的根本问题，没有农村的稳定和全面进步，就不可能有整个社会的稳定和全面进步；没有农民的小康，就不可能有全国人民的小康；没有农业的现代化，就不可能有整个国民经济的现代化。"认识的高度达到了不可能更高的高度了。而且这个问题，在中央和各级领导口中，也是年年讲、月月讲。这还能说我们对农业问题认识不够吗？

——是投入不足吗？有这个问题，但主要不是这个问题。十一届三中全会的农业决定中提出，对农业投入占基建投资的比例，从10%提高到18%，这一比例，加上社会和农民的投入，还远不止这个数。不仅我们过去没有这么高，就是西方发达国家，也没有这么高。说投入不足，对吗？

——农业问题是价格问题，是农产品价格低，农业产品价格剪刀差吗？也不完全是。现在农产品价格主要由市场决定，农产品价格很多都接近国际市场价格，过低的问题不存在。

——农业问题是人多地少，资源不足吗？主要不是。台湾地区人均耕地和资源比大陆还少，但它的农产品还出口，因此，还不能说资源不足是农业问题。

——农业问题是农民素质问题吗？肯定不是。中国农民创造了包产到户、乡镇企业、小城镇等伟大的改革成就，把农业徘徊问题，归到农民素质差问题上，是没有道理的。

那么，农业徘徊反复的症结在哪里呢？他认为："一是结构性的矛盾，城乡结构不合理，产业结构不合理；二是体制性的矛盾，目前城乡管理体制和政策，不能适应生产力发展的要求，不能适应社会主义市场经济发展的要求"。

解决这个问题的思路，他认为要采取迂回战术，形象地说，就是"反弹琵琶"。他认为，解决农业问题，主要不在农业本身，不在农业内部，而在于乡镇工业和城市化。反弹琵琶，发展乡镇工业和城市化，是他最终提出来的解决农业、农民和农村问题的新思路、新战略和新方针。[1]

陆学艺从 80 年代中期包产到户以后，即开始从事农业问题的研究，在棉花和粮食问题及农业发展问题上，下过大工夫，作过长时间的系统的调查研究，每一项课题，都针对着当时亟待解决而学术界和决策层解决不了、解决不好的问题，展示他作为一个专家应有的政治素质和学术水平。他的研究成果和观点，对于推动中国农业尤其是粮食生产摆脱困境，走出徘徊反复，跃上新台阶，具有重大意义；对于坚持和完善具有中国特色的农业现代化理论，也有重要的学术价值。

现在回过头来看陆学艺关于包产到户以后农业问题的研究，在世界观和方法论上，也给予我们很多启示。

首先，他关于农业作为国民经济基础，作为改革、发展和现代化的主战场和作为三农问题之首的观点，极大地丰富了学术界关于农业战略地位的认识，是目前中国最系统、最深刻的农业问题见解之一。

其次，他关于中国农业波浪式发展，对发展前景有条件、谨慎乐观的看法，科学地客观地反映了中国农业发展的规律性，以及前景预测的确定性和不确定

①陆学艺著：《陆学艺文集》，上海辞书出版社，2005 年第 1 版，第 249-271 页。

第三章　代言『三农』

性统一的现实，也为我们看待中国农业发展前景提供了正确的和有用的方法。

最后，他关于解决农业问题的思路，由把农业本身摆在第一位，转变为把农民问题摆在第一位；由依靠农业本身解决，转变为依靠发展工业和城市化来解决。其世界观、视角和方法论的转变，是他农业问题研究最根本的转变。这一转变为从根本上解决农业和三农问题，找到了新思路、新战略和新方针。这是让农业不再"扭秧歌"的治本之策，对农业现代化和中国现代化具有重大的学术和实践意义。

"把解决农民问题放在第一位"

2002 年，陆学艺出版了一本名为《"三农"论》的论文集。这是作者继《农业发展的黄金时代》（1983）、《当代中国农村与当代中国农民》（1991）之后的第三本关于农业、农村和农民问题的论文集。据陆学艺在《序言》中介绍，这本书收集了他 1989 年以来到 2001 年期间关于三农问题的论文和调研报告。这也是他转入社会学领域，"运用社会学的理论和方法"来观察和思考"三农"问题的第一个阶段的大部分成果的结集。

2005 年，他又出版了关于中国农业、农村、农民问题研究的专著《"三农"新论》。这本书大部分论文写于 2002 年至 2004 年，可以说是他 2002 年出版的《"三农"论》的续集。

细读它们的内容，可以发现这两部书并不只是简单的承续关系。《"三农"新论》之"新"，道出了后者对前者在理论认识上革命性的反思。《"三农"论》中，农业问题粮食供给问题被摆在了第一位，而在《"三农"新论》中，农民问题被摆在了第一位。这个位置上的变化，是陆学艺三农研究理论认识上的重大飞跃，也是他学术思想合乎逻辑演进的、自然的结果。

早在改革开放之初，尤其是 20 世纪 80 年代，陆学艺在对农业问题的研究中，就注意到了农民问题。1978 年 10 月 3 日，他在一篇文章中就提到要充分利用

第三章 代言『三农』

农村丰富的劳动力资源和剩余劳动力转移的问题。[1]1979年，他到华东4省市7县11个公社13个大队调查后，9月30日写的调查报告中，谈到了农业问题中的农民问题。他写道：

"这些年（1979年前，引者注）来，我国农业发展缓慢，根本的一条，是我们同农民的关系没有处理好。"

"农业经济的效率是大大降低了。原因何在呢？根本的一条，是农民没有生产积极性。……农民缺乏积极性，是农民在政治上、经济上、文化上的利益受到损害的结果。"

"要迅速发展农业，离开了8亿农民的积极性，肯定是搞不上去的。而能否把农民的积极性充分调动起来，就要看我们对严重的农民问题解决的程度而定。我们要总结30年来处理同农民关系上的经验和教训，从经济体制、工农关系、城乡关系、经济政策等方面，来研究如何加强工农联盟，如何改善农民在政治上、经济上、文化上的地位，逐步解决那些存在的严重问题。"[2]

陆学艺先生在中国社科院
社会学所办公室
（1987年）

在这里，看得出来，他很重视农民问题，把对农民问题的认识提高到巩固工农联盟的高度，可能是当时农民问题最高度的认识。但他的出发点仍是农业的稳定发展，农民只是一个农业生产者，一个种粮人。不调动农民的生产积极性，不保护农民的合法利益，得罪了农民这个农业"上帝"，农业就搞不上去。农民只是作为农业问题的一个组成部分，一个重要因素。离开了农业和粮棉生产，离开了农业经济的稳定发展，就谈不上农民问题。

这也许是当时农村经济体制和发展的阶段性任务所决定的，也许是他作为一个农业经济专家的学术使命和观察视野所致，从改革开放到20世纪80年代初，以至后来一个较长的时间内，他在很多文章和场合表达和强调的，农业问题是农

---

①陆学艺著：《当代中国农村与当代中国农民》，知识出版社1991年，第9—10页。
②陆学艺著：《当代中国农村与当代中国农民》，知识出版社1991年，第28—31页。

村改革发展的核心问题，改革重点和第一位的问题。农民问题越来越重要，但它只是农业问题的组成部分，是从属于农业稳定发展的。说到底，农民问题实质是农业问题。

推动他在这个问题认识上转变的第一个契机，是学术"范式"的转变。

1987 年，根据组织上的安排，陆学艺从中国社科院农村发展所调到社会学所，担任副所长、所长，从而进入了社会学界。存在决定意识，屁股决定脑袋，专业领域的变化，决定了他学术范式——世界观和方法论的变化。

在我看来，经济学是一门精明而又庸俗的学科，占据财富这个中国人最痴迷的领域，思考一些让中国人做梦也在思考的赚钱问题，是它精明之所在，但最具诱惑力不等于最具竞争力，声称能发财致富，不等于已经发财致富。学习和研究经济学的结果，是我们手头越来越紧，我们国家物价越来越高，而我们的经济学家越来越依靠忽悠为活，我们的经济学则被越来越多的人看作是庸俗的学科。与此相反，社会学则是一门志大才疏的学科。它有极为广博高远的学术理想，从社会学鼻祖孔德和马克思，到现代的中外社会学家，都有一种海纳百川、包医百病的人文理想和学术情怀。但数个世纪以来，这样一个连自己的学术疆域都没有搞清楚的百科全书式的学科，有用性和解决具体问题的能力，一直成为人们质疑的中心话题。志大才疏，是社会学不愿面对，又不得不面对的问题。

陆学艺从一个最糟糕的学科转到一个更糟糕的学科，在很多人眼中是一个双倍糟糕的决定。但是从哲学家转行过来的经济学家陆学艺，善于学习，具有化腐朽为神奇的魔力。他不但没有让自己的学术生涯双倍糟糕下去，而且还带着经济学的"精明"，弥补了社会学的"才疏"；对接了社会学的"志大"，丢掉了经济学的"庸俗"。在"三农"问题研究中，发展了一种类似于经济社会学或社会经济学的新思路和新方法。

在 1987 年以后陆学艺文章中，关于农民问题的看法，正在发生着悄然的却又是明显的改变。

1988 年 12 月，他在一篇《我国农村改革与发展的成就及当前面临的几个问题》的文章中，首次将农业、农村和农民问题放在一起系统研究，首次将农民问题放在农业范畴之外来论述。他说："中国农民不仅是搞农业的，农民是

整个社会主义建设的一支伟大力量。"①同时，他还首次提出改革 10 年来，8
亿农民已经发生了深刻的变化。第一，现在的农民已经不再是人民公社的社员，
而是独立的商品生产者。第二，农民群体的职业结构发生了变化。第三，农民
贫富差别拉开了。第四，农民的政治素质和文化素质与以前有很大不同。提出
要重新认识农民，要按价值规律同农民打交道，农村的经济政策和社会政策也
应作相应的改变。

这篇文章，以其独特的视角，新颖的观点，引起学术界和决策层的高度重视，
在中宣部、中央党校组织的十一届三中全会十周年理论研讨会上，评为特别优
秀论文奖。关于这篇文章征文及其颁奖过程，陆学艺后来有一段专门的回忆：

"今年（1988）是十一届三中全会召开十周年，年初，中宣部、中央党校
等单位组织发起征集几年论文并评选优秀论文，在冬天举行理论研讨会，并在
会上颁奖。

夏天，段若非、何秉孟几乎是同时给我来电话，约我写一篇关于农村发展
的文章。我在休养期间，构思和着手写了一篇《改革开放以来农村发展的成就、
经验和前景》。回到北京后，最后定稿，因已到截止时间了，结尾还未完全写好，
只讲了农业、农民问题，还未写农村问题就上交了。10 月或 11 月，就通知我，
已评定为优秀论文。

12 月，改革开放以来优秀论文颁奖和理论研讨会，在大兴一个宾馆开会。
胡启立等主持，赵紫阳都去了。我获得特别优秀论文奖。共有 100 多篇论文得奖，
其中有 20 篇被评为特别优秀论文奖……

得奖论文公布之后，《改革》杂志的兼职责编薛小和专门来找我，要求
我把得奖论义改写压缩后给他们杂志刊用。年底我改写好了，压缩为近万字，
但加写了农村问题。这样，我把第三部分写成农业、农民和农村问题，发表在
1989 年的《改革》杂志第二期上。"

最早用社会学的观点研究农民问题的是陆学艺在同年所做的关于农民阶层分
化的研究。他在《社会学要重视研究当今农民问题》的文章中指出：改革后，中
国农民已经分化为八个阶层：农业劳动者阶层、农民工、雇工阶层、农民知识分

---

①陆学艺著：《陆学艺文集》，世纪出版集团、上海辞书出版社 2005 年，第 120 页。

子阶层、个体劳动者和个体工商户阶层、私营企业主阶层、乡镇企业管理者阶层和农村管理者阶层。"从总体来说，中国的传统农民，在农村商品经济发展的条件下，正在向兼业农民和非农民方向转化。……在目前的农村，农业劳动者和农民工是两个主要的社会阶层，人数约占农民总数的80%，他们是农村经济社会发展的基本力量。他们的状况如何，决定着农村社会和政治经济形势的好坏。因此，我们的农村政策应该较多地考虑这两个主要社会阶层的利益和要求。"①

之后，他写了大量关于农民人口和劳动力过剩转移问题、农民增收问题、农民阶层分化问题、农民工和农民利益保护问题的文章，从社会学的角度认识农业问题，决不仅仅是一个农业问题，而且也是一个农村社会结构及其现代化问题，并由此而推广到中国社会结构及其转型更为宽广重大课题的探讨。

推动他在这个问题认识上转变的另一个契机，是20世纪90年代后期农业生产新形势。新形势迫使他反省，不仅反省国家一贯坚持的农业政策，而且也反省他自己长期主张的农业第一的观点。

1996年，粮食总产量超过一亿斤，棉花等主要农产品也都大丰收。当时政界和学术界都认为，中国的农业问题已经基本解决。陆学艺也认为，"三农"中农业问题也解决了，只是农村问题和农民问题没有解决。

但是实际上粮食问题并没有如想象的那样理想。1998年粮食产量达到10246亿斤这个历史最高水平之后，1999年开始减产，连减5年。市场上的粮价开始大幅上涨。粮食问题再次成为一个安全问题。与此同时，农民人均纯收入的增幅，1997年后连续7年在5%以下低位徘徊。而且这个低位增长的人均纯收入，绝大部分都是靠外出打工和非农经营收入实现的，实际上种粮务农收入是下降的。这说明，农业问题也并非没有问题。

这一农业徘徊反复的新形势表明，农业问题的本质是农民问题。如果不首先解决好农民问题，农业问题也解决不了，即使一时解决了，也还是会反复。过去那种只求粮食产量增长，而不求农民收入增长、不求市场供求平衡的农业增长，是不适应社会主义市场经济发展的新形势的。新形势要求，农业问

①陆学艺著：《陆学艺文集》，世纪出版集团、上海辞书出版社2005年，第162—173页。

第三章　代言"三农"

题所包含的欲使产量产值与农民收入增长保持一致性，就必须抓住农民既是农业生产者，又是消费者这个本质。因此，把农民问题放在"三农"问题的首位，视为"三农"问题的核心、关键、主要矛盾。把农民问题作为农业问题的本质，既是适应社会主义市场经济条件下农业发展的需要，也是新形势下解决三农问题的新思路和新战略。

农民问题到底是一些什么样的问题？陆学艺始终从三农整体、从工农联盟和农村现代化的高度来观察和研究，不同时期，重点不同、观察角度不同、具体对策也有所不同。

早在改革之初，陆学艺就注意和重视农民问题，这时的农民问题关注点，是与农村体制改革相联系的。1979 年 3 月，他在《当前农村形势和农业调整的几个问题》一文中指出：

"农民缺乏（生产）积极性，是农民在政治上、经济上、文化上的利益受到损害的结果。……农民在政治上的权利得不到保障，政治地位下降。……在经济上，农民负担过重，相当多的农民生活还很困苦。……在文化上，农民的正当权利也受到歧视和损害。"①

他认为这些问题，既有极左路线造成的老问题，又有现代化过程中出现的新问题，都是阻碍农民生产积极性发挥的农业发展中的问题，必须一一研究解决。

进入 21 世纪之后，他对农民问题的关注重点，已不再仅限于农业生产和农村体制改革了，而拓展到农民问题本身及与农村和中国现代化发展层面。

在他看来，在民主革命时期农民问题的重点是解决土地问题；改革开放前后 20 年，农民问题的重点是解决农业问题，而到了 21 世纪后，农民问题的重点是解决农民就业问题。这时的农民问题很简单，就是农民占中国人口的70%，8 亿农民中有 5 亿劳动力，"8 亿农民怎么办？这是中国社会主义现代化事业要解决的最大的经济社会问题"。2000 年前后，他在这方面，写了一系列文章，呼吁走出"一国两策，城乡分治"困境，使农村剩余劳动力转移出去，使农民逐年减少；到 2025 年左右城市化率达到 60%，那中国的农民问题可以说

---

① 陆学艺著：《当代中国农村与当代中国农民》，知识出版社 1991 年，第 29-30 页。

是基本解决了。①

除此之外，他认为农民问题还有以下 3 个方面的问题：

一是农民太穷、农民太苦。他强调，改革开放以来，农民生活有了很大的改善，绝大多数人解决了温饱问题。这个"穷苦"，是相对而言的。"相对于我们经济建设成就比较而言，从 1978 年至 2003 年 GDP 翻了近 3 番，年递增 9.4%，但农民的收入没有得到相应的增加。"相对于城市居民比较而言，城乡居民收入差距在改革开放以后还在继续扩大。

二是农民太弱，经济地位弱，政治、社会地位也弱。有人说，当今中国农民是最大的弱势群体，农民工是城里最大的弱势群体，农口的问题是弱势部门，管农业的领导是弱势领导。他认为，有一定道理。

三是农民日益边缘化。他认为，"农民在中国社会结构里，不断被边缘化，至今还在继续。农民在政治、经济、社会方面的权利不断被弱化、被侵蚀。弱化到连自己的基本生产资料（土地）和基本生活资料（住房）都保护不了"。②

这些问题，也许还有一些其他问题，是陆学艺所说农民问题的主要内容。他看到这些问题长期存在，而且越来越严重，深切地感到已经不是一个地区两个地区的局部性问题，也不是一个层面或多个层面领导的工作措施不得力的问题，而是制度和体制上存在的问题。他认为"是过去实行计划经济体制的过程中形成了城乡二元经济社会结构，长期实行'城乡分治，一国两策'的结果。……要解决农民问题，唯一的出路是要继续深化改革，把计划经济体制条件下形成的，至今还在起着束缚农村生产力发展的诸如人口、土地、就业、社会保障等体制，按照社会主义经济体制的要求，加以改革，逐步建立新的体制。……才能逐步把农民问题解决好"。③

陆学艺从长期的"三农"研究的理论探索和实践中认识到，农民问题是

---

① 陆学艺著：《"三农论"——当代中国农业、农村、农民研究》，社会科学文献出版社 2002 年，第 249–252 页。

② 陆学艺著：《"三农"新论——当前中国农业、农村、农民问题研究》，社会科学文献出版社 2005 年，"前言"，第 6–7 页。

③ 陆学艺著：《"三农"新论——当前中国农业、农村、农民问题研究》，社会科学文献出版社 2005 年，"前言"，第 8–9 页。

农业问题屡解不决、周期性反复的根本原因，也是目前我国一方面经济形势很好，另一方面诸多社会问题凸显，社会并不安宁的主要原因。提出把解决农民问题放在第一位的"三农"问题和中国农村现代化研究新主张，抓住了"三农"问题和中国农村现代化，甚至是中国现代化的核心、关键和主要矛盾，为这些问题的研究和解决实践，提供了理论依据和工作上的指导，具有重要的学术意义和政策意义。

从城市化到城乡一体化

我们在上面两节，分别介绍了陆学艺关于农业和农民问题的观点，下面要对他的另一个"三农"内容——农村问题作介绍。

如果不是从字面上看，而是从实际内容看，陆学艺从 1978 年开始，就对农业农民和农村问题作了研究，并且是把"三农"作为一个有机整体来对待的。讲农业问题离不开农民和农村，讲农民问题离不开农业和农村，讲农村问题时，同样也离不开农业和农民问题。

1978 年 10 月，他在《关于加速农业发展的若干政策问题》一文中，讲农业发展时，对农民剩余劳动力的转移，作了专门的研究。他指出：

"如何安排好目前农村 3 亿多劳力，并且为不少地区腾出来的多余劳力找好适当的出路，充分利用我国的劳力资源，这是我们应该解决的大课题。从社会发展的趋势看，农业劳力总要逐渐减少，工业和服务业的职工会越来越多。我们要在城市设法增辟新的领域，容纳更多的就业人员。"[1]

这是他较早对农民劳动力剩余及其转移问题发表的意见。他强调了农民逐渐减少及向城市转移的趋势。看得出来，篇幅虽然不大，但很精当。

----

[1]陆学艺著：《当代中国农村与当代中国农民》，知识出版社，1991 年，第 9-10 页。

　　8年后，当农村体制改革第一步目标实现之后，即将进行第二步改革之时，他心目中的第二步改革，是"要继续实行放宽搞活政策，促进农村社会生产力的发展，促进农村由自给半自给的自然经济向有计划的商品经济转化，由传统的农业向现代化农业转化，逐步缩小工业和农业、城市和乡村间的差距，使整个国民经济协调高速地发展"。他认为第二步改革的关键，是"大力发展乡镇企业"。

　　"总结国际国内的经验，农村现代化的过程，实际上是一个通过发展专业分工，使大量农民变为非农民的过程；是一个通过产业结构调整，使非农业越来越占优势的过程；是一个自然经济逐渐解体，使商品经济占绝对优势的过程；是一个农村逐步摆脱贫困，使农村居民富裕的过程。所以，大力兴办各种类型的乡镇企业，使农村剩余的 1.5 亿左右的劳力从农业上转移出来，这是我们农村第二步改革的关键。抓住了这个中心环节，农村改革的局面就活了，整个国民经济的全局也就活了。"[1]

　　他在同一年（1986年）写的另一篇文章《我国农村发展的新阶段、新任务和新对策》中，继续强调了发展乡镇企业是农村此时发展的关键和新任务，同时还为这个新的任务提出了新的对策：

　　"要把发展乡镇企业作为今后农村工作的战略重点。……从思想上、组织上、政策上加强领导，适应这个农村新发展的要求。要从技术上、资金上、管理上积极扶持。"

　　"我们要按照有计划的商品经济的原则去组织生产，满足社会市场的需要，逐步形成社会化、专业化的分工体系；要按照发展商品经济的原则，去进行流通体制的改革，改变原来按行政区划、行政层次统购统配的体制，发展开放式的平等交换的机制，形成社会主义的统一市场；要破除重生产，轻流通、轻经营、轻服务等传统的轻商思想，大力发展以商业、服务业为主的第三产业。"[2]

　　这是陆学艺在进入社会学界之前，作为一位农业经济学家发表的关于农村剩余劳动力转移的主要观点，虽然不多，但是经济学领域最早对这一问题论述

----

①陆学艺著：《当代中国农村与当代中国农民》，知识出版社，1991年，第269-272页。
②陆学艺著：《当代中国农村与当代中国农民》，知识出版社，1991年，第282-283页。

得最为深刻的观点之一。

进入社会学界之后，社会学宽广的视野和系统论的方法，立刻提升了陆学艺的观察水平，并让他的农村问题研究打上了明显的社会学的印迹。

1988 年 12 月，他匆忙写就的《我国农村改革与发展的成就及当前面临的几个问题》，在中宣部等组织的十一届三中全会 10 周年理论研讨会上，被评为特别优秀论文奖。年底加写了"农村问题"部分后，以《我国农村当前面临的几个问题》为题，发表在 1989 年《改革》杂志第 2 期上。全面地阐述了他作为一个社会学家的"三农"观，对农村问题的研究，也注入了与以前很不相同的社会学新内容。他在文章中写道：

"10 年来我国农村经济有了大的发展，但是农村社会发展，社会进步却没有获得相应的进展。在有些地区，经济发展了，但社会问题突出了。……我们有相当一部分地方工作的领导同志，把党中央提出的发展生产力这个根本任务，理解为唯一的任务。因而，在实际上工作中考虑的都是如何发展经济，至于社会发展、社会进步的问题往往列不上议事日程。即使像东南沿海和大中城市郊区等经济发达的农村……社会问题仍然很多。……我们应该在致力于农村经济发展的同时，也要重视社会发展和社会进步，要使物质文明建设和精神文明建设同步发展。国际国内的经验都证明'富裕并不等于幸福'、'经济水平高并不等于社会进步'。我们应……为群众创造一个民主、进步、幸福的生活环境。"

注意这一段话，是在距今 20 多年前讲的，像不像我们今天的文件中讲的？我们今天强调幸福经济学和协调的科学发展观，而 20 多前年，陆学艺就洞察到了。不能不令人惊叹其远见卓识，非一般人能比。

接着，他为解决当时的"三农"问题开出了药方：这就是要在"重新认识农村，重新认识农民，重新认识农业"的前提下，制定农村发展的长期战略。"逐步扭转目前存在的城乡倾斜政策，逐步改变城乡社会分隔的二元结构"。"在致力经济发展的同时，也要注意社会发展。引导农村经济、社会健康地协调发展。"[1]

---

[1]陆学艺著：《"三农论"——当代中国农业、农村、农民研究》，社会科学文献出版社，2002 年，第 13-20 页。

在这里，有两点在他的学术思想史上十分重要。一是他提出了"重新认识""三农"问题，也就是不能就农业问题谈农业问题，农业问题的实质是农民问题；而农民问题也不能就农民问题来谈农民问题，农民问题实质是一个就业问题；因此，"三农"问题也不能就"三农"谈"三农"，"三农"问题的出路在"三农"之外，在剩余劳动力转移，发展乡镇企业和改变城乡二元社会结构上。二是首先提出城乡二元社会结构问题，并将改变二元社会结构作为解决"三农"问题的一项战略。这两点新思路为20世纪90年代及以后的"三农"研究开辟了一片新天地，也为他的社会学研究开辟了更多的新领域。

1993年，他正式提出了一个名叫"反弹琵琶"加快城市化进程的农村改革、农业发展的新思路。全面总结和反省改革开放以来农村改革和农业发展的历史进程，也全面总结和反省了学术界，也包括他自己关于农村改革和农业发展的研究，他用12个"为什么"和否定五大基本观点，来痛苦地跟过去的实践和理论告别。比如说，为什么农业发展老是扭秧歌？为什么30多年反复强调农业这个国民经济的基础，而至今这个基础仍然脆弱？为什么一贯强调切实保护农民利益，而总是保护不住？等等，又比如说，是对农业认识不够，重视不够吗？不是；是投入不足吗？不是；是价格低吗？不是；是人多地少吗？不是；是人才问题吗？也不是。

那么，"三农"问题到底是一个什么样的问题呢？他经过"广泛的研究"，在发展的新形势和社会学新视野的启发下，他提出了结构性和体制性矛盾是"三农"问题长期解决不好的深层原因的观点。

"城乡二元社会结构……已成为当前经济社会持续稳定发展的桎梏，是日前农村诸多问题长期解决不好的症结所在。"

"目前最成问题的是城市化大大落后于工业化。即使是在发达地区，城市化也严重落后于工业化。因为城市发展滞缓，致使工业化发展受到阻碍，特别是第三产业发展不起来，就不能吸纳更多的劳动力就业。"

"目前的城乡管理体制是为维护二元社会结构服务的。……是维护目前城乡二元结构的组织基础。"

"城乡二元结构没有变化，农村的管理体制没有相应的变革，农业劳动力大量过剩，应该向第二、第三产业转化而没有及时转移，作为第二、三产业的载体的城市应该发展而没有发展起来，城市化进程严重滞后，落后于工业化要求，由此引发了一系列的经济和社会问题。"

　　接下来，他为解决这一结构性和体制性矛盾，提出了"反弹琵琶"推进城市化进程，解决"三农"问题的新思路、新战略和新方针。

　　"反弹琵琶"第一策：要使农业持续稳定地发展，就要着力去抓乡镇企业的发展。

　　他认为，乡镇企业发展了，剩余劳动力有了出路，以工补农，就可以实现农业持续稳定地发展。他为中西部欠发达地区农村算了一笔账，如果一个有50万农业人口的中等县，40%的劳力外出打工，可以在不影响农业和农村社会总产值不变的前提下，将农民劳均收入提高67%，为输出地全县农村社会总产值增加60%，为打工地经济发展创造打工人员人均3000元的财富和473元税金。这是"一件有利于社会生产力，有利于提高综合国力，有利于实现共同富裕的事，对国家有利，对输出劳动力的县有利，对使用劳动力的地区和企业更有利，对外出劳动力付出了辛苦而使个人和家庭都得利的好事，可称为一举五得。"

　　"反弹琵琶"第二策：要使农业、农村经济持续稳定地发展，就要大力加速城市化的进程。

　　他认为，中国8亿多农民，固守在10多亿亩耕地上，是农民贫穷的根源，也是中国富不起来的重要原因。因此，要向非农产业，向城市转移。大办乡镇企业，是出路之一。但仅有乡镇企业还不行，还必须打开城镇大门，让一部分农民进城。城市化是工业化的历史必然结果，也是当前改革发展的需要。

　　"就当前全国大局来说，建立社会主义市场经济体系，促进国民经济的持续发展，推动第三产业和社会各项事业的进步，都要求加快城市化的进程，从根本上解决农村和农业发展面临的诸多问题则更加迫切地要求加快城市化的步伐。"

　　当然他也看到，打开城门，接纳数千万农民进城，这是一项巨大的社会改革，需要一个历史进程，也需要解决一系列认识、体制和具体工作上的问题。

第一，要换脑筋，确立城乡改革和发展的新思路。他认为，最终解决农村的问题，要靠城镇的发展。所以，今后农村工作的重点，也是农村深化改革的方向，是要调整产业结构，大力发展非农产业，改变9亿农民搞农业的格局；调整城乡结构，加快城市化的进程，创造各种形式，引导、帮助农民移居城镇，成为城镇的新居民。

第二，要充分认识城市在现代化中的地位作用，纠正"恐城症"。20世纪八九十年代，的确有不少人对城市化有顾虑，如城市化影响农业发展；城市化会不会出现1960年时的大反复？城市化会增加国家财政负担；城市是地主资产阶级的堡垒等等。陆学艺认为这些"恐城症"看法是不对的，不必要的，一一加以批驳和解释。他的观点是，城市是现代文明的摇篮，城市化是历史规律，是现代化的必由之路，也是我们要完成的历史使命。

第三，全面规划，确定好城市发展的新方针。他认为，到21世纪中叶，怎样布局中国15亿人口？城乡结构和区域结构怎样？是一个大课题，"应该预为之谋"。未来的城市化走什么样的道路？目标是什么？他不太赞成优先发展小城镇，而主张以大城市为中心，带动一个地区中小城市和农村，形成网络的区域一体的工业化、城市化、现代化。

第四，创造多种形式，逐步改革城乡分治的户籍管理制度。改革开放以来，农民已经创造了很多种进城就业形式，如农民工、进城务工经商、自建农民城、土地换户口、购房转户口、买户口进城等等。但这些进城农民，并未取得现行体制的合法承认，在管理上还在歧视他们，也产生了很多的社会问题。所以，陆学艺认为，"现行的户籍管理体制已到了非改不可的时候了"。①

这篇文章以其辩证的思维和创新的观点，在社会学界引起震动，也为决策层所高度重视。陆学艺在这里提出的城市化解决"三农"问题的主张，是他在整个20世纪90年代的基本主张，也是我国当时学术界和决策层所认同和实施的战略思路。

---

① 陆学艺著：《"三农论"——当代中国农业、农村、农民研究》，社会科学文献出版社，2002年，第127—145页。

但是，真理是一个特定的时间和空间内的流体。这个世界上并没有放之四海、行之万代而皆准的真理，而只能是与具体的时间、具体的空间和具体的人物事件联系在一起的"范式"话语。身为哲学家的陆学艺当然懂得这个道理，他的学术性格也在于，永远不变地追求永远变动着的真理。90年代后期，他的城市化理论在一些重要的场合，不断地在自我丰富、自我补充和自我解构成一种更有解释力和更符合他内心深处理想的话语体系。

首先，我们看到，在此之后，他对大城市带动下的中小城市（镇）的发展，依然重视和看好。

关于小城镇大问题以及其优先发展的理论，在20世纪80年代盛极一时，陆学艺也是其中倡导者之一。但到了90年代，他对此提出质疑，并逐步放弃了这一理论，而主张大城市化带动中小城市（镇）发展的观点。他反省说：以前的小城镇有"自身的局限性"，它"只是从农村地区自身的发展来做规划的，忽略它从大中小城市之间的空间、经济、社会关系的角度进行建设"。"失去了大中城市的依托，那么小城镇就难以发挥有效地促进农村现代化的作用。"

尽管如此，他对大城市化带动下的中小城镇发展，依然十分重视。在他看来，不但不会比独自发展更差更慢，而只会发展得更好更快。他以当时苏南小城镇发展为例，说明这个问题。苏南小城镇之所以发展得那么快，之所以在农村社会经济发展中发挥巨大的作用，就是因为它们依傍上海、南京以及苏州、无锡、常州等大中城市。据他观察和调查，京津唐地区、长三角、珠三角、辽东半岛和胶东半岛一带农村之所以发展很快，也是因为那里有大中城市的带动。所以，只要有大中城市的带动，小城镇发展将会很快，会在大城市与农村之间起到应有的桥梁和纽带的作用。[1]

其次，他在此之后，特别强调改变城乡二元社会结构，走出"城乡分治，一国两策"的困境。

据我考证，二元社会结构这个概念，几乎同时由陆学艺和郭书田、刘纯彬

---

[1]陆学艺著：《"三农论"——当代中国农业、农村、农民研究》，社会科学文献出版社，2002年，第275—276页。

同志于 1988 年提出。①此后陆学艺将这个二元结构作为解决"三农"问题的主要体制障碍，在多篇文章中反复讲过。2000 年他将这个结构归纳为"城乡分治，一国两策"。并指出，它是计划经济时代短缺经济的产物。同时认为现在"三农"问题中的大部分问题都与此有关。因此，他呼吁走出"城乡分治，一国两策"的困境。

2001 年，他作为第九届全国人大的一名代表，向全国九届人大第四次会议提交了《加快改革现行的户籍管理制度》的提案。该提案指出：现行户籍管理制度，不能适应社会主义市场经济体制发展和完善的要求。阻碍城镇化的发展，使城乡二元社会结构凝固化，也是造成诸如"民工潮"之类社会问题的根源。他建议国务院责成公安、民政、社会保障等有关部门着手进行改革，制定新的户籍管理制度。此外，还有几项具体的建议：一是取消城镇户口背后的附着利益的功能，取消农业户口和非农业户口的规定。二是建立统一的、可流动的户籍管理制度。三是用居民身份证、出生证取代户口薄管理。②

2001 年 12 月 25 日，在江泽民同志主持召开的"三农"问题座谈会上，他做了《坚持市场取向，继续深化改革》的发言。他指出：农民问题、农村问题，至今成难题，根本原因在于仍然在二元社会结构束缚之中，仍然实行着"城乡分治，一国两策"。他向江泽民同志建议：继续坚持市场取向，不断深化改革，改变"城乡分治，一国两策"的格局，改革城乡社会二元结构。具体建议有 5 条：一是改革早已不合时宜的户籍管理制度。二是加快城镇化步伐，走出一条大、中、小城市和小城镇协调发展的城镇化道路。三是改革教育体制，实行城乡一体的

---

①陆学艺著：《"三农论"——当代中国农业、农村、农民研究》，社会科学文献出版社，2002 年，第 16 页。注：陆发表在《改革》杂志 1989 年第二期上的这篇文章，实际上是作者为中宣部等单位组织的"纪念十一届三中全会十周年理论研讨会"征文写的论文修改稿。据作者回忆，该论文写于 1988 年 10 月前。改写于 1988 年 12 月底。

刘纯彬同志 1988 年在北京一次会议上发表演讲，提出了二元社会结构理论，并在《农民日报》上连载。后作者又将这个理论整理成《失衡的中国》一书于 1991 年出版。2013 年 9 月 1 日，在陆学艺先生逝世追思会上，我当面请教郭书田先生，问城乡二元社会结构概念，到底是谁首先提出来的。郭书田先生谦虚地说，还是陆学艺同志先提出来的。

②陆学艺著：《"三农论"——当代中国农业、农村、农民研究》，社会科学文献出版社，2002 年，第 476-149 页。

教育制度。四是改革向上倾斜、向城市倾斜、向东部富裕地区倾斜的财政体制。五是建立中央农村政策研究机构。

2002年3月，他又在九届人大五次会议上提交《关于改革农村义务教育投入体制问题》的提案，建议国务院改革现行城乡不同的义务教育投入体制，实行以国家为主或以省市为主。东部地区以省市为主，中西部地区应以中央和省为主。这项提案目的是减轻中西部地区和县镇基层的负担。

最后，他在此之后，在强调改变二元社会结构，走大城市化带动中小城市和农村发展的同时，更多地把具体政策措施指向城乡统筹和城乡一体化目标。

城乡一体或城乡一体化这个概念，其实在20世纪90年代初，陆学艺就在许多文章中提出来了。比如，1993年，他说："一定要改变二元社会结构，实现城乡一体。"[①]1994年，他又说：农业现代化第四步就是"实现城乡一体区域现代化。"[②]1995年，他还具体地概述了这个城乡一体化的内容。其中最主要的是城乡分割的格局不复存在和传统农民的终结。他认为这样的城乡一体化，是城市化的最高阶段，离现在还很遥远。由此可见，他把城乡一体化，看作是城市化的一种方式，是城市化的最高阶段和遥远的目标。

到了2000年前后，陆学艺的城乡一体化概念有了明显的变化。在他这一时期的文章中，城乡一体化不再只是一个方向、一个目标，而是一种具体的思路和政策。也许在陆学艺此时的思想上，还不可能有城市化和城乡一体化明确的学理上的区分。但是只要在强调城市化的同时，强调农村的发展和农民权益的保护，强调城乡统筹的政策，就很容易导向城乡一体化的思路和政策。即使说是城市化，也与一般的城市化进程与政策不同。

从2001年起，陆学艺就在一系列的学术论文中和向高层建议中，提出城乡一体化的思路和政策。除了我在上面谈到的几次向高层建议外，他还在2002、2003、2004年连续三年，利用一些机会向中央领导作城乡一体化的政策建议。

2002年12月5日，他和原农业部政策法规司郭书田同志一道，向中央写信，

---

① 陆学艺著：《"三农论"——当代中国农业、农村、农民研究》，社会科学文献出版社，2002年，第142页。
② 陆学艺著：《"三农论"——当代中国农业、农村、农民研究》，社会科学文献出版社，2002年，第155页。

建议近期召开一次中央全会，讨论"三农"问题。他们在信中提出了10条建议，希望能在会议中讨论并做出决定。其中，有7条是支农惠农和城乡统筹的政策建议。比如说放开城市就业；恢复农民国民待遇，特别提到了在教育、医疗、就业、社保、市场化以及其他公共财政支出等方面，也应逐步实行城乡统一的政策，最终实现城乡一体化等。都是在政策上导向城乡一体化的。[1]

2003年11月3日，在时任国务院副总理回良玉同志召开的粮食问题座谈会上，陆学艺向中央建议，要用统筹城乡经济社会发展城乡一体化的思路来解决"三农"问题。[2]

2004年2月3日，在时任总理温家宝召开的征求对政府工作报告修改意见座谈会上，陆学艺建议，反哺农村、反哺农业，通过改革不合理的城乡体制，逐步做到城乡平衡。[3]

这些都是具体政策建议。在总体思路上，这一时期，他通过对科学发展观的研究和实地考察，也很有收获，在几次重大场合的报告和论文中，提出城乡一体化的改革目标。

2003年11月，他应邀到四川成都考察。去了锦江、双流和新都，又同市委书记交流，觉得有新的收获。考察完了，他应邀给成都市领导和机关干部作报告。

他在报告中指出：统筹城乡经济社会发展的目标，就是改变二元经济社会结构，实现城乡一体化。他结合成都市统筹城乡发展的实际，提出必须改革现在的户籍制度，要建立城乡一体化的户籍登记制度；必须进行土地制度的改革，要明晰产权，建立城乡一体的土地制度；必须改革人事就业制度，实现城乡一体化的就业人事制度。此外，还应该改革国民经济分配制度和现行的财政体制。他相信，只要按科学发展观和统筹城乡的思路走，"三农"问题就会得到很好的解决。[4]

----

[1] 陆学艺著：《"三农论"——当代中国农业、农村、农民研究》，社会科学文献出版社，2002年，第101-104页。

[2] 陆学艺著：《"三农论"——当代中国农业、农村、农民研究》，社会科学文献出版社，2002年，第108页。

[3] 陆学艺著：《"三农论"——当代中国农业、农村、农民研究》，社会科学文献出版社，2002年，第118页。

[4] 陆学艺著：《"三农论"——当代中国农业、农村、农民研究》，社会科学文献出版社，2002年，第184-188页。

2004 年 9 月 17 日，他在"中国经济展望：机遇和挑战"国际学术研讨会暨北京大学中国经济研究中心成立十周年纪念会上，发表演讲，正式提出"改革的目标是要实现城乡一体化"。他在阐述了几个具体的改革，如户籍制度、土地制度、农民工体制、国民收入分配和财政体制等改革之后，进一步指出，"三农"问题，现在需要一个总体的解决。"目标是在社会主义市场经济体制的前提下，对农村的政治、经济社会等各方面进行改革。……统筹城乡经济社会发展，建立城乡统一的大市场。这样才能从根本上解决农业、农村、农民这个世纪性的大问题，最终实现城乡一体化。"[①]

用城乡一体化的思路，而不是城市化的思路，来解决"三农"问题，对我国现代化尤其是农村现代化，具有极其重大的现实意义和理论意义。

农村社会学研究表明，在中国这样一个具有 9 亿农民的东方社会主义国家，进行社会主义现代化，必须走（或必然走，不得不走）具有中国特色的、有别于西方和其他发展中国家的道路。尤其是到了 21 世纪当中国已经发展到全球第二大经济体这么一个时期，中国的经济发展的工业化方式面临着全球化的市场、资源、经济体制和政治格局等各个方面的制约，走西方近代走过的工业化和城市化道路，显然不通。当然，我们也不能回到农业化、乡村化的民粹主义道路，而应该走后工业化（新工业化）城乡一体化的道路。我国近几年按照科学发展观引导城乡统筹的思路实践证明，新工业化和城乡一体化的走法，是成功的，是走得通的。

陆学艺的城乡一体化理论，很大程度上，不同于西方现代化理论中的城市化理论。最根本的不同，是对待农民、农业和农村的态度不同。它不是"羊吃人"式的，而是保护农业和农民，主张城市发展与建设社会主义新农村相统一。从这个意义上讲，陆学艺的城乡一体化理论，具有原创性，是具有中国特色的城市和农村发展理论。

从对农业生产周期性徘徊反复的研究，到破解制约农民问题的二元社会结构性矛盾；从"反弹琵琶"加快城市化的呼吁，到将城乡一体化锁定为解决"三

[①]陆学艺著：《"三农论"——当代中国农业、农村、农民研究》，社会科学文献出版社，2002 年，第 239 页。

第三章 代言「三农」

农"问题的最终战略。从 1978 年到 2008 年，陆学艺在"三农"研究道路上艰苦跋涉了 30 年。

这艰苦的"苦"，一是劳苦，头顶烈日，脚踏泥水，迎风雨、斗霜雪，其中劳苦非局外人所能想像；二是心苦，与农民为伍，与领导"顶牛"，同主流争辩，同自我决裂，都是难得轻松难得愉快的事。三是贫苦，30 年，做的课题无数，出版的著作等身，改造了国家社会，但没有改善自己的经济状况。这一切，都只为了一件事，追求真理，代言"三农"，让农民富起来，好起来。

也许，在某些特殊利益集团的代言人看来，陆学艺的行为，30 年的付出，回报为零，太不"经济学"了；但在我看来，在亿万农民兄弟看来，陆先生的行为，用一个人的 30 年，换来一个"三农"的春天：城乡一体化时代，是很"社会学"的。

我在前面说过，真理是时空流体，但追求真理的精神永恒。这应是陆学艺 30 年的心血和努力，给我们最重要的启示。

第四章

社会结构——转型

中国社会学的恢复，始于改革开放初期的 1979 年。社会结构及其转型研究，也在 80 年代开始起步。但在国外，这是社会学研究最早、最热门、最重大，也最为持续的课题之一。一直到现在，都是人们津津乐道的"保留节目"，甚至它已经成为社会学语言中的 ABC。作为社会学家，如果不懂得"结构"、"功能"、"结构功能主义"和"结构化"这些常识性话题，那么，你就会在社会学界寸步难行。在这里，"行话"就是"黑话"，就像杨子荣进入座山雕的山寨，必须听得懂"天王盖地虎"一样。当然，"社会结构"话语，还不只是一种行话，而且还是一种解释"范式"。你要想看清隐藏在这纷繁复杂世界中的简单脉络，你要把握住现代社会未来趋势和走向，"结构"就是一把用得上的"钥匙"。从前工业社会到工业社会，再往前行至 N 社会，不管多么复杂的变迁和变化，社会学家都可以说得清楚明白。一言以蔽之：社会结构——转型。

1987 年，陆学艺从农业经济学领域，转行至社会学领域，首先便碰到了这个"天王盖地虎"。好在陆先生原先研究过哲学和哲学史，知识广博，对"结构"的主义与问题，早已熟悉，一句类似于"宝塔镇河妖"式地刘们，便得到了社会学的入场券（一笑！）——这也不完全是玩笑的。虽是受命来社会学所做领导工作的，但他也深深知道学界的潜规则，领导权来自于专业话语权，他必须通过掌握专业话语权来行使领导权。

阶层分析捅了谁的马蜂窝？

1988年下半年，也就是陆学艺进入社会学界一年多一点的时间，他从"三农"问题的长期研究中，敏锐地观察到了农民这个阶层的变化，以及变化带来的新气象。1988年12月份，他在被中宣部评为优秀论文特等奖的那篇《我国农村改革与发展的成就及当前面临的几个问题》的文章中写道：

"10年来，8亿农民已经发生了深刻的变化……农民这个群体的职业结构已经变化了……（有了）农业户口与非农业户口的区分。……有的已经离开农村，在城市中生活，大部分是在乡镇和集镇的乡镇企业里工作和劳动。"

"最近我们调查了山东陵县边临镇边3村的农民情况。这个村161户，全家从事农业，从农业取得收入的共40户，占25%；从事农业，兼事工商业，但收入仍以农业为主的共81户，占50%；从事工商业，兼事农业，收入已是以工商业为主的32户，占20%；从事工商业，已经不从事农业的8户，占5%。这是鲁西北地区的农村，经济还不很发达地区的情况，在经济发达地区从事工商业的事就更多了。"

他在这篇文章中，已经具体地提到了乡镇企业的干部和工人、个体户、中小学教育工作者、农村医护卫生人员、城市中的保姆、县乡行政机关合同工和干部、国企承包人等农民职业，长期从事这些职业，使他们的家庭成分和个人成分"实际上已经起变化了"，远非一个"农民"所能概括。因此，他认为，我们的任务是要重新认识农民，要制定适合于已经起了深刻变化的8亿农民的政策。[①]

这是陆学艺首次就农民阶层变化发表的意见，也可能是社会学界最早提出阶层分化的观点。

1989年6月，陆学艺在《关于我国国情的报告》中，对农民的阶层变化作了进一步分析。他认为，农民阶层研究"这个问题已经提到我们的研究日程上来了"。

"全国8.8亿农民是世界上最大的一个社会群体。在1978年没有改革以前，都是公社社员，他们的经济地位、政治地位基本类似，只有干部和群众之分，差别不大。……经过（改革）这10年，变化就大了，最富的人在农村，最穷的人也在农村，还统称农民。……对于农民这个阶层要作具体分析。……只有科学地划分阶层，才能针对各个阶层的具体情况采取不同的政策。"

他在这篇文章中，将农民阶层分为六个层次：㈠农业劳动者阶层；㈡管理者阶层，包括乡、村干部；㈢乡镇企业的管理人员；㈣农民工，即农业户口在乡镇企业中劳动的；㈤农村知识与科技（人员）阶层，如民办教师、赤脚医生等；㈥雇工在8人以上的私营企业主与大的专业户。[②]

这一划分，是陆学艺对农民阶层的首次划分，也是一个初步的划分；在社会学研究上，应属于研究假设型的划分。随着他对这个问题研究的深入，他对农民阶层的分类也随之变化。

1989年9月，他在《社会学研究》上发表的《社会学要重视研究当今农民问题》一文中，公布了他对这一问题研究的第一个成果：农民阶层分化的路径及阶层类型。

---

①陆学艺著：《当代中国农村与当代中国农民》，知识出版社，1991年第1版，第366-368页。
②陆学艺著：《当代中国农村与当代中国农民》，知识出版社，1991年第1版，第397页。

他认为，改革10年来，中国农民发生了全面而深刻的变化。与经济地位和职业结构变化相适应，农民的阶层也分化了，沿着"从纯农业户→以农为主的兼业户→以非农业为主的兼业户→非农业户"这样一个发展趋势和路径，发生着变化。他进一步指出，目前中国农民实际上已经分化成8个不同利益要求的阶层，"而且还在进一步分化之中"。

这8个阶层是：

㈠ 农业劳动者阶层；

㈡ 农民工阶层；

㈢ 雇工阶层；

㈣ 农民知识分子阶层；

㈤ 个体劳动者和个体工商户阶层；

㈥ 私营企业主阶层；

㈦ 乡镇企业管理者阶层；

㈧ 农村管理者阶层。

同几个月前的文章中的六大阶层相比，这里不仅增加了雇工阶层和个体劳动者和个体工商户两个阶层，而且还对每个阶层的定义和范围都作了重新论证和调整，使之更加严密和规范。他在这篇文章中，第一次对农民阶层的内部结构进行了数量分析，认为农业劳动者比重约55% ~ 57%，反映了20世纪80年代末的分化情况。

这篇义章还论述了传统农民向非农民和现代农民转化的6个方面的表现，呼吁社会学者要重视和研究这些变化。

文章发表后，引起领导和学术界的重视。也就在这一年，中国社会科学院社会学研究所成立了"中国农村社会结构研究"课题组，正式对农村社会分层问题展开调查和实证研究。课题组在河北廊坊、安徽巢湖、辽宁沈阳、江西吉安、山东陵县、上海嘉定等市县的农村和山西大寨、河北沙石峪、江苏华西、河南七里营刘庄、安徽凤阳小岗、江西井岗山的茅坪村等全国著名的村庄进行了为期两年的实地调查和研究。他依据这些资料，写了《当前农村社会分层研究的几个问题》（1990年）《现阶段农民分化问题研究》（1991年）《转型时期农民阶层的分化——对大寨、刘庄、华西等13个村庄的实证研究》（1992年）等文章[1]，进一步验证和延伸了他在农民阶层分化问题上的观点。

第一，他认为农村社会分层是社会大转型和社会生产力大发展的必然结果。在他看来，当时的中国正处于一个大的社会转型时期，即农业社会向工业社会转化；农村社会向城市社会转化；自给半自给的自然经济向商品经济转化；封闭半封闭的社会向开放的社会转化；传统社会向现代社会转化。而改革开放又极大地解放和促进了农村社会生产力的发展，推动了农村经济以及社会体制的变革。农民阶层的分化，正是在这样的背景下产生的，是社会生产力发展和经济体制改革的必然结果。

第二，他认为在这种背景下产生的农民阶层分化，具有浓厚的中国特色，因而也具有特别重要的意义。中国农民分化方式和农村社会分层，"完全不同于西方发达国家在现代社会发展转化过程中出现的情形"，因而也"具有特殊的现实意义和历史意义。"[2]

第三，他提出了不同于西方社会学的符合中国实际的社会分层标准。作为一项社会学热门研究，社会分层在西方已有上百年的研究历史，理论和分层标准，五花八门，种类繁多。其中以马克思和韦伯的分层理论影响最大。但在陆学艺看来，社会分层的目的，不是为了区分敌我友，而是为了具体地了解情况，制定具有针对性的政策。"农民由一个阶级，一个'社员'分化以后，各个阶层的状况怎样，他们在改革过程中做些什么，想些什么，需要什么，拥护什么，反对什么，他们的喜怒哀乐是什么……我们只有对这些问题了如指掌，才能正确地领导农民在共同富裕的社会主义道路上前进，才能正确地指导农村经济社会的协调发展。"[3]虽然，我们必须以马克思主义的阶

---

[1]陆学艺著：《当代中国农村与当代中国农民》，知识出版社，1991年第1版，第437-453页；《"三农论"——当代中国农业、农村、农民研究》，社会科学文献出版社，2002年第1版，第392-434页。

[2]陆学艺著：《当代中国农村与当代中国农民》，知识出版社，1991年第1版，第440页。

[3]陆学艺著：《"三农论"——当代中国农业、农村、农民研究》，社会科学文献出版社，2002年第1版，第406页。

级分析方法为指导，借鉴和参照西方社会学家关于社会分层的一些研究方法和理论，但正确和有效的社会分层标准，一定是从中国社会的实际和实践中来的。陆学艺以职业为主，参考结合其他标准，提出中国农村社会的分层标准，他自我认为同马克思主义阶级分析方法是一致的"是马克思主义的阶级分析方法在我国社会主义初级阶段的具体应用"。[①]但在我看来，只要符合中国的实际就可以，实践是检验真理的唯一标准嘛。

第四，他还提出了社会分层结构及其演化的理论。在对 13 个著名村庄的实证研究中，他将农民阶层从 8 个扩展至 10 个，将"农民工"分为"乡镇企业职工"和"外聘工人"，另加了一个"无职业者"。他注意到由于分化时间短，这些阶层分化具有"过渡性特征"，"反映了农村目前正处于由传统社会向现代社会转化这样一个总的特征。"[②]他还根据农业劳动者和乡镇企业职工的相对规模大小，对分层结构进行分类。分为前分化型、低度分化型、中度分化型和高度分化型四种类型。这四种类型，构成农民分化的结构及其演化趋势。

"农民分层结构的四种类型，从产业的方面看，代表着农民分化的四个阶段。从发展的趋势看，我国农村的现代化过程就是农民分层结构由前分化型向低度分化型，经中度分化型最后达至高度分化型的过程。因为这四种分层结构类型的依次变迁，代表和反映了经济现代化水平的提高。"[③]

20 世纪 80 年代末 90 年代初，是陆学艺运用他独创的社会分层方法，对农民分化现象进行社会学研究，提出具有中国特色的社会分层理论的第一阶段。虽然这些研究和理论，只是限于农村和农民阶层内部，但它的理论和方法的创新性和学术价值，却是全国性和时代性的，为后来他的中国社会阶层分析和社会结构及其转型理论的构建奠定了基础。

---

①陆学艺著：《"三农论"——当代中国农业、农村、农民研究》，社会科学文献出版社，
　2002 年第 1 版，第 416 页。

②陆学艺著：《"三农论"——当代中国农业、农村、农民研究》，社会科学文献出版社，
　2002 年第 1 版，第 423 页。

③陆学艺著：《"三农论"——当代中国农业、农村、农民研究》，社会科学文献出版社，
　2002 年第 1 版，第 431-432 页。

1998 年 5 月，陆学艺参加十五届三中全会文件起草工作。8 月初，他作为文件起草小组成员，到北戴河开会。当时中共中央政治局委员，兼任中国社会科学院院长的李铁映同志，此时也在北戴河开会。

一天下午，会议完后，陆学艺下海游泳。在回住处的路上，经过李铁映同志住的地方。刚好李铁映同志站在阳台上，看见了他。就请他过来谈话。

陆学艺对当时的谈话有以下回忆：

"他向我提出，要社会学所成立课题组，研究中国社会结构变迁。就 1911 年、1949 年、1978 年和现在（1998 年）这几个阶段，把社会结构做一个截面，看社会发生的变化。我们讨论了他的设想，就是对中国社会进行阶级阶层分析，把上述每个阶段作一个剖面揭示出来，形成中国社会结构的变迁史。他同意这个设想。我说这是个很大的课题，可以先从调研当前的阶级阶层现状做起，同样是个大课题。他要我回京后，写出报告方案来，他去筹措经费。"

9 月份，陆学艺回到社会学所，立即着手筹组社会结构变迁课题组。课题组长是陆学艺，成员（社科院）有：王春光、王晓毅、石秀印、李春玲、李国庆、李炜、吕红新、张大伟、张林江、张宛丽、张厚义、张翼、吴小英、陈光金、高鸽、黄平、龚维斌、樊平等人。并请李春玲研究员起草课题立项申请报告。

陆学艺对这个课题难度有充分的估计。他知道，当年福特基金会，支持俄罗斯做社会分层研究，用了 60 万美元。中国是一个 12 亿人口的大国，研究这么大的国家的社会分层，可能要花几百万元，结果做了一个 500 万元的经费预算。

本来，有李铁映同志支持，向财政部要这一笔钱，应该不成问题。但 1998 年夏天南方大水灾，财政上有些紧。报告送到李铁映同志手上，他也就不好意思向财政部要。于是批示给科研局："这个课题是我提出的，现在经费是个问题，请科研局研究。"

科研局接到院长批示后，头都大了。因为全院一年科研经费也只有 900 万元，这一个课题批 500 万，当然是不可能的。

当时还有一个小花絮，说科研局的人在背后嘀咕："老陆不象话，全院一共才 900 万，他一个人就要 500 万。"

这话传到陆老的耳朵里，一天碰到了科研局局长黄浩涛，陆老半开玩笑半认真地说："小黄，你在背后骂我？"

黄局长连忙说："没有，没有！"

"没有？在哪个地方骂的，我都知道！"

黄只好将院里科研经费的实情相告。最后说，"要支持，但数额要削减"。

陆学艺是个明白人，只好妥协："现在的情况是铁映同志不好向财政部要钱了，只能向科研局要啊。这当然不是三位数了，只要两位数，行了吧"？

黄局长一听有戏，忙说，可以考虑。过了几天，科研局拨给这个课题 50 万元。50 万元在当时也是一个不得了的数字，是社科院最大的课题。

钱到手了，课题组立即行动。

"中国社会结构变迁"学术研讨会在北京召开（2000 年 12 月）

第一步工作，是收集文献、研讨、定规划。从社会分层的基本理论学起，探讨分层标准和方法。然后是定调查点。先从过去做过调查的点，按东西南北方位，确定了 6 个县市厂校：有湖北省汉川市、广东省深圳市、贵州省镇宁县、辽宁省海城市、江苏省无锡市、安徽省合肥市，此外还在福建省福清市、江苏省吴江市七都镇、北京燕山石化总厂、吉林省长春第一汽车制造厂和南开大学等处，做问卷调查。后来，大家觉得这 11 个样本不够多，也不够全面。于是，想做全国抽样调查。科研局追加 40 万经费，让这个全国性抽样调查成为可能。关于这个课题的研究方法，我在后面还要提到，这里从略。

　　第二步工作，就是研究分析。关于研究写作的基本情况，陆学艺后来回忆说：

　　"共产党建党 80 周年，江泽民同志'七·一'讲话里就提到'产生了六个阶层'、'私营企业主可以入党'。我当时还是挺敏感的。全国都知道我们在搞社会分层，都知道社会已经分化了。但到底是什么样子的？（大家都想知道）。2001 年准备十六大，我估计各个单位、各个系统都（可能）要数据，就让高鸽把所有人叫回北京开会商量。

　　课题组所有人到六渡，找了个大的农家院，在山沟里，手机也不通。就这样，十五六个人，8 月 20 号集中，干了 20 多天，楞是把那本书写出来了。持续近一个月的时间，最后我都顶不住了，犯了胃病，到村里去买斯达舒。回来正好看见电视里飞机'9·11'撞大楼，那天发生的事记忆犹新。"

　　实际上，在研究的 3 年中，课题组前后共举行了 3 次全国性的研讨会、数十次小型专题研讨会、2 次全国性的调研培训会和十多次学术讲座，邀请有关专家进行研讨和交流。在研讨和交流中，获得的有益观点和启示，都被课题组吸纳到他们的研究报告中。

　　2001 年底，这个投入人力之多、经费之大、时间之长，在当时社会学界甚至是社会科学界少有的课题第一项成果，以《当代中国社会阶层研究报告》（以下简称《报告》）的书名，在社会科学文献出版社出版。①

　　《报告》分三部分：第一部分是总报告，执笔人除了陆学艺之外，还有王春光、李春玲、李炜、陈光金、张林江、樊平。第二部分是专题研究报告。其中石秀印写作"当代中国的工人阶层"专题；陆学艺、王春光和陈光金写作了"中国农民的过去、现在和未来"专题；张厚义写作了"私营企业主是中国社会阶层结构的重要组成部分"的专题；张宛丽写作了"中国中间阶层研究报告"专题。第三部分是市县个案研究报告。其中，汪开国、迟书君、王晓华写作了深圳的社会阶层结构研究；汪石满、王开玉、方金友写作了合肥市的社会阶层结构研究；黄陵东写作了福建省福清市社会阶层结构变迁研究；水延凯、胡顺延、罗教讲写作了湖北省汉川市社会阶层结构变迁研究；

---

①该书版权页上写的是 2002 年 1 月第 1 版，但据作者介绍，用的是 2002 年书号，书实际出版是 2001 年 12 月 10 号。

史昭乐、黄勇写作了贵州省镇宁县的阶层结构研究。这是一本真正意义的集体著作。当然，陆学艺作为课题总负责人，为这项研究注入了主题思想和总体框架，这是毫无疑问的。

有必要细读一下这本书的前言。

作者在"前言"中指出，新中国成立后，改革开放以前并没有形成现代社会阶级阶层结构。改革开放20多年来，中国的社会阶层结构发生了深刻的变化。"有些阶层分化了，有些阶层新生了，有些阶层的社会地位提高了，有些阶层的社会地位下降了"。"各个社会阶层之间的经济、政治关系发生了并且还在继续发生各种各样的变化，正在向与现代经济结构相适应的现代社会阶层结构方向转变"。

作者特别指出，他们所做的这项研究的目的，"与革命时期不同，已经不再是为了革命斗争的需要去分清敌我友，而是为了实现社会主义现代化建设的共同目标，安排好协调好社会各阶层的地位和关系，以进一步调动各方面的积极因素，促进整个社会的安定团结，维护社会稳定，推进有中国特色的社会主义现代化事业健康有序地发展，保证我们社会主义国家的长治久安"。这一段话很重要，为我们阅读和理解《报告》，提供了一把钥匙。

"前言"还提到了中国社会科学院领导和有关部门的支持，尤其是得到了时任中共中央政治局委员、中国社会科学院院长李铁映同志的支持，是社科院的一个重大课题。这在作者看来，当然不仅仅是一种形式主义的礼貌，而是出自于内心的感谢。的确，没有铁映同志的指示和大力支持，没有社科院史无前例的90万元的课题经费，作者要想做出这项研究是不可想象的。但让作者万万没有想到的是，正是这些"诚挚谢意"，在本书出版后所掀起的惊天巨浪中，差点让领导们承担了本不该让他们承担的政治责任。这是后话。

现在，我们回过头来，看这本书到底说了些什么？

第一，作者依据职业分类为基础，以三种资源——组织资源、经济资源和文化资源的占有状况为标准，首次将社会阶层分为十大社会阶层和五大社会经济等级。

这十大阶层即国家和社会管理者阶层、经理人员阶层、私营企业主阶层、专业技术人员阶层、办事人员阶层、个体工商户阶层、商业服务业员工阶层、产业工人阶层、农业劳动者阶层和城乡无业、失业、半失业者阶层。

五大社会经济等级，即社会上层：高级领导干部、大企业经理人员、高级专业人员及大私营企业主；中上层：中低层领导干部、大企业中层管理人员、中小企业经理人员、中级专业技术人员及中等企业主；中中层：初级专业技术人员、小企业主、办事人员、个体工商户、中高级技工、农业经营大户；中下层：个体劳动者、一般商业服务业人员、工人、农民；底层：生活处于贫困状态并缺乏就业保障的工人、农民和无业、失业、半失业者。

第二，作者对中国社会阶层结构变迁的判断，是现代化的社会阶层结构的雏形已经形成。

他们认为，阶层结构的变化是中国社会结构转型和经济转轨最核心的内容。改革开放这20多年中，中国经历从传统社会向现代社会，农业社会向工业社会转型，从计划经济体制向社会主义市场经济体制转轨，"最直接地体现在中国社会阶层结构的现代化变迁上"。

具体表现为：㈠社会结构的中下层在逐步缩小。其中农业劳动者阶层所占比例下降，对于中国社会现代化变迁"是极为重要的"。㈡社会中间层已经出现，并且正在不断壮大。他们认为，这是社会结构从金字塔型向橄榄型转变的重要因素，但目前还不够，"还需要大大扩张"。㈢掌握或运作经济资源的阶层正在兴起和壮大。其中个体私营经济和企业的发展，"是一种非常有利的变化"。㈣现代化社会阶层的基本构成成分已经具备；㈤现代化的社会阶层位序已经确立。管理者和专业技术人员排序靠前，工农位序居后，是一个事实。㈥现代社会流动机制已经出现，正在逐渐取代传统社会流动机制。

这些现象表明，"一个具有活力、结构形态相对合理的现代化社会阶层结构在中国逐渐显露出来"。"现代化的社会阶层结构的雏形已经形成"。[1]

第三，作者对中国社会阶层结构变迁的另一个判断是与现代化建设进程还不相适应。

----

[1]陆学艺主编：《当代中国社会阶层研究报告》，社会科学文献出版社2002年第1版，第43—60页。

现实中的阶层结构还只是一个现代化的雏形，与理想形态及其运行相比较，还有很大的差距，还存在诸多的不合理之处，明显具有过渡性、自发性和半封闭性等特点。因此，这个结构还有许多方面与社会主义现代化建设进程不相适应。

他们警告说，现有阶层结构不合理，比如说，像农业劳动者阶层这样的该缩小的阶层没有小下去，像社会中间层这样的该扩大的阶层没有大起来，"阶层结构比例失调，往往是引发经济——社会危机的深层次因素"。现有阶层位序关系已基本形成，但尚未得到全社会的充分认可，缺乏必要的社会群众基础，也是不利于社会稳定和发展的。

导致社会阶层结构发育滞后的原因，城市化过程严重滞后、社会政策缺位、社会制度创新滞后和整体社会发展思路不清晰可能是最主要的。作者认为最根本的深层次的原因是后者。他们写道：

"所谓整体社会发展的基本思路，就是要从国家长治久安的战略高度，完整地认识现代化的中国社会阶层结构应当如何构建的问题，并给以逻辑谨严的系统阐述。……发生在大多数工人和农民身上的这些变化，与新生私营企业主的崛起，经理人员和专业技术人员以及国家与社会管理者阶层的状况都有改善，形成鲜明对比。这已不仅仅是社会问题，而且是传统政治意识形态无法给出令人信服的解释的问题。……这样一种基本思路的欠缺，不仅难以真正澄清社会上广为流行的各种思想认识混乱，也导致了一些制度创新的方向不明甚至错误，导致了社会政策的摇摆不定和严重滞后。"[1]

第四，作者给出了一个培育合理的社会阶层结构的创新对策。

作者认为，培育合理的社会阶层结构，需要政府这只"有形之手"发挥作用，要全面创新有关社会制度和社会政策。创新首先是思想观念创新。作者认为需要认真回答一些重大现实问题。例如，谁是整个社会阶层结构中主导阶层的问题，社会中间层在社会稳定和发展中的作用问题，如何理解新的历史条件下产业工人的主人翁地位问题，以及如何理解"工农联盟"的问题？作者都提出了自己的见解。例如他们说："产业工人的地位和作用仍然是非常重要的，他们的阶层利益应当

①陆学艺主编：《当代中国社会阶层研究报告》，社会科学文献出版社2002年第1版，第97—99页。

得到保护和提升。……国家应当采取有效的措施，帮助他们不断实现自我提升，同时还要保证他们有参与国家政治生活和表达自身阶层利益的合法管道。"①"对于'工农联盟'这个概念，应当根据新时代的社会阶层结构特征加以扩展或发展。对于建设社会主义现代化的伟大事业来说，现在和将来所需要的，已不仅仅是传统意义上的'工农联盟'，而是社会各阶层的广泛合作和'联盟'"。②

在构建社会制度、社会政策新体系中，他们提出了五大基本原则和四个主要环节。五大原则是：稳定是出发点；合作而非对抗是基调；共享而非偏惠是成功的基础；协调各阶层的利益是首要目的；努力保护弱者是重要责任。四个主要环节是：建立培育现代社会阶层结构的社会制度，制定相应的调节性社会政策；建立有效提升全体社会成员尤其是产业工人和农业劳动阶层的竞争能力和适应能力的社会机制，如教育和培训等；建立有效协调各阶层利益的机制；建立健全基本社会保障体系等。

作者还提出了支持不同社会阶层发展具体社会政策，大致有五个方面：一是进一步明确国家与社会管理者阶层的地位、作用、利益与限度，培育一支高效、自律的公务员队伍；二是充分肯定私营企业主阶层的作用，引导这个阶层健康发展；三是大力发展教育和科技，培育新社会中间层；四是创造就业机会，保障产业工人阶层的权益；五是稳定地权，减轻农民负担，加快农业剩余劳动力的转移。

在这五个方面的对策中，我以为第四、第五项对策，尤为值得注意。作者在第四项对策中，对当前城市出现大量下岗失业人员，深深忧虑，认为是"中国社会面临的一个重大社会问题"。他们主张相关社会制度安排和政策选择重点有两个：一是要大力创造就业机会。他们批评当时的"减员增效"的政策、公交的"无人售票"和城管驱赶小商小贩措施，认为这样做"得不偿失"、"目光短浅"、"盲目地追求所谓的与国际接轨"。主张"把增加就业机会当作制定经济和社会政策的出发点"。二是切实保障产业工人阶层的合法权益。这应该是相关制度安排和政策选择的"重中之重"。

在第五项对策中，作者一如既往地主张减少农民，富裕农民。重点举措之

---

① 陆学艺主编：《当代中国社会阶层研究报告》，社会科学文献出版社2002年第1版，第106页。
② 陆学艺主编：《当代中国社会阶层研究报告》，社会科学文献出版社2002年第1版，第107页。

一是增收减负。他们认为，不是对所有农民都采取这样的政策，而是针对低收入的纯农户或者是以农业为主的兼业低收入农户。这样做效果可能更好。在建议的第二项措施中，他们提到了"彻底稳定地权"的问题。主张将农地使用权永佃化，以及农地永佃权流转（包括抵押、买卖）完全合法化。这项制度创新，将使农地成为农民的财产，并有权支配这些财产。

本书收录的 4 个专题研究报告和 5 个市县个案研究报告，也很有水平，特色各异。

石秀印研究员执笔撰写的《当代中国的工人阶层》，对改革开放以后由于体制转型导致的工人阶层权力、收入、地位及其社会态度的变化、原因及其对策，作了深入的剖析。有些观点是非常深刻的。例如，对工人阶层在社会结构中的地位和社会影响力，他认为主要取决于其所拥有的资源特征、阶层规模和社会制度空间等方面的因素。虽然在经济资源和政治资源上，工人阶层是"弱者"，但它们的绝对规模和相对规模较大，"通过对社会的贡献量提升地位；可以通过大比例的选票和大规模的激烈行动影响政治过程和社会政策，使之有利于工人。"[1]而社会制度和政府的"强助权力"，则是改革开放前工人阶层"贵族化"和改革开放后工人阶层"权力、收入、地位、跌落"的主要因素。他对当前工人阶层强烈的地位失落感、社会不公平感、被剥夺感，以及对社会、对政府、对官员的不满，进而可能会出现的"骚乱和革命"，深深忧虑，为决策层提出了三点对策建议：一是政府和强势阶层应该采取"让步政策"，为本阶层的生存和社会的发展，向弱势阶层支付"保险费"。还"应该进行工会制度的创新，使工会组织者和工会领袖处于雇主的直接控制之外，真正产生对于雇主的制衡力量。""应该让工人和工会掌握、适用强有力的权利手段，增强对雇主的讨价还价能力"。二是"政府应该以行政权力和财政能力扶助弱势阶层，当工人力量与雇主力量失去平衡的时候，政府应当出面帮助前者。"三是社会应当调节工人阶层和职业经理阶层过时的价值标准和收益分享期望。同时，社会应主动关心工人的状况，接受他们的信息和呼声，帮助他们改善不利处境。[1]

---

[1]陆学艺主编：《当代中国社会阶层研究报告》，社会科学文献出版社 2002 年第 1 版，第128-129 页。

陆学艺、王春光研究员和陈光金研究员执笔撰写的《中国农民的过去、现在和未来》，对中国1949年以来至今的农村社会阶层结构变化，进行了历史分析，进而对其未来发展趋势作了初步预测，是陆学艺运用阶层分析法研究"三农"问题的新成果。

在这篇报告中，作者将中国半个多世纪的农村社会阶层结构变化分为四个阶段；即土改前后、计划经济时代、改革开放前期（1978年至90年代中期）和改革开放后期（20世纪90年代中期至21世纪初）。土改前后的农村社会阶层结构，以阶级标准和依据，划分为13个阶级和阶层即地主、资本家、开明绅士、富农、中农、知识分子、自由职业者、宗教职业者、小手工业者、小商小贩、贫农、工人、贫民游民。据估算，土改前的地主占总户数的5%，富农占3%～5%，贫雇中农合计占90%，这是当时根据革命和阶级斗争需要做出的农村阶级阶层结构的总体估计。计划经济时期，中国农村社会形成了一种经济上平均、政治上以身份为阶级划分标准的社会结构和"城乡分治，一国两策"的现象。而改革开放前期，中国农村社会开始阶层分化，分化为八大阶层。但城乡分割的二元结构还未发生根本性的变化。20世纪90年代以后，中国农村社会阶层结构进一步分化，1989年到1999年，农业劳动者比例下降了7～10个百分点，农民工和雇工增加了4～7个百分点，"农村社会阶层结构比例变化的方向是合理的"。但与现代化建设的要求，还不相适应，农村人口还是太多，还存在着结构性不合理问题，还应加快这种"合理分化"。

此外，作者还对未来的中国农村社会和社会结构，作了一些设想和预测。"中国是一个人多地少的国家，在今后三四十年里，也会像日本、韩国那样，农村这个社区会长期存在。农村居民将由四类人组成：一是纯农户，主要靠农业收入来源为生；二是农业兼业户，收入大部分靠农业，小部分靠非农业；三是非农业兼业户，收入大部分靠第二、三产业，小部分靠农业；四是住户，即住在农村但不从事农业的家庭。……现代化水平越高，离大中城市越近的农村地区，第一、二类农村居民的比例会越小，后两类居民越多。"[1]

---

[1] 陆学艺主编：《当代中国社会阶层研究报告》，社会科学文献出版社2002年第1版，第157-158页。

张厚义研究员执笔撰写的《私营企业主是中国社会阶层结构的重要组成部分》，对最令人关注的私营企业主阶层的产生、形成和发展，对这个阶层的经济社会特征、政治要求和阶层意识，作出了原创性的令人信服的解答。

作者认为，私营企业的产生是一种"自然历史过程"。虽然改革开放为私营经济发展作了政策上的重大调整，提供了舆论准备，但更为重要的是改革提高了劳动生产率，提高城乡人民生活需要，这才是私营经济发展的物质基础和市场条件。所以，私营经济是"变迁的社会结构中一个内在地生成、自发地成长的重要组成部分。"

作者进而指出，现阶段中国私营企业主已成为一个相对独立的社会阶层。有自己独立的阶层意识和政治要求。总体上看，他们既有别于一般的产业工人、农业劳动者等，也不同于历史上的资产阶级。他们是社会主义社会的劳动者，为社会提供"管理劳动"。[2]

张宛丽研究员执笔撰写的《中国中间阶层研究报告》，对类似于"中产阶层"、"新中间层"、"白领"等人群的阶层属性进行了研究。

虽然学界认为——当年马克思也早已认识到，中间阶层已成为推进社会发展的主体力量，但这伙人到底是些什么人？大家也都是各说各话，缺乏一个学理式的共识。作者在报告中为我们提供了一个定义。她说：

"所谓中间阶层，是指以从事脑力劳动为主，靠工资及薪金谋生，具有谋取一份较高收入，较好工作环境及条件的职业就业能力及相应的家庭消费能力，有一定的闲暇生活质量；对其劳动、工作对象拥有一定的支配权；具有公民、公德意识及相应修养的社会地位分层群体"。

为了便于理解，作者把中间阶层简化为"居于现阶段社会上层和下层的中间水平"的阶层。

作者还对中间阶层的内部构成和分层作了初步的研究，对这个阶层的价值观和社会行为规范的三种类型进行了"层化排序"。

这本书收录的5篇市县个案研究报告，除了在总体思路和基本观点上与主

①陆学艺主编：《当代中国社会阶层研究报告》，社会科学文献出版社2002年第1版，第198页。
②陆学艺主编：《当代中国社会阶层研究报告》，社会科学文献出版社2002年第1版，第238页。

报告一致外,在阶层分类和具体论述上,都保持了各自的地域特点及其独到理解,反映了陆学艺在学术上的讨论风格和宽容精神。

这本书的出版发行过程,还有必要交代一下。

2001年7月1日,时任中共中央总书记的江泽民同志,在纪念中国共产党成立80周年大会上,发表讲话。江泽民同志指出,改革开放以来,中国社会已经发生了深刻的变化,产生了一些新的阶层。

陆学艺和他的课题组,感觉到中央在这个问题上已有一些新的提法,与他们的研究正好相契合。为了从理论和学术上弄清楚这个问题,有必要加快调查研究的速度,力争能在2001年底拿出正式的成果来。

2001年9月份,这本书的总报告和专题报告的初稿完成。经过两个月修改,11月25日全书最后定稿。出版社也加班加点,于12月10日印出样本。

新书定名为《当代中国社会阶层结构研究报告》(以下简称《报告》),第一次印刷,5000本,一上市就被一抢而光;12月份和2002年1月份,各加印了一万本。同样,很快就卖完了。其畅销程度,被人誉为"一时洛阳纸贵,进入了机场书亭,求一书而不可得,直至此书出了盗版,上了书摊"。[1]虽知这是一本专业的学术著作,并不通俗。能够与通俗文学比肩而立,站在当时的畅销书排行榜上,这是极为罕见的。

《报告》一出版,立即引起学术界和决策层的高度关注和广泛讨论。有人将这本书对于学术界的贡献,与袁隆平的杂交水稻、王选的汉字激光编码照排、厉以宁的股份制改革和吴敬琏的市场经济理论相提并论,给陆学艺起了个"陆阶层"的雅号。[2]

《报告》对社会学关于社会结构及其转型研究以强烈的推动和引导。《报告》不仅是社会学关于社会结构及其转型最早的开拓性著作,而且也是最重要、最有代表性和最具推动力的著作。在这本《报告》出来之前,社会学界对中国社会结构及其转型的研究,还未引起足够的注意,只有零散的讨论和研究;而在这之后,社会阶层结构转型,就成为一个热门和持续讨论的课题。

---

①樊平:《陆学艺:他曾使洛阳纸贵》,《中国社会科学院报》,2008年12月25日,第9版。
②樊平:《陆学艺:他曾使洛阳纸贵》,《中国社会科学院报》,2008年12月25日,第9版。

正是在陆学艺的推动和影响下，社会学界形成了一股不大不小的结构转型研究热潮。许多重量级的学术人物都卷入了这一课题的讨论和研究，纷纷出版了各自的重量级的著作；甚至，也由隐至显地出现了三大学术流派：碎片派、断裂派和层化派。①

陆学艺作为层化派的代表人物，对这种学术内部的学派分殊和正常的学术讨论，十分理解。他认为，君子不同而和。只有"不同"，才能达到"和"的境界。

但另外一种声音，则是从政治上批评，扣大帽子，上纲上线，甚至说这本书"违宪"。有关批评及社会科学院对这本书的处理，我将在第八章中介绍。

我是一个迟到的围观者。

在这桩公案发生10年之后，江山巨变，人事已非，我再来翻阅那些陈年旧账，还想再说点什么。不为当年人，而为后来事。

这本《报告》出版后引发的广泛讨论和激烈争论，实际上可分为两大互为连结又有所不同的层面：一是政治层面，分歧在于到底还要不要对改革开放条件下阶级、阶级斗争理论和阶级分析方法进行探索和完善，进行中国化、时代化的改造？二是学术层面，分歧在于这本书最大价值的评估。它的最大价值，是形成了一种完备的理论政策体系呢？还是创造了一种有用的研究思考方法论体系？

一般认为，阶级、阶级斗争理论和阶级分析方法，是马克思主义的最基本理论和方法，这一理论和方法甚至为毛泽东思想所继承。但是，正如同马克思主义的本质和历史进程是发展的一样，马克思主义的阶级、阶级斗争理论和阶级分析方法，也是探索的和发展的。毛泽东同志本人的革命理论和实践探索表明，必须对来自欧洲的阶级和阶级斗争理论和阶级分析方法，进行中国化和时代化改造。阶级和阶级斗争理论的中国化和时代化，阶级分析以及革命斗争战略策略的中国化和时代化，是中国革命建设成功的根本经验。即使是马克思本人，在他晚年提出的阶级和阶级斗争理论及方法，也与早年提出的有很大不同。由此说明，同任何有生命力的理论一样，马克思主义强大的生命力，来自于它对

①见陆学艺在2004年10月25日在广州宣传部主办的一次讲坛上的报告。

第四章 社会结构——转型

107

自身理论体系的不断探索、不断完善、不断发展。对于中国马克思主义理论而言，它的生命力来自于它对马克思主义基本理论和方法的不断地中国化，不断地时代化。

这是一种基本的理论素养，也是一种常识。

陆学艺和他的团队同那些在政治上攻击和反对的人们的分歧，不在于有没有阶级和阶级斗争；也不在于还要不要进行阶级分析。而在于要不要对改革开放条件下阶级、阶级斗争理论和阶级分析方法进行探索和完善，要不要进行中国化、时代化改造？陆学艺和他的团队，从来没有否定阶级和阶级斗争，也从来没有说不要阶级分析，而只是认为用传统的阶级和阶级斗争的概念和分析方法，不足以概括、适应和把握改革开放和社会主义建设时期的社会发展的新形势、新要求。试想一下，共产党作为执政党，能够停留在土地革命时期，继续使用阶级和阶级斗争理论，鼓动、带领工人、农民用暴力手段，去打倒、推翻自己用"招商引资"政策建立起来的生产和经济体系吗？去剥夺包括广大人民群众在内的社会主义劳动者、建设者几十年来积累起来的合法财富吗？共产党还能继续号召人民推翻共产党执政的人民政府吗？显然不能。作为号称"马克思主义者"的学问家和政治家，就应该像陆学艺所做的那样，从理论和学术上解释并且促进，时代从一个革命和阶级斗争时代向一个建设和改革开放时代的转变；共产党从一个带领人民夺取政权的在野党向一个带领人民巩固政权的执政党转变；工作方针从鼓动阶级间的斗争向阶层间的关系协调转变，而不是相反。

一些人说陆学艺和他的团队将伟大的工人阶级排在第8位"违宪"，是十分可笑的。陆学艺一介书生，他有何本事，将工人阶级从第1位降为第8位？他只不过是像《皇帝的新衣》的小孩，天真地说出了一个真相而已。导致工人阶级地位下降的，可能有很多原因，一些人的不作为，一定是重要原因之一；真正"违宪"的，可能有很多部门和人，而陆学艺一定不在其中。应该感谢陆学艺说出了工人地位下降的真相，而实在不应该像那个没穿衣服的皇帝那样自欺欺人！

经过10年实践的检验，这种口水之争已毫无意义。谁是谁非，历史早已作出结论。《报告》已成为中国社会学史上的经典，将来或许还有再版重印的机会；

虽当年论战的对手，早已退隐，但这本书在学术上的价值，仍值得学究们重视。

阶层和阶层分析方法的价值，现已为社会学界所公认，也为10多年的实践所证实。但许多后来者，不论是在题材上更为新颖，还是在论点视野上更为独到，这个领域的大部分研究，在社会影响力和学术影响方面，我认为，都未能超过陆学艺的《报告》。

非凡，肯定有它非凡的理由。

我认为，《报告》最大价值，在于学术方法论上的创新。是陆学艺独有的实践本体论学术方法论，成就了《报告》永恒的价值。

首先，《报告》紧扣时代和16大前党亟需解决的任务，从改革与发展的需要出发，是它成功的背景性因素。在这一点上，社科院当年的领导拍板和支持，居功至伟，不能不提。如果没有中国社科院院长的提出，并在经费上大力支持的话，这个课题要想立项、实施是不可想象的。正如陆学艺所说，这个课题大部分功劳应记在院领导的账上，但所有问题和全部责任，应与领导无关。这不是套话，而是事实。当然，陆学艺和他的团队，看准了时代改革与发展的需要，抓住了这次机遇，这也是他们之所以"非凡"的原因之一。

其次，《报告》不唯书，不唯上，只唯实，从实际出发，原创地提出了以职业为基础，以组织资源、经济资源和文化资源的占有状况为标准来划分社会阶层的理论框架，并把中国的社会阶层结构分为10个社会阶层和5个等级。不管这10大阶层概括如何，但它在现实上是有充分实际材料作依据的，在理论上避免了全盘照抄西方社会学和马克思主义阶级分析方法，在学术上具有原创性。

"从实际出发"，是许多人的口头禅，但落实到行动上和研究上并不容易。在学界，言必称西方，言必称马列者，有如过江之鲫；许多人靠党八股、洋八股混饭吃，忽悠公众，误导政府，不以为诟病反以为荣，让人齿冷。这样的研究和作品，尽管文间夹杂着不少洋文和数据图表，尽管洋洋洒洒动辄百万言，但就其内容和要解答的问题而言，仍是似曾相识和空洞无物的。陆学艺的《报告》，或许有诸多不成熟、不完整、不规范之处，或许还有一些结论不符合某些人的口味、不符合经典作家的原话，不符西方学术规范，但它是中国的，是实际生活中得来的，也是符合中国社会主义现代化建设要求的。

最后,《报告》作为陆学艺"社会结构——转型"理论体系的第一部作品,它有高远的眼光和战略的考虑。这就是在中国改革开放推动的社会结构转型中,社会阶层结构只是这一浩荡潮流中的一个片断和一个个案。陆学艺和他的团队据以研究和通过研究要达到的目标,是理解结构——转型的过程、方向和目标。这是一个浩大的战略工程。这一工程与阶层研究之间,是一个总体与个案的关系。陆学艺和他的团队的研究表明,总体的假设和视野,是每一个个案研究的前提;而个案的积累,则是总体的基础。

从需要出发,从实际出发,从未来和战略构想出发,是陆学艺《报告》成功的方法论奥秘,也是他整个学术的特征之一。

弹奏中国人的命运交响曲

社会流动，在社会学辞典中，是一个表达一个人或一群人社会地位变化的词汇。通俗地讲来，社会地位的同一级别的变化，叫水平流动；不同级别的变化，叫垂直流动。通过社会水平流动和垂直流动，社会学家可以窥见社会阶层和社会结构的变化。如同物流、资金流、信息流、能量流的流动性、矢量和动力学，是研究经济、财富和物理变化的重要指标一样，社会的流动性、矢量和动力学，也是研究社会阶层分化的重要指标。甚至它与社会阶层研究，本质上讲是一个问题的两面，是动态和静态的关系。社会阶层是静态的社会流动，而社会流动则是动态的社会阶层。它们互为表里、相辅相成。

2002 年，陆学艺对这一词汇，有了新的感觉。

虽然在这一年，他和他的团队受困于阶层分析报告风波，在外人看来，象一个犯了错误、被家长训斥的孩子，灰头土脸地在社科院里行走。但在陆学艺内心深处，仍平静如昔。从 2 月份开始，课题组连续开了几次会议。在会上，陆学艺按规定向课题组传达了院领导的指示，通报社会上对课题组研究的种种非议与责难，同大家一起商量下一步工作。他告诉他的同志们，尽管遭遇了非议与指责，但社会舆论的主流和大方向，仍是积极肯定和支持的。他坚信研究的理论取向是正确的。他不准备放弃，也不准备妥协。不仅如此，而且还要加快进行下一个课题的研究。

6 月份，课题组决定，在前一阶段社会阶层研究的基础上，下一个课题就是研究社会流动。重点是研究改革开放以来，中国的社会结构是怎样由两个阶级一个阶层转变为十个阶层的？这些阶层将来又会发生什么样的变化？

陆学艺先生在课题组研讨会上
（2002 年）

这是一个多年思考的新课题，是阶层研究的新进展。[1]

经过两年多时间的调查和分析，课题组终于赶在世界社会学大会在中国召开之前，完成了这项研究，以《当代中国社会流动》（以下简称《流动》）的书名，在社会科学文献出版社出版。

这部 36 万字的著作，作为《当代中国社会阶层研究报告》的续篇，在第一本"研究报告"引起学界政界震动之后，尤其是引发争论、非议与责难之后问世，又会以什么样的面貌出现，又会给学界和政界带来怎样的话题呢？

陆学艺作为作者之一，为《流动》撰写了"导言"。这篇"导言"可为我们理解社会流动提供一个入门向导。

他在"导言"中介绍了开展社会流动研究的意义、目的、方法，以及他们的新发现。

谈到这本书的意义，他说"通过研究中国社会流动的形式、机制、路径、方向和特征，我们可以发现中国社会流动模式与转变中的积极因素，揭示其中的消极因素，为进一步改革和调整相关的制度安排和政策规定，提供合适的战略方向和可行的策略路径，从而促使中国社会流动模式最终实现现代化转型，促使社会流动的机制变得更加公正、更加合理、更加开放，在此基础上加快形成一个与经济发展和经济结构变化相适应的公正、合理、开放的现代社会阶层结构"。[2]

----

[1] 关于社会阶层的流动，其实早在 20 世纪末在提出阶层研究时，他就涉及到了。1996 年，他主编的《21 世纪的中国社会》一书中，甚至列有专章（作者：张继焦）论述社会分层与流动。见该书第 130-171 页。云南人民出版社，1996 年第 1 版。

[2] 陆学艺主编：《当代中国社会流动》，社会科学文献出版社，2004 年第 1 版："导言"第 6 页。

《流动》所表现的研究方法、主题和理论取向与一般的研究有所不同。在方法上，除了采用抽样调查来采取数据之外，还利用了近50年的历史文献资料。在研究主题和理论取向上，作者并没有使用西方通行的新结构主义和新制度主义的理论框架，而是沿着中国社会50年来流动的历史线索进行趋势的描述，"了解社会变迁和国家政策调整如何影响个人和群体的命运"。

作者们做这样一个研究，其目的有三：一是考察1949年以来重大的社会政治变动和相关政策调整及其对社会流动的影响。二是通过观察社会流动来解释当前社会阶层的形成过程、内在特征和未来走向。三是通过对不同时期——特别是改革开放前后的社会流动路径、流动机制、流动频率、流动障碍和流动机会分布进行比较研究，希望能够对近50多年的中国社会结构变迁走向做出总体判断。[①]

"导言"对他们的研究发现作了以下概括：

第一，中国社会流动模式与工业化国家的社会流动模式不同，因而社会流动研究的内容、策略、方法也应有所不同。工业化国家的社会一般都是开放性社会，后致性因素在社会流动中起主导作用；而在中国，无论后致性因素还是先赋性因素，都要通过制度与结构因素而发挥作用。这在改革前很明显，改革后还存在。

第二，1978年改革前后，中国社会流动的模式、流动机制都发生了巨大的变化。改革开放前，社会流动模式，是政治主宰型的。改革开放后，"工业化、城市化、市场化的力量，推动着社会结构的分化，促使后致性因素对社会流动机制的影响逐渐扩大，社会流动渠道越来越多元化，能力主义原则在社会经济地位获得上的作用日益显著"。当然，制度安排和政策规定。还有相当大的作用。

第三，中国的职业结构正在渐趋高级化。向上流动是一般趋势。改革开放以来，初级层次职业比重下降，中高层职业比重增加。但增幅还较小，只是正在趋向高级化。

第四，未来10年左右，中国的职业高级化水平将有一个跳跃式的提高，中国的社会中间层也将有一个跳跃式的扩大。

----
①陆学艺主编：《当代中国社会流动》，社会科学文献出版社，2004年第1版："导言"第7-8页。

第五，中国社会正在逐步走向一个开放的社会。代际流动率，1980年以前为41.1%；1980年以后，达到54%，上升流动为40.9%。代内流动率，1979年以前为13.3%，2001年为54.2%。社会流动机制更加公平合理，社会流动渠道更加畅通。

第六，公正、合理、开放的现代社会流动模式尚未最终形成。当代中国的社会流动，显示社会转型和体制转轨双重转变特征。老的制度政策安排还在起着阻隔作用，新的阶层边界"正在明晰化"，代际继承性明显增强。现代化社会应有的社会流动模式的形成，还需一个过程。作者还对社会流动变化的几种趋向作了展望。他认为可能有三种结果：

一是健康顺利地成长为公正、合理、开放的现代化社会阶层结构。他把这种结构称之为"橄榄形"结构。

二是畸形的、病态的社会阶层结构，底层很大，社会中间层发育成长不起来。他把这种结构称之为"洋葱头"结构。

三是遭遇恶劣的国际国内发展环境，停止发育，长期病弱、畸形、瘦弱无力的社会结构。他称之为"蜡烛台"结构。

作者希望实现第一种理想，避免第二、三种可能。要实现这种愿望，作者认为："最关键的出路，就是在中国社会努力建构起一种公正、合理、开放的、符合中国国情的现代化社会流动模式。"为此，他还提出了深化体制改革、调整社会政策、创新公共资源配置、加快城市化步伐等政策建议。

以我的阅读经验，导言阅读是一把双刃剑。它可以使人"一目了然"，也可以"一叶障目"。后者就像在一座金山脚下仰望一下，只见霞光万道，光彩夺目，而金银财富在哪儿，却不甚了解。读《流动》这部社会学大书也一样，要读懂，光读"导言"还不行，还必须走进"深山"，才能寻得出宝来。

这座金山，有12重，也就是12章。书山有路，让我们从第一章开始。

第一章，"十大社会阶层的划分"。执笔人是李春玲、陈光金两位研究员。李、陈同时也是《报告》的"总报告"7位执笔人中的两位。让他们两位来撰写这一章再适合不过。但我以为，在这本书中，再来重复《报告》中的内容，似乎不必要。尽管他们对十大社会阶层研究，做了"深化和完善"，"进行更精确的比例估计和进一步的细分归类"，[1]但就其基本观点而言，仍未能超出"报告"提出的理论。我建议，今后"报告"再版时，可以将这一章的内容收入，毕竟它比以前的资料和论证，前进了一大步。

不过，本章提出的当代中国社会流动的分析框架，是《流动》最具创新性内容之一。

在社会学中，社会流动机制被简化为两大基本类型：先赋性规则和后致性规则。所谓先赋性规则，即是传统农业社会中，个人获得其社会地位和实现社会流动的机会，决定于其与生俱来的社会归属，一个社会的阶级阶层结构和社会流动机会具有明显的封闭性。所谓后致性规则，则是在市场化、工业化、城市化的现代社会中，个人获得其社会地位和实现社会流动的机会，更多地决定于自我的能力和努力，一个社会的阶级阶层结构和社会流动机会具有明显的开放性。现代化理论认为，一个现代化社会的社会流动规则，一定是后者而不是前者。

对国内外社会学界广泛认同并用做分析工具的"先赋——后致"规则，作者认为必须给它们加上一些"基本的限定"即假设国家的宏观制度——政策安排是稳定的，对社会分化和流动的干预是低度的、间接的等，但对中国50多年实际社会分化和流动进程考察后发现，"这种假设是不成立的"。

所以，作者认为："单纯用先赋——后致规则来观察和分析50年来的中国社会流动，就是远远不够的，在很大程度上甚至无法弄清中国的大规模社会分化和流动的特殊机制。"他们主张："应当把宏观层面的制度——政策安排与微观层面的先赋——后致规则结合起来，据以研究中国的社会流动。"[1]

因此，他们提出了研究中国社会流动的理论解释框架，由四类基本的，在某种程度上可以独立起作用的"变量"和一类"综合性变量"组成。这五类变量分别是：

（1）先赋性变量；

（2）后致性变量；

（3）经济——社会结构变量；

①陆学艺主编：《当代中国社会流动》，社会科学文献出版社，2004年第1版，第24-27页。

（4）制度——政策安排；

（5）具有综合性的"社会资本"（或关系网络）。

他们认为，"这五类变量构造了中国社会的社会流动机会结构"。其中，"第一位的影响因素是基本政治经济制度与经济社会结构。在发达国家起主导作用的先赋因素和后致因素，在中国往往要依附于制度与结构的因素发挥作用。各种'社会资本'发挥作用的途径也在很大程度上要受到制度与结构因素的影响"。①

这是作者根据个人观察和生活经验，提出来的研究假设，也是他们研究中国社会流动的基本思路。这一思路将从宏观和微观两个层面，从逻辑和历史两个视角，展示中国社会自1949年以来两个时期社会流动五大变量的交互影响机制、动力学以及历史意义，旨在为改革开放及其进程提供合理性解释，目的明确，思路清晰，设计严密，其结果完全可以预期，为这项研究打下了成功基础。

在第二章，我看到了执笔人陈光金研究员，对1949年以来50多年来社会流动过程"历史性的宏观解读"。他为前面所说的研究假设，提供了翔实丰富的材料，证明由改革开放前"两个阶级一个阶层"向"十个阶层"的转变。对这一漫长又充满争议的历史进程的分析评价，作者做了大量艰苦探索，有许多开拓性成果。

例如，作者将50年社会流动过程分为两大阶段五个时期。以改革开放为分界，1949年–1977年为中国社会流动过程的第一个阶段，1978年至今为中国社会流动过程的第二个阶段。第一阶段又分为三个不同的时期，即1949年–1956年为中国社会阶级阶层关系的重塑时期；1957年–1965年为多维二元身份体系的建构时期；1966年–1977年为社会流动的失序时期。第二阶段又分为两个不同的时期，即1978年–1991年，为社会分化与流动模式的转换时期；1992年以来，为新的社会阶层结构的初步成型时期。这种划分，应是社会学首次对1949年以来社会流动过程的分期，是否科学暂且不论，但它细化了社会学对这一时期社会流动的认识。

作者对各阶段各个时期社会流动的各阶级各阶层结构进行系统的定性定量

---

① 陆学艺主编：《当代中国社会流动》，社会科学文献出版社，2004年第1版，第29–31页。

分析。（见下表）：①

单位：%

	1949 年	1977 年	2001 年
国家与社会管理者	0.48	0.98	2.10
资本家（私营企业主）	0.37	0.00	1.00
经理人员		0.23	1.60
办事人员	2.57	1.29	7.20
专业技术人员		3.48	4.60
个体工商业者	3.70	0.03	7.10
商业服务业者	0.45	2.15	11.20
产业工人	2.86	19.83	17.50
农业劳动者	88.10	67.41	42.90
无业、失业、半失业人员	1.29	4.60	4.80
合计	100.00	100.00	100.00

　　在没有现成统计数据并统计口径不一的情况下，作者搜集整理出这一份阶层结构分析表来，着实不易。没有坚韧的学术功力和高深的理论素养，是做不出来的。这是社会学第一次，可能也是社会阶层研究第一次所作的这样系统的定量分析。

　　作者以改革开放为历史分界线，将 1949 年以来的中国社会流动史分为两大阶段，这种分期方法包含有丰富的理论和政治含义。作者认为，有两次重大的制度变革，深刻地影响了这一时期的社会流动。一次是 1949 年中国共产党夺取了全国政权，按照马列主义，在中国建立了社会主义制度。这一制度的建立与发展，以及国家主导的重工业优先的工业化战略，深刻地影响了社会阶级阶层结构。另一次是发生在 1978 年以后的改革开放，体制的转轨推动了社会转型。第一次变革，"实际上是一次制度革命；"第二次制度变革，"同样具有深远的意义"。作者从这两次大的制度变革中，看到了"宏观的制度安排、政策规

---

①陆学艺主编：《当代中国社会流动》，社会科学文献出版社，2004 年第 1 版，第 31-97 页。

定及其变化对社会流动的深刻影响",但他更看重改革开放对于社会流动以及中国现代化发展历史的深刻的积极的影响。仅此,我们就可以断定,作者的观点和论述,理论上是具有中国特色的和改革开放的,政治上是实践的和实事求是的。

石秀印、李炜研究员在第三章重点讨论了职业结构的变迁,以及其背后的宏观制度的变革。

国外的大量研究证明,在一个现代的开放性社会中,随着社会流动频率加快,职业结构呈动态的高级化趋势。"较高层级职业的数量逐渐增加,在职业结构中所占的比重不断增大,而低层级职业的比重则呈现下降。"作者对中国的社会流动研究后发现,改革开放后中国同样存在职业结构的高级化过程。"也正经历着符合工业化国家发展趋势而又独具特色的高级化过程。"

推动职业高级化过程的基本力量,作者认为有两个。除了与西方相同的工业化、城市化、全球化、经济转型、组织结构转型、政府职能转型等这些现代化因素之外,还有社会转型和体制转轨。归纳起来说,就是现代化和市场化。现代化是中国职业生产、职业结构高级化的实质性推动力量;而市场化则是中国现代化过程的决定者,是职业结构的形式性推动力量。"可以说,市场化是'经',现代化是'纬',正是它们的共同作用,推动了中国职业结构的增长性趋高级化。"[1]

作者在这里要实证职业高级化,同现代化、市场化的高度相关关系。从他们提供的大量经验材料和在现代化理论框架中看,这种高度正相关无可置疑,特别是在一个局部(比如说中国)和一个较短历史周期(比如说 30 年)里,尤其如此。但放宽视界,看远一些,再深入一步,我们也许会发现一些更加有用的东西。关于这一点,我在后面还会提及到。

李春玲研究员在第四章用一种"流动表"的分析技术,考察了十大社会阶层的社会流动特征,对它们的形成和未来走向,以及其规则和"结构化程度",都有深入的揭示。

所谓"流动表",是"展示代际和代内的总的流动频率(总流动率),计

---

[1] 陆学艺主编:《当代中国社会流动》,社会科学文献出版社,2004 年第 1 版,第 106-108 页。

算有多少社会成员由较低阶层位置向较高阶层位置运动（上升流动率），或者反过来，有多少社会成员由较高阶层位置向较低阶层位置运行（下降流动率）"的一种研究方法和技术。这种计量方法，在自然科学和计量经济学中，使用普遍，应用到中国社会学中来计量阶层升降，还是第一次。用得好，它肯定能加强研究结构的科学性和说服力。

作者首先将十大社会阶层分为三大类：优势地位阶层，包括：国家与社会管理者阶层、经理人员阶层、私营企业主阶层；中间位置阶层，包括：专业技术人员阶层、办事人员阶层、个体工商户阶层；基础阶层，包括：商业、服务业员工阶层、产业工人阶层、农业劳动者阶层和城乡无业、失业、半失业者阶层。

然后通过代际流动表和代内流动表分析，发现：国家与社会管理者阶层，是具有代际继承性并且多进少出的优势阶层；经理人员阶层是正在形成中的较为开放性的优势阶层；私营企业主阶层是来自社会较低层的自立创业的优势阶层；专业技术人员阶层是处于上下流动链中间并具有稳定性的中间层；办事人员阶层是为较低社会阶层提供上升流动机会并有可能向下流动的中间阶层；个体工商户阶层是被限制于体制外而很少上升流动机会的中下阶层；商业服务业员工阶层是有较多上升流动机会且人数不断膨胀的较低阶层；产业工人阶层是构成在发生转变并规模略有缩小的较低阶层；农业劳动者阶层是代际继承性最强并且上升流动机会最少的较低阶层；城乡无业、失业、半失业者阶层是体制转轨和产业结构调整时期出现的底层阶层。

最后，作者的结论是："从总体来看，经济改革以来的社会结构史加开放，因为无论从代际还是代内流动的总和流动率，都明显比经济改革之前高。然而，从社会流动的机会来看，依然存在一定的社会封闭现象"。此外，社会流动不仅表现为向上流动，而且也表现为向下流动。"社会结构的总体开放度增加和流动机会的欠公平，使当前的社会结构变迁表现出复杂性特征"。[1]

作者在这里看到了社会流动和社会变迁的"复杂性"。一般讲来，社会开放度提高，社会流动加快，是一个社会具有活力的表现。但工业化和体制改革"双重过渡"，使相当比例的工人、农民向下流动，流入无业、失业、半失业者阶层，

---

[1]陆学艺主编：《当代中国社会流动》，社会科学文献出版社，2004年第1版，第138-179页。

这决不是一个现代化社会正常的流动现象。作者在这里虽然没有给出治理两极分化的对策，但以"复杂性"结论，也体现了她内心的矛盾和"复杂性"。

有趣的是，作者许多具体论述，具有孔夫子的"春秋笔法"。例如，她在分析国家与社会管理者代际流动时发现，出身于干部、企业家和企业管理人员家庭的国家与社会管理者的比例远高于农民家庭出身的人，前者是 6.6%，而后者 1% 都不到。同时，改革开放前，工人、农民进入国家社会管理者阶层有一定比例，而此后则"基本上没有机会"。她认为"这种变化，必然影响到此阶层的利益倾向，以及与工人和农民阶层之间的关系。"①

又例如，她在分析无业、失业、半失业者阶层的来源时写道，有近一半来自产业工人阶层，基本上都是中间层和基础层的成员，优势地位阶层"基本上不可能失业"，而且"超过 9/10 的失业、半失业人员都是在 1990 年以后失去工作的"。

这些数字语言，没有任何评论，看似枯燥、冰冷，但实质上隐藏着作者对改革开放实际进程的些许反省和忧虑。不管这种反省和忧虑，是出自有意还是无意，但只要客观存在，其正义感和学术良知，就足以让我感动。

张翼研究员在第五章中对当代中国社会流动机制作了简要而又经典的分析。他将全部问题归纳为三个：中国是一个封闭型社会，还是一个开放型社会？中国 1949 年以来社会结构急剧变迁，国家的制度——政策取向与个人层面的因素相比，何者影响力最大，它们彼此的关系是什么？还有，改革开放以来，什么时候"政治资本"对个人实现向上流动的贡献率大？什么时候"教育资本"对个人实现向上流动的贡献率大？他采用在多元回归分析基础上建立的"社会地位获得模型"进行数理分析，得出了"具有中国特色的社会流动路径"的结论。

他的结论：第一，中国并不存在一个"非阶层化"时期。所谓"非阶层化"，即是阶级阶层之间的差别开始缩小或消除。在他看来，1949 年之后，中国社会和社会阶层发生重大变化，"表面看起来是在'非阶层化'，然则在本质上，却是在消解原有的阶级阶层结构过程中锻造着新的阶级阶层结构，即从经济分层为主的社会，开始向身份分层为主的社会过渡。"而到了改革开放以来，这

---

①陆学艺主编：《当代中国社会流动》，社会科学文献出版社，2004 年第 1 版，第 148—55 页。

一切又回转过来。形成中国社会特有的身份分层与经济分层并存，现在又步入到了身份分层减轻经济分层增强的时期。所以，他认为，这只是分层标准和方式不同，阶层化始终是存在的。

第二，制度性安排与代际传承作为先赋性因素，交织地影响着人们的地位获得。作者将这一结论定义在改革开放以前的 30 年。他列举了我们司空见惯的大量事实，如单位制、户籍制度、阶级出身等重大的制度性安排，来说明 1949 年，尤其是 1956 年以后到 1977 年这一时期，是如何"交织错落地"严重影响了每个民众的前途的。他指出，"从开放型社会的立场看，这些规则显然是缺乏合理性的。因此，社会的开放程度，很大程度上取决于这些制度——代际要素的消失"。

我认为，作者的基本观点是十分正确的。但有一点必须指出来，那就是虽然单位制、户籍、阶级出身等这些作为一种独特的制度性安排，出现在改革开放前的 20 多年时期中，是当时计划经济、工业化和左倾思想和政策的产物，历史上都不曾出现过，未来也不会再有了，但作为一般意义的制度性安排和代际传承的其他先赋性因素，并不只存在于我们痛恨的改革开放前的那一段时期，而即使现在类似或形似的规则、制度，也无时不在，无处不在；即使在西方，也是多多少少地存在诸如家庭、种族、宗教、民族、甚至性别等因素影响个人生活和前途的事实。我这样说，并无否定作者论点之意，反而是更加肯定了它。

第三，教育资本与政治资本作为后致性因素支撑着人们的地位提升。作者在考察后发现，个人的后天努力，个人拥有的教育资本和政治资本对于社会流动和重要性，"一般也都单个大于上述那些先赋性要素"。但不同时期，教育资本和政治资本的作用大小不同。改革开放前，"政治资本作用大于教育资本"；改革开放后，"教育资本对社会地位的获得的影响作用则日益提升"。

我认为，作者的观点是对的。如果从一个更长的历史时期看，后致性因素，始终是社会流动的一个关键因素。

第四，中国社会在渐进地走向开放型社会。作者通过考察 50 多年的中国社会流动后断言：中国社会的开放性正在逐步提高。但他也看到"依然存有一些既不合理又欠公平的制度歧视，造就着社会成员的社会流动机会的不平等"。

第四章 社会结构——转型

他最后呼吁，"只有进一步打破国家对社会成员流动的一些不公正的制度性歧视，中国社会的开放与公平程度才能更为提高"。①

接下来的第六章至第十一章，是龚维斌教授、陈光金研究员、张宛丽研究员、石秀印研究员、王春光研究员和樊平研究员，分别对国家与社会管理者阶层、私营企业主阶层、社会中间层、工人阶层、农民工群体、农业劳动者阶层的社会流动，作了具体细致的分析。有许多论点是非常独到、深刻的，发人深省。

例如，龚维斌教授对影响国家与社会管理者阶层社会流动的非正式制度因素所作的分析。他认为非正式制度因素，相当于"潜规则"，"在一定程度上反映着中国社会结构的特点。"②这一观点具有新见。

又如，陈光金研究员对私营企业主阶层意识和组织资源的分析，发人深省。他这样写道：

"我们已经看到，一个相对独立的社会阶层——私营企业主阶层——正在客观和主观两个方面建构自身"。

"至于所谓组织资源，除了表现为他们拥有企业组织并雇佣了几十成百上千的员工外，也表现为他们与政府权力之间的千丝万缕的联系；不仅因为他们中的许多人都曾经有过干部职业经历，而且也因为他们通过自己对国家经济社会发展所做出的贡献而赢得了各级政府的高度青睐和支持。尤其值得注意的是，在基层，甚至有越来越多的私营企业主通过竞选而成为行政村村民委员会主任或者村党支部主要负责人，直接掌握着一定的组织——权力资源。"③

对此，作者并无肯定或否定性评价，只说值得"重点关注"。这种关注，恐怕是褒贬各半。

还有樊平研究员对农业劳动者阶层社会流动前景的分析，独到而又深刻。他写道：

"中国的目标是协调发展和社会进步，这就不能将现代化和社会发展简单理解为减少农民。……中国的城市化不能以乡村的凋敝和农民的合法权益牺牲

---

①陆学艺主编：《当代中国社会流动》，社会科学文献出版社，2004年第1版，第182-211页。

②陆学艺主编：《当代中国社会流动》，社会科学文献出版社，2004年第1版，第237页。

③陆学艺主编：《当代中国社会流动》，社会科学文献出版社，2004年第1版，第265页。

为代价。……现阶段农村经营大户形成的经济积聚作用和带动乡村就业作用，促使我们重新思考农村就地工业化、非农化的发展。"

他在书中提到了许多措施，如重视农村社会进步、完善农村剩余劳动力合理流动机制，提高农民素质、建立和完善农村社会保障制度、就业优先战略兼顾城乡等，[1]也都具有合理性和可操作性。

最后一章，是对社会流动研究的方法说明，涉及方法和方法论的创新，我将在后面专门论及。

《流动》出版之际，适逢第 36 届国际社会学大会，在北京召开。陆学艺将刚出版不久的新书，作为礼物，奉献给各国朋友和同行。并在会上，介绍了这本书的基本观点，引起与会者的高度关注和极大兴趣。

《流动》也引起中国社会学、媒体和舆论的热烈反应。在这本书的写作过程中，陆学艺就主持召开了三次专题研讨会。中国社会学界研究社会流动的代表性人物，如中国人民大学郑杭生教授、李路路教授，北京大学王思斌教授、杨善华教授、刘世定教授、方文副教授，清华大学李强教授、孙立平教授，南开大学朱光磊教授、王处辉教授、侯钧生教授，中共中央党校吴忠民教授，北京社会科学院戴建中研究员、王煜研究员、中国社会科学院社会学所景天魁研究员、李培林研究员、黄平研究员等，都在会议上对这项研究和课题组的观点，发表了很重要的意见。

《流动》面世之后，首先引起媒体和社会舆论的广泛关注。尤其是网上，遭到网友们恶意炒作。什么"干部子女当干部机会高出常人 2.1 倍"啦，什么"变相世袭制"、"拼爹"、"阶层固化"等等，既让陆学艺知名度再创新高，又让他蒙受了许多不白之冤。例如有一则消息在网上走红，说社会科学院一个社会流动课题组的权威研究显示，"中国亿万富翁中 91% 的是高干子女"。对此谣言，陆学艺迅即予以驳斥，社会学所发言人也予以否认。当然，更多的是严肃的讨论。

陆学艺，对此十分重视。他认为，中国社会流动研究，是一项浩大的探索性的工程，也是一项十分困难的工作。这本书提出的观点和判断，只是课题组

---

[1]陆学艺主编：《当代中国社会流动》，社会科学文献出版社，2004 年第 1 版，第 351—353 页。

第四章　社会结构——转型

的研究心得。加之时间紧迫，难免粗糙和不当。因此，他表示愿意听取各界的批评和建议，以便在未来的研究中，做得更好。

我是社会学的浅学者，半路出家又半途而废，对中国社会流动知之甚少。以前在大学教书，虽涉及过此类题目，但讲稿材料几乎全是来自于西方。食洋不化，难得要领。这次承命拜读《流动》，孤灯寒窗半个月，虽不能说我完全消化了、领会了、懂得了，但总算有了个一知半解。这"一知"，就是知道了这本书到底说了些什么？这"半解"，就是尽我最大的努力，希望从我这一边，来解读陆学艺的学术真谛。

这或许就是一个猜度"黑箱"的游戏。

但愿不是盲人摸象。

总体而言，《流动》带给我的感受，是"震撼"。

这是一本真正意义的社会学学术著作，是在前面开创性研究奠定了良好基础之上，并将已有成果作为进一步研究假设，采用先进的社会学调查和处理分析技术，取得的让人震撼的实证成果，是较之前一本《研究》报告更具社会学意义的调查分析报告。理论结论更加系统深刻,而使用的研究方法也更加学术化。这虽然不是社会学界首次对社会流动的研究，社会流动的概念也不是陆学艺首次提出来的,但它是中国社会学研究这个问题最全面、最深入的社会学著作之一。它给学术界和舆论所带来的话题和影响，也是此前此后一段时间内其他的同类著作所不能企及的。

在这本 36 万字的巨著中，陆学艺讲了很多观点，有很多发现，值得我们去理解、去思考和学习，但我以为，最值得我们理解、思考和学习的，是他关于社会成员"命运"的理论。

在我看来，社会流动就是一个人或一群人命运变迁的过程。微观上看，一个人的命运升降；宏观上看，一群人和全部社会成员命运，都可以在社会流动中表现出来。中国传统文化很重视命运，但几千年从来没有人说清楚命运到底是什么？命运是一种信仰，命运是一种飘忽不定的幽灵。因为说不清楚，所以给了那些巫婆神汉们以机会。他们在装神弄鬼中，忽悠和误导了中国几千年。而社会流动理论，让我看到了观察、认识、掌握自我命运和社会命运的希望。《流动》这本书，用不那么娴熟的手法，尽力地演奏了一个人或一群人的命运交响乐章。

社会流动理论所主张的就是科学地揭示一个人或一群人社会地位的升迁流变的规律。这种理论要给每个社会成员回答的是：我是谁？我在哪里？我从哪里来，准备到哪里去？我为什么是这样的我？我怎样才能改变这样的我？要给一群人和全体成员的回答是，我们是谁？我们在哪里？我们从哪里来，准备到哪里去？我们应该怎样改变我们自己？我们应该改变成怎样的自己？

也许陆学艺会谦逊地说，我们还做不到对命运的科学解释，更做不到对命运的自我掌握。但这并不要紧，也不是你们的错。社会流动研究，只要定位在社会成员和阶层分化、流变上，迟早有一天，它会让变幻莫测的命运，掌握在我们人类手中。想想看，当一个儿童第一次地弹奏他平生以来第一首钢琴曲时，那音乐能好听吗？但弹上几十年后，那音乐能不好听吗？

我期待着社会学家们勇敢地弹奏。

我正在聆听社会流动理论弹奏出中国人命运的交响乐章。

作为一个期待之中的聆听者，我还是要给《流动》作者们提一点小小的建议。社会流动研究实质上是一个社会历史学的研究，研究的目的和理论倾向决定了研究对象时段的长短。中国社会流动取材于改革开放前后 20 多年，理论倾向是明显的，那就是要论证改革开放革命性的历史意义。我在这里无意与作者讨论改革开放的历史意义，只是想说明，仅此还不够。我们的研究应该有重要的目标，那就是要通过认识和了解社会流动，更好地推进个人流动升级和社会转型，使社会走向一个更加公正、更有效率、更加可持续发展的未来。也许我们应该放宽视野，从更加久远的历史传统中寻找问题的答案。如果不仅将改革开放前后的社会流动进行比较，而且还将建国前后、"五四"前后，以及更早一些的封建时代的社会流动进行比较的话，我相信结论会很不一样。

这一建议，希望不要理解成对《流动》不完美的批评，而只是一种更完美的期待。学术批评就是这样，期待不完美的完美，期待完美的更完美。但批评过后蓦然回首，还是不完美的才是更完美，一如维纳斯那样。

《流动》就是我心目中的维纳斯。

结构转型的"主义"与问题

2004 年 9 月，也就是在《当代中国社会流动》一书出版后 3 个月，陆学艺就召集他的课题组成员开会，商定第三本的选题。他们准备在中国社会结构转型这个领域，乘胜追击，做深入拓展的工作。

因为有《报告》和《流动》两本书成功的基础，所以，第三本书选题很自然地便想到了"阶层关系"。这个题目，在陆学艺脑海里盘桓多年，在 10 多年前的"三农问题"研究和目前"社会阶层分化与流动"研究中，涉及颇多。现在要接着做系统和深入的研究，也是水到渠成，顺理成章。

2005 年 5 月，陆学艺应邀到四川省成都做统筹城乡方面的课题。他向成都市领导提出想在成都找一个县做"阶层关系"的调查。时任成都大邑县委书记的曾万明同志当场答应，并给予大力支持。

可是这个课题调查完了，初步资料分析出来后，陆学艺觉得这是个重大课题，许多阶层还在发展变化，各种关系都在重建，此时要作出概括总结，难度很大，为时过早。于是断然决定下马，①改做社会结构方面的研究。

---

① 关于当代中国阶层关系研究课题的选题、调研，以及后来决定下马的前因后果，我将在第七章专题介绍，这里从略。

在他看来，"社会结构是一个国家或地区占有一定资源和机会的社会成员的组成方式和关系格局"。正如同法国社会学家迪尔凯姆所说，对社会结构的分析是理解一切社会现象的出发点，"从认识上把握了一个国家或地区的社会结构，就可以从根本上认清这个国家或地区社会变迁的原因和趋向"。其重要性和难度，不言而喻。

这里所说的社会结构研究，是指包括阶层结构在内的人口结构、家庭结构、就业结构、组织结构、社会阶层结构等的系统整体的结构研究。

早在20世纪80年代，陆学艺刚进入社会学界不久，便敏锐地抓住社会结构这个社会学研究的核心问题，在他熟悉的"三农"问题研究领域，运用社会学理论与方法，开展城乡二元结构的研究。[①]

城乡二元结构理论的提出，具有重大的学术意义和现实意义。表面上看，它只是当时的一个政策现象，是对当时政策的一个概括；但透过现象看本质，我们便会发现，把社会分割成几大阶层的意识，在中国政治和社会管理中，是根深蒂固的。例如，古有"士农工商"、"中国"与"四夷"、"蒙古人、色目人、北人和南人"四分人等，现有"差序格局"、"敌、友、我"和"现代——传统"等，都与城乡二元结构有异曲同工之妙。[②]因此，可以说，社会结构的二元性，是中国的基本国情。城乡二元结构理论虽只是涉及了城乡关系这一个局部，但我们可以从这一局部窥见中国社会的整体。至少，它为我们分析作为整体的

----

① 陆学艺著《当代中国农村与当代中国农民》，知识出版社，1991年第1版，第387页。

② 士农工商四大阶层，自汉以来至清的整个封建社会，都是社会阶层最基本的分类。"中国"与"四夷"，是指中国中心区位与边缘区位关系的一种说法。这里所说的"中国"，是指国之中心；而不是现代意义上国家概念的中国，"四夷"是中国文化对边缘地带少数民族"北狄"、"南蛮"、"东夷"、"西戎"的统称。四分人等，指的是元朝时期，将中国人口分为"蒙古人"、"色目人"，"北人"（北方人）、"南人"（长江以南地区人口）四大等级，进行区别对待。"差序格局"，是费孝通先生对中国社会结构区位性的一种概括，参见他的《乡土中国》一书。"敌、友、我"，是指我党在革命时期以及阶级斗争时期，对社会阶级结构的一种划分方法。大致上，工人阶级是我方，帝国主义、封建地主和官僚买办大资产阶级是敌方，农民、民族资产阶级和小资产阶级以及统战对象是友方。"现代——传统"，也是一种结构方法，将产业、人群、文化和地域分为"现代的"和"传统的"两大部分。中国社会自近代以来就是这样的二元结构社会。无独有偶，日本学界也认为日本是一个现代传统二元结构社会。日本的情况可参见中根千枝《日本社会》一书。

社会结构，打下了基础。

　　进入 20 世纪 90 年代以后，陆学艺就逐步把研究的重心转向了社会结构及其转型研究。1989 年，他领衔在中国社会科学院社会学研究所成立了"中国农村社会结构研究"课题组，开始对社会结构中的社会分层研究。这时，他已经意识到中国社会正处在一个大的社会转化（转型）时期，并对这一大的转型有了明确、初步的认识："所谓社会转型表现为五个方面，即农业社会向工业社会转化，农村社会向城市社会转化，自给半自给的自然经济向商品经济转化，封闭半封闭的社会向开放的社会转化，传统社会向现代社会转化"。[①]这一认识，应是陆学艺对社会转型初早、最全面的认识，这也可能是社会学界对此问题最早、最全面的认识之一。

　　1995 年 1 月，他在《社会学研究》第 1 期上发表《21 世纪中国的社会结构——关于中国的社会结构转型》，对社会结构转型认识作了进一步深化。他首次提出"社会转型与体制转轨同步，各种矛盾'交织'的观点"。他写道：

　　"由于中国社会在历史背景、文化背景、经济背景、资源背景等方面的特殊性，使中国社会结构转型表现出若干不同于一般社会转型的特点。具有中国特色的一个重要方面是目前我们在实现向现代化社会转型的时候，同时要实现由计划经济体制向社会主义市场经济体制转变。……社会结构转型和经济社会体制改革如此密切地联系在一起，这在其他国家的现代化过程中是很少见的。从传统社会向现代化社会转变，从计划经济向社会主义市场经济体制转轨，结构转型与体制改革同时进行，使得转型过程中出现的结构冲突、体制摩擦、多重利益矛盾、角色冲突、价值观念冲突交织在一起，……变革的困难、复杂、艰巨程度是可以想像的。"[②]

　　他在这一篇文章中，还提到了另一个重要观点：社会体制改革和发展"滞后"于经济体制改革和发展。"社会发展与经济发展相比较，无论是社会体制的改革，还是社会事业的发展，都滞后于经济体制的改革和经济的发展。经济结构已经

[①]陆学艺著《当代中国农村与当代中国农民》，知识出版社，1991 年第 1 版，第 438 页。
[②]陆学艺著：《"三农论"——当代中国农业、农村、农民研究》，社会科学文献出版社，2002 年第 1 版，第 484 页。

调整改变了，但社会结构却还没有相应的改变。"[1]

接下来，他对中国社会结构转型过程中的人口结构、就业结构、城乡结构调整、区域结构问题进行了系统的分析，对未来15年的发展作了预测。

这一篇文章，后来作为"导言"，收录在他主编，由云南人民出版社出版的《21世纪的中国社会》一书中。这本书，从九个方面如人口结构、家庭结构、就业结构、阶层结构、城乡结构、区域结构、消费结构和生活质量、组织结构、文化价值观念等，分析和展望了中国社会结构转型的历史、问题和趋势。这是一本社会预测学方面的著作，同时也是分析社会结构转型的著作。反映了陆学艺和他的团队20世纪90年代初中期的认识和观点，对当时社会学界和后来他自己社会结构转型研究有重要影响。

除了此前的大量研究奠定了系统整体研究基础之外，进入新世纪的中国现代化建设站到了一个新的历史起点上，新阶段新形势也为社会结构转型研究提出了新的要求和新的任务。

这个新阶段新形势的基本特征是：经过30年的改革开放，正如2006年党的十六届六中全会指出："我国已进入改革发展的关键时期，经济体制深刻变革、社会结构深刻变动、利益格局深刻调整、思想观念深刻变化。这种空前的社会变革，给我国发展进步带来巨大活力，也必然带来这样那样的矛盾和问题。"矛盾和问题主要是结构性的，"社会结构调整滞后于经济结构。这是当前中国最大的结构性矛盾"。

与学者们的研究相呼应，2004年10月党的十六届四中全会就提出了构建社会主义和谐社会的战略。2005年1月20日，在中共中央政治局第20次集体学习会上，胡锦涛同志指出："要切实加强对本地区本部门和谐社会建设有关情况和工作的调查研究，全面分析和把握社会建设和管理的发展趋势，为制定政策开展工作奠定坚实的基础。要加强对社会结构发展变化的调查研究，深入认识和分析阶层结构、城乡结构、区域结构、人口结构、就业结构、社会组织结构等方面情况的发展变化和发展趋势，以利于深入认识在发展社会主义市场

---

[1] 陆学艺著：《"三农论"——当代中国农业、农村、农民研究》，社会科学文献出版社，2002年第1版，第486页。

经济和对外开放的条件下我国社会发展的特点和规律，更好地推进社会建设和管理。"①

所以，为了适应我国进入改革发展关键时期的客观要求，从根本上解决多年来不少经济社会难题，陆学艺提出运用社会结构理论，作为观察新阶段新形势的新视角，并运用相应的理论和方法，来研究当代中国社会结构的构想。"通过这项研究，来剖析当代中国各种极其复杂的社会现象，解释中国社会快速变迁的深层原因，提出改革社会体制，创新社会政策，调整社会结构，促进和谐社会建设的战略和策略，以期使我们国家的社会主义现代化大业发展得更好。"这就是《当代中国社会结构》写作的背景和初衷。②

《当代中国社会结构》（以下简称《结构》），从 2006 年 1 月定题，到 2010 年出版，前后经历了 4 年时间，比前两本书研究出版时间要长。这是由于社会结构理论研究国外有很多新的成果，需要消化和吸收，还有中国社会变迁速度快，影响大、曲折复杂、总结归纳需要时间。另外，课题组增加了一半新成员，新成员加入，在思想认识和写作风格方面，都需要时间与老成员磨合衔接等。更主要的是，这项研究关系到对国计民生改革发展重大问题的表述评价，意义重大、责任也重大。陆学艺十分重视，课题组的其他成员也都全力以赴。仅总报告，从酝酿到写作，先后开了 9 次研讨会，执笔者十易其稿，反复修改，才得以完成。

《结构》由一个"总报告"和九章分报告构成。

"总报告"执笔人为陆学艺、宋国恺、胡建国。

在"总报告"中，作者们提出了一种新的理论，这就是作为社会建设核心任务的"调整社会结构"的理论。其具体内容，有如下 4 个方面：

第一，中国总体性结构已经发生了深刻变化，但社会结构调整滞后于经济结构，结构性矛盾突出。在作者看来，改革 30 年，经济结构已经进入工业化中期阶段，而社会建设投入不足，还在工业化初期阶段，社会结构调整滞后于经济结构 15 年。不仅如此，社会结构内部也存在着结构性偏差。

---

① 转引自《人民日报》，2005 年 2 月 23 日，第 1 版。
② 陆学艺主编：《当代中国社会结构》，社会科学文献出版社，2010 年 1 月第 1 版，第 424 页。

"在社会系统中，一方面是资源配置机制不合理导致社会结构与经济结构脱节，差距扩大；另一方面是当一部分社会成员获得资源的机会开始出现了梗阻，导致社会结构调整滞后，而且这种滞后已经超出了合理的限度。"

"当前中国的经济结构已进入工业化中期阶段，……但是社会结构指标还没有随着经济结构的转变而实现整体性转型，多数社会结构指标仍然还处在工业化初期阶段。……中国社会结构滞后经济结构大约 15 年左右。"

"结构偏差突出的另外一个表现是社会结构内部各个结构之间的不协调。社会结构包括人口结构、家庭结构、就业结构、组织结构、城乡结构、区域结构、收入分配结构、消费结构、社会阶层结构等多个子结构，这些结构系统之间也存在结构性偏差问题。"

第二，导致社会结构滞后和偏差的原因，有客观方面的，如转型的特殊性和复杂性；也有主观方面的，如对社会发展的阶段性认识不足，没有适时地对社会体制进行全面改革。后者应该是主要的。

作者认为，社会结构转型和经济体制转轨同时进行，是中国现代化进程中的一大特色。虽然为中国现代化缩短了时间，但也加大了难度，激化了矛盾。另外，中国社会结构转型，是在西方主导的全球化背景下进行的，西方的压力和干扰，为中国发展增添了难度，增加了复杂性，这些都是客观原因。但最主要的是我们主观方面，对社会发展的阶段性认识不足。

"社会发展是有阶段性的，每个阶段都有不同的任务。当前，中国社会结构变动远远滞后于经济结构的变化，是没有适时调整阶段性发展目标和任务，没有适时调整社会政策，调整社会结构的结果。户籍制度、财政制度等改革难点问题长期积累，计划经济条件下和市场经济条件下作为权宜之计的制度机制长期固化，对失地农民、农民工、公共服务产品的提供、环境等社会欠账太多等，都是对社会发展'阶段性'认识不足的表现。"

主观方面的原因，还有一个就是没有适时地进行社会体制改革。改革开放以后，经济体制改革很快，也很彻底，而社会体制，"基本还没有按社会主义市场经济体制的原则和要求改变过来"。计划经济时期的社会体制的城乡体制、地区体制、户口制度、就业、人事和社会保障制度等，还在许多地区不同程度地运行。这种不合理、不协调、不平衡的体制的存在，是产生种种矛盾与问题的根源。

第三，当前是进行社会结构调整的关键时期。

在作者看来，这里所说的关键时期，既是社会结构调整的最紧迫的时期，也是一个最佳的时间窗口。

他们认为，社会建设滞后于经济建设，社会结构滞后于经济结构，这种结构性偏差与不协调，正在"定型化"，社会有"断裂"的危险。这种危险，具有十分紧迫性。因此，必须抓紧这个关键时机，在社会"断裂"之前，进行社会体制改革，大力调整社会结构，使之朝着合理的社会结构方向发展。

同时，中央从党的十六大、十七大，都高度关注社会建设，重视社会经济协调发展，明确提出"社会建设"的重要思想，提出"着力保障与改善民生，推进社会体制改革，扩大公共服务，完善社会管理，促进社会公平"的社会建设思路，为社会结构调整指出了方向。

国际金融危机及其对中国经济社会带来的全面深入影响，也为中国经济结构调整和社会结构调整提供了动力。但当前中国缺乏对调整社会结构以应付危机的整体性认识。作者指出，"不能单纯就市场来应对经济危机，调整社会结构，重构社会结构对于化解危机，实现社会发展的自我修复的功能，需要引起高度的重视"。

所以，作者们认为，当前是调整社会结构最关键最紧迫的时期。我们有雄厚的物质基础，有广大群众要求深化改革的愿望，有中央高度重视和上下广泛的共识，还有国际金融危机带来的压力与机遇，"我们应该抓住机遇，补好进行社会体制改革，调整社会结构这一课"。

第四，社会结构调整突破口是推进城市化。近期目标是争取用10年左右的时间，即在2020年，初步扭转社会结构显著滞后于经济发展的局面。城市化率提高到55%以上；第一产业从业人员所占比重下降到30%以下；收入分配差别缩小；社会中产阶层比重达到35%左右。长期目标，即2050年左右，争取形成现代社会结构。城市化率达到80%以上；第一产业从业人员比重降到10%以下；消除收入分配的两极分化；中产阶层成为社会的主导阶层。

为此，他们提出了社会结构调整的重点和具体的政策建议。其重点有四：

一是加快城市化步伐，调整城乡结构；

二是完善收入分配制度，调整收入分配结构；

三是规范劳动力市场、治理劳资关系，调整就业结构；

四是加快中产阶层的培育，促进现代社会阶层结构进一步形成。

他们还提出了相应的具体政策建议：

——提高公共产品供给的普惠水平；

——推进社会管理体制的改革，加快户口、就业、社会保障等方面的体制改革；

——不断加大社会利益整合机制建设，维护社会稳定有序；

——积极推进政府职能转变；

——进一步发展壮大社会组织等等。[①]

《结构》还收录了9个分报告。它们是《结构》的有机组成部分，同时又各自独立成章。并且在"调整"的总框架下，别具慧眼，对所论有细致独到的观察。

在第一章"人口结构"中，执笔人颜烨教授对改革开放以来我国人口结构的深刻变化，作了深刻的论述。

从20世纪50年代开始，所谓中国人口问题，就是"人多"的问题。大约从70年代开始，中国就实行计划生育，用控制人口数量的增长来解决人口问题。但颜教授开宗明义地指出，"人口问题的本质是结构性问题"。

计划生育政策推行尤其是改革开放以来，中国人口的年龄结构、性别结构、素质结构和空间分布等都发生了深刻的变化。变化有合理的一面，如年龄结构正值成年型；人口文化素质不断提高，人口城市化等等；也有不合理的一面，如生育率过低，衍生出"人口安全风险"：老龄化、出生性别比持续畸高，将成为"大国的忧虑"。

作者特别强调老龄化"具有一定的社会负功能"。"目前中国养老保障体制机制（发展）跟不上老龄化速度，……家庭内部的养老问题突出，独生子女的家庭的养老负担更重；随着'空巢家庭'增加和收入减低，庞大的老年人群在贫困化、边缘化。农村老龄化形势更为严峻，约1亿多人"，至今没有健全

---

① 陆学艺主编：《当代中国社会结构》，社会科学文献出版社，2010年1月第1版，第3~50页。

的养老保障制度体系。[1]

在作者看来，虽然中国人口结构发生了深刻的变化，但当前的人口问题，仍然是结构不合理，结构问题大于增长问题。他甚至怀疑单纯的控制人口数量的政策是否正确，指出那种片面追求"提高人均GDP"，而控制生育的思维"不合时宜"；认为"人多且素质高、结构合理能够创造出更高倍数的社会生产力。"最后，他借用一位美国学者的话："从今以后……人口将不断萎缩，特别是年轻人口"；"未来二三十年，人口结构将会左右所有发达国家的政治局势，"提醒决策当局：中国"人口结构安全风险很可能转化为社会结构安全问题，需要……预见到中国人口的结构矛盾将是未来人口问题的主要矛盾，调整结构、应对危机，应该成为未来人口政策的重心。"[2]

将调整人口结构看作与人口数量控制和质量提升同等重要，并作为当前的主要矛盾和政策重心，这是社会学对人口问题发表的最具现实意义的学术观点之一，值得人口管理部门认真对待。

在第二章"家庭结构"中，杨桂宏、范雷、王颉等执笔人，对家庭这个社会学最基本分析单位，进行了社会结构分析。

总的来讲，在中国社会大的转型背景之下，家庭规模的小型化、核心化、类型的多样化，以及家庭关系的平等化、网络化等，是社会结构变迁的最初"感应区"和"缩影"，具有"社会正功能"，也有"不利影响"。例如，婚外性行为，作者们都认为不对，"不仅仅导致婚姻关系的破裂，也还会引发更多的社会问题"。但到底如何处理，作者似乎也没有提出更好的方案来。[3]

看得出来，对家庭结构的变迁，作者们作了客观深入的分析，下了一番功夫。对家庭发展趋势和问题，看得也很透彻，但态度似乎不够鲜明。这反映了作者把握现代化本质的矛盾心理：趋势是现代化的，但问题却不是现代化的。

第三章，"就业结构"，出自石秀印研究员的手笔。

作者在这一章中，从历史和逻辑两个视角，演绎了就业的生产和结构的变

---

[1] 陆学艺主编：《当代中国社会结构》，社会科学文献出版社，2010年1月第1版，第71页。
[2] 陆学艺主编：《当代中国社会结构》，社会科学文献出版社，2010年1月第1版，第84页。
[3] 陆学艺主编：《当代中国社会结构》，社会科学文献出版社，2010年1月第1版，第87-122页。

动。他从浩如烟海的数据中，抽检出就业的"鱼塘困境"：在一个有限的鱼塘中，有大鱼、小鱼，还有虾米。过度的市场竞争，就像这口鱼塘中的食物链，弱肉强食，最不安全的是小鱼和虾米。

"鱼塘困境"之困，在于"在中国的某些条件下，劳动关系紧张与就业岗位生产的不同走向之间，存在必然性的关联。这一关联的简化表述是：只要放开市场，容许自由，就会出现'鱼塘'；只要关闭市场，行政控制，就会在长期内出现低效，不仅就业岗位生产不足，而且民众的福利水平不高。"[1]

对此，作者给出的诊断是："社会缺位"。在影响就业结构的三个变量中，他认为，"社会"是影响就业结构的关键变量，如同燃烧中干柴、火种之外的氧气一样。他批判市场经济的设计者认为"无形之手"可以实现充分就业"天真和认识的局限性"。指出中国自古以来，包括奴隶和封建社会，半封建半殖民地时期，计划经济时期，以至现今的社会主义市场经济时期，之所以就业存在问题，都是因为"社会缺位"。

他在这里所说的"社会"，指"非官方、非经济组织的'民'的自组织和以此为载体的互助合作，以及这些组织与政府组织、经济组织之间的以制衡、沟通、协商、合作为主题的社会联系机制。"[2]通俗地说，就是类似于国外工会一类的组织。

他强调，必须分清"所设计的社会"和"所实现的社会"。他指出，在现今国家对劳动关系的"社会"设计，不但有，而且是"在世界范围内是最为全面系统、最为完善的"，有组织形式，有法律，也有制度机制，但是"所设计的社会"都未在实际中得到建设和落实。"停留在蓝图上"，"多偏重于表面形式，缺乏实质性内容"。"有比没有好，有与没有相差不大"。

"所设计的社会"之所以未能成为"所实现的社会"，他认为是因为实现的主体，"未包括社会中的行动者，即由劳动者实施社会行动，进行社会建设"。"当雇佣劳动者未能成为'社会'主体，未能主动、自觉行动来建立社会的时候，'被成为会员'、'被职代会代表'、'被维权'、'被涨工资'，是'社会'

①陆学艺主编：《当代中国社会结构》，社会科学文献出版社，2010年1月第1版，第165页。
②陆学艺主编：《当代中国社会结构》，社会科学文献出版社，2010年1月第1版，第167页。

缺位的根源"。

作者意思很明显，认为社会缺位，首先是社会主体的缺位，劳动者在劳动关系中处于一个被动的角色，所以难以有所作为、走出"鱼塘困境"。但现实之道，绝不是要离开党和政府，搞"团结工会"，而且在现行政治法律框架下，进行"改进性设计"，走"政府、雇主、劳动者的社会共建"道路。

第四章，"收入分配结构"，执笔人颜烨教授从基尼系数变化的角度，对改革开放以来收入分配结构变迁作了深入的阐述。

他认为 1978 年到 2007 年收入差距，有一个"相对平均→相对合理→差距过大"的发展趋势。"一个基本结论就是：少数人占据了多数财富，多数人只享有小部分利益。中等收入者群体比重过低，低收入者群体规模过大，分配结构严重失调，是当前中国收入分配结构的显著特征。"[1]

对分配结构严重失衡的成因，作者从制度变迁、要素参与、市场化和非市场化、体制内和体制外途径、以及影响收入的差距的主体、行业和空间因素等方面，作了全面系统的分析，认为导致"收入分配差距不断扩大的原因是多方面的，总体上看是随着市场化发展不断加速而扩大的；……但是在市场化程度相同的条件下，制度性或行政性因素起重要作用，可以发挥政策制度、公共权力对资源和机会配置的核心作用。"[2]作者强调，改革开放 30 年来在收入分配领域多要素参与分配，市场化和非市场化"双轨"交叉并行，权力、管理和资本在市场化交易中，必然超越劳动、知识技能，形成"垄断"格局，这是"造成同一群体内部、不同行业之间、不同空间之间、不同人群之间的收入差距逐步扩大"的原因。

关于收入差距过大对社会秩序的影响，作者也作了三个方面的具体分析。他认为，当前公众对收入分配不公平感在增加，其原因不主要在于收入本身，而是收入机制和途径，即收入获得的机会及其合法性、合理性的问题。收入差距过大的结构风险日益转化为社会整体风险，正在不断加深其他社会结构的不合理性。他警告说，这种状况如果不及时解决，有可能导致"社会功能紊乱或

----

[1]陆学艺主编：《当代中国社会结构》，社会科学文献出版社，2010 年 1 月第 1 版，第 180 页。
[2]陆学艺主编：《当代中国社会结构》，社会科学文献出版社，2010 年 1 月第 1 版，第 204 页。

失序，社会可能中断或断裂"。[1]

为此，他为决策层所提供的调整收入分配结构的建议是：着眼于下层收入的提高。"国家、政府是一只看得见的强而有力的'手'，在收入分配方面，除了宏观制度设置外，最主要的是要出台措施，规范收入分配。"第一，是加强收入分配立法，确保一次分配公平合理；第二，进一步完善民生制度，使得二次分配有利于中低收入群体；第三，实施调节性行动，确保底层收入增加；第四，要遏制和消除收入分配中的垄断因素。这些建议全面、重要而又具可操作性，为我们调整收入分配结构，解决当前最亟待解决的收入差距过大问题，提供了有价值的参考意见。

第五章，"消费结构"，执笔人赵卫华教授为消费结构提供了与经济学不同的社会学分析模式。他把社会学意义的消费结构定义为"不同消费主体的消费关系和消费比例结构"，并且对消费结构的变迁，作了社会学解读。他在充分肯定我国城乡居民消费水平快速提高，逐步从温饱走向小康和富裕的同时，也对消费的结构性问题作了系统分析。

在他看来，我国的消费问题很多，最大的问题是"结构不协调"。从宏观上看，消费结构问题表现为消费率低、内需不足；在微观上则表现为居民消费结构不平衡，消费压力大。导致这些问题的根源，他认为是收入分配关系失衡；社会建设和阶层结构演变滞后，还有政策调控目标与需求错位等。他对政府刺激消费政策提出了批评。认为那些政策的出发点，是居民有钱不花，消费保守。应采用各种政策和杠杆，把人们的钱从口袋中挤出来，让人们把钱花掉。这种"挤海绵"的措施，不是一种好的措施。提升居民消费率目标没有达到，而且还带来较大的负面问题，"是一种舍本求末、竭泽而渔的做法"。实际上，中国消费不足，是一个结构性问题，在消费主义诱导下，在通货膨胀的背景下，在社会保障制度还不健全的条件下，可能真正的保守的消费者、有钱不花的消费者，只是少数人；而广大人民群众真的没有钱消费。因此，孤立地通过"挤海绵"撬动经济增长，是一个短视的经济学命题，社会学家必须对此说"不"。

赵教授最后提出了解决我国消费问题的政策建议。总体来说，就是要从"挤

----

①陆学艺主编：《当代中国社会结构》，社会科学文献出版社，2010年1月第1版，第204-211页。

第四章 社会结构——转型

海绵"逻辑，转变为"补木桶"逻辑。采用"补短"的做法来拉动消费。具体做法，他提出了很多条，其中增加公共服务投入，尤其要补上教育、医疗、住房、社会保障这一块，补上农村低收入者这一块，缩小三大差别，实现共同富裕，此处最让我感动和欣赏。

第六章，"城乡结构调整"，是陆学艺"三农问题"研究理论的核心内容之一，我在本书第三章对此有较多的介绍。这里由执笔人王春光研究员，从结构转型调整的角度来审视城乡关系和结构。不仅拓宽了城乡结构论题的视野，而且也有大量创新观点，让人读来如沐春光，神清气爽。

同其他章节作者一样，王春光研究员也对城乡结构在过去近60年的变迁做了历史审视，对前30年城乡关系中"产值的工业化快于劳动力的非农化，而劳动力的非农化快于人口的城市化"滞后现象及其后果，和后30年城乡关系中的错位、不平等和更加失衡状况及其根源，作了深刻的分析，对近期"半城市化"和"非农非城"的结构性格局，极表担忧，认为这是一个"炸弹"。[①]

作者非常赞同陆学艺的观点，认为城乡二元结构是当前我国社会矛盾突出的根本原因。城乡结构不合理导致了我国家庭结构失调出现许多问题，如留守儿童、老人问题、漂泊家庭问题、农民工子女教育问题等；也导致城乡居民收入和消费水平差距，对其他结构的变迁和整体结构的转型，也有重大影响。因此，当前迫切需要调整城乡结构，构建城乡一体化的体制机制。

在调整城乡结构的迫切性认识上，作者从民主法治的角度、从社会管理的角度、从城市的角度，从全国整体经济发展和长远战略的角度，看待和理解问题，具有强大的理论说服力。例如，他指出，"没有建立农村与城市平等参与国家事务的机制和平台。从公平、正义层面看，……非常不公平，更缺乏正义性。""改变城乡结构失衡，不仅仅是和谐社会建设的内在要求，更是中国经济在未来几十年保持快速的可持续发展的重要保证"。[②]为他下面提出构建城乡一体化体制机制思路奠定了坚实基础。

接下来，作者一连用4个疑问展开他的政策思路。他尖锐地质问有关方面：

---

① 陆学艺主编：《当代中国社会结构》，社会科学文献出版社，2010年1月第1版，第277页。
② 陆学艺主编：《当代中国社会结构》，社会科学文献出版社，2010年1月第1版，第280-282页。

为什么农民不能从土地的非农化中获取更多的利益？

为什么农民不能用自己的住宅做抵押物以获得银行的贷款？（而城市市民可以抵押房屋贷款）？

为什么农民工不能与城市居民那样享有"同工同酬、同工同权、同工同时"？（农民工不是人吗）？

为什么农村教育远远落后于城市教育，农村孩子进城为什么不能享受同等的教育机会？

鉴于城乡结构在体制机制上的复杂性，作者主张，应发动新一轮城乡体制综合性改革，来促进城乡体制一体化。

第一步，是调整目标的确定。在以后的5年规划中，"应该设立调整城乡结构的阶段性、目标性指标体系。……需要确立城乡收入差别缩小目标、城市化目标、财政投入目标、公共服务目标、基础设施建设目标、社会保障目标等"。

第二步，是政府的行动。要改革城乡制度，重构城乡一体化的制度体系。一是城乡体制；二是中央与地方政府的权力关系体制。中央层面要着眼于户籍制度、社会管理、社会保障、财政行政管理、公共资源配置制度以及政治体制等。其目的是使农村人口享受公平的国民待遇，享受与市民平等的基本权利。

第三步，要解决农村流动人口的城市化问题。

第四步，是解决其他体制问题。[1]这个"其他"中，我认为一定要包括农民流动自由、土地产权和农民政治待遇问题。工人有工会，为什么农民就不能有农会呢？城市建设用地可以进入市场，价值由市场决定，为什么农村土地不可以进入市场，价值不能由市场体现呢？还有，为什么只能允许农民进城，而不允许市民下乡居住呢？须知具有双向流动，才能使城乡一体化，才能让农村资源市场化，让农民富裕起来。

第七章，"区域结构"，执笔人谢振中教授和樊平研究员，从区域经济学和社会学的角度，对区域结构的社会学表征、历史变迁、基本特征、问题及其对策，作了系统全面的分析。

---

[1]陆学艺主编：《当代中国社会结构》，社会科学文献出版社，2010年1月第1版，第283—285页。

第四章 社会结构——转型

作者首先探讨了社会学意义的作为社会结构空间表征的区域结构。他们认为，从社会学角度看，"一国的区域结构是其城乡结构、阶层结构、就业结构等社会结构的空间分布表征"。虽然在具体研究范围上同区域经济学有所不同，但由于经济发展决定社会发展，经济结构决定社会结构，区域经济学意义上的区域与社会学意义上的区域"如果不是同一的，也是高度重合的"，它们是"一体两面的关系。"他们认为，不仅没有必要脱离经济维度的划分（区域），而且还要高度依赖它们，"从经济基础的决定性作用上，寻找区域社会发展和区域社会结构问题的原因"。[①]

确认这一点很重要。当前，社会学依赖经济学的学术资源和话语，表现自己的存在，是必须的，也是无奈的。这是社会学学术发展现处于"青少年期"，甘为经济学"儿子"的状况决定的。从这一点看，作者的分析视角一定没有错。但毕竟这是两个学科，毕竟社会学是一门心高气傲的学科，毕竟社会学确有成长为成年人的可能和当经济学"爸爸"的资格，因此，社会学应该逐步地很正常地"去经济学化"，用自己的话语讲话，讲自己的话。区域，简单地说，就是一个空间。自然科学、社会科学、心理科学、文化和宗教，都有自己对空间的认识和表述。各个学科话语描绘的空间形象、结构和变动，既是相互采借、相互影响，又是特色鲜明、功能各异。社会空间（社区）当然与文化空间（文明圈），政治空间（行政区）、经济空间（市场）关系密切，但一定会有所区分，界限理应明确。至于如何具体区分，我做不了，还待作者们费心。

其次，对新中国区域结构的历史变迁，作了系统梳理。作者用一个表，将"七五"计划到"十一五"规划中的宏观区域划分，描述得一清二楚。从"七五"时的东、中、西三大地带，到"十一五"的四大区域（加上一个东北地区），理论话语是："区域梯度转移理论"和"区域协调发展理论"。老实说，这种东西，既不是中国经济学的，也不是中国现实需要的。但它确实是在中国经济学课堂上讲授的和在中国经济发展中实行的。历史证明，区域梯度格局中的差距，不但没有缩小，反而扩大了。据作者提供的资料，1980年，中西部和东部经济总量之比为47∶53；1997年这一比例变为42∶58；2006年更变为38∶62。东部

---

①陆学艺主编：《当代中国社会结构》，社会科学文献出版社，2010年1月第1版，第290页。

沿海一直在上升，中西部一直在下降，[①]说明这种理论行不通。

最后，提出了调整区域结构和协调区域发展的对策。作者认为，以差距过大和继续扩大为主要特征的区域结构，是中国经济社会发展需要解决的重要结构性问题之一。调整区域结构的关键是实施区域协调发展战略，促进区域间生产要素合理流动和优化配置，统筹兼顾，科学发展，共同富裕。[②]

在作者看来，协调经济社会发展，还是要用"动态的、发展的、市场经济的观点"看问题，经济发展的非均衡状态，是客观存在，也是必须的。"机械地追求各个地区的均衡增长，不符合市场经济的要求。"但经济社会对这种差距的承受能力有一定限度，太大，就承受不了。因此，必须重视差距，采取抑制措施。

区域协调发展的关键，作者认为是解决体制和制度问题。体制转轨过程中，旧体制、旧制度的残存，新体制、新制度的不健全不完善，是我们重点解决的问题。同时，还要强调中央政府的责任。

作者的分析和政策主张，兼有经济学和社会学两科之优，具有比经济学分析更加全面和比社会学主张更加现实的特点，读后让人振奋，但也似乎有专业性和特色性不够的嫌疑。我是外行看热闹，不当之言，请别在意。

第八章，"组织结构"，陈光金研究员从"市民社会"或"公民社会"的视角，考察了中国近60年来组织结构的演进和在构建现代组织结构体系中面临的问题和挑战；并提出了一种"制衡的社团主义"理论，作为组织结构调整的总体思路。

第一，作者对改革开放前后的组织结构变迁做了总体上的描述，将改革开放前的组织结构定义为总体性的"强国家——弱社会"的组织结构；改革开放后，这种总体性组织结构发生了分化，初步形成了国家、市场经济组织、公民社会组织的三元结构的组织格局。

第二，作者又分别系统地分析了国家组织、经济组织的转型与发展，以及当代中国社会组织发展的艰难历程。尤其是他对社会组织发展面临的四大困境，即注册困境、筹资困境、人力资源困境、社会资本困境，有非常精到的论述。

---

①陆学艺主编：《当代中国社会结构》，社会科学文献出版社，2010年1月第1版，第300页。
②陆学艺主编：《当代中国社会结构》，社会科学文献出版社，2010年1月第1版，第313页。

并把问题的根源，归于国家意识形态对社会组织"认识存在偏差"，找准了问题的痛点。

第三，对当前组织结构发展现状作了客观的科学的估计。在作者看来，"国家组织的自我现代化取得了成就，市场组织得到了巨大的发展，社会组织也形成了相当规模。"但是三种组织关系格局，用现代公民社会理论来评价，还只是"发展的初期"。尤其是社会组织的发展，大体上还处于所谓的"婴幼期"，"不仅自身很不成熟，而且还处于国家权力的笼罩之下，其与市场（资本）的力量对比也相当失衡"。的确，作者的这种估计，是实事求是的。在我看来，当前中国组织体系和结构，有如一个倒金字塔，国家和市场组织分居上层和中层，最强最大；而社会组织居底层，最弱最小。现在关键是要大力发展社会组织，扩大规模，增加权能，成为中国组织体系的正金字塔的底部。

第四，提出了"制衡的法团主义"这一重要理论，作为未来现代组织体系和结构的构建框架。作者解释道："制衡的法团主义关系模式包含四个要素，即相对独立性、相互制衡性、互补性与合作性。"这一模式并不排斥多元主义，也不排除竞争性。他认为，"改革的方向应当是制衡的社会法团主义模式的建构"。

第五，针对前述四大困境，提出了破解之法。一是尽快改革社会组织登记注册管理制度，双重管理制度，分组管理制度，逐步摒弃非竞争性原则，消解社会组织发展的"注册困境"。二是深化社会管理体制改革，切实实行政社分开，同时改革与社会组织发展息息相关的公共资源和社会资源分配制度，消解社会组织发展的"筹资困境"。三是规范社会组织工作人员行为，建立能够满足社会组织人才需求和稳定人才队伍的相关制度，消解社会组织发展中的"人才资源困境"。四是强化对社会组织运行过程的管理，帮助社会组织建立社会信任，消解社会组织发展的"社会资本困境"。

最后，他还特别提到社会组织的法制建设。"我们亟须制定一部关于社会组织的基本法"。否则，中国社会组织的法律地位就无法保证，缺乏合法性，与它良性发展的相关问题就得不到根本解决。[1]

----

[1]陆学艺主编:《当代中国社会结构》，社会科学文献出版社，2010年1月第1版，第372-380页。

作者用 6 万多字的篇幅，详述了关于中国组织结构的理论和实践问题，提出了制衡的社会法团主义组织结构目标和消解社会组织建设中的四大困境的应对之策，具有很强的学术性和政策性，是具体结构调整的样本之作。

当然，组织体系与结构，是中国社会结构的核心问题。而政党又是组织体系与结构的核心问题。作者将这一核心的核心问题忽略，也许是出自于回避敏感话题的考虑，但忽略这么重大的一块不论，犹如捡了芝麻丢了西瓜，我还是为之惋惜，深感遗憾。希望能在今后该书的再版中，看到作者对此问题的补论。

第九章，"社会阶层结构"，由胡建国、李春玲研究员和李炜研究员执笔。作者运用社会阶层分析方法，在《报告》和《流动》的基础上，对 60 年来的阶级阶层结构的演变及其问题，尤其是自 2002 年以来至 2007 年的新进展，做了简要分析。有不少新的表述和新的观点发表，如《报告》中提到中间阶层，在这里作者提出"中产阶层"的概念等等。但总体来讲，仍未超出《报告》和《流动》中提出的观点。前讨论已较详尽，此处从略。

《结构》出版后，引起学术界和媒体的高度关注。

2010 年 1 月 8 日上午，中国社会科学文献出版社举行"当代中国社会结构变迁研讨会暨《当代中国社会结构》新书发布会"。出席会议的有北京社会学界的"大腕"和《光明日报》、《法制日报》、《京华时报》等 10 多家媒体的记者。

与会者对《结构》的出版，予以高度重视和积极评价。中国社会科学院社会院社会学所所长李培林研究员认为，《当代中国社会结构》一书的出版，标志着社会学界对社会结构的研究实现了"从宏观到微观"、"从理论到社会政策的应用"的重大转变。

另一位重量级社会学家清华大学社会学系孙立平教授也高度评价了陆学艺及其课题组的工作，认为这本书出版"对于中国社会学及至世界社会学发展都具有重要的理论和实践意义。"他还称赞陆学艺"紧紧抓住中国社会中的重大问题进行研究和探索"是一个优良传统，可称之为"陆学艺传统"。[1]

社会学界关于《结构》中提出的课题，展开持续而又严肃的讨论，新的视

---

① 见"会议纪要"网文。

第四章 社会结构——转型

13

13

角、新的论题、新的观点不断涌现；同时，关于社会结构及其转型，在《结构》的影响之下和破题之后，又有不少新作问世。可以毫不夸张地说，《结构》的出版问世，催生了中国社会学这一领域研究的一个不大不小的热潮。

但是在陆学艺及其团队看来，这本书只是对中央领导期待"社会学的春天"的一次积极而有力的回应。据团队成员宋国恺博士的看法，这项研究还只是对一个国家或地区社会结构的"基本认识"。这方面还有大量工作需要去做；同经济结构研究相对比，社会结构研究"有很大的不足"，"还有很大的距离"。因此，在今后的研究中，如何延长社会结构的解释链条，通过社会结构解读社会现实问题，是对社会学家们的一项巨大的挑战，也是摆在他们面前义不容辞的责任。

国内外媒体更加敏感，在《结构》刚面世不久，各大媒体纷纷开设专题，予以充分报道并力求从其中寻找出炒作的新闻热点。

陆学艺这时，又一次地成为新闻人物，成为各大媒体追逐采访的对象。为了解答记者们的疑问和好奇心，陆先生不得不牺牲大量时间，接受记者们的采访。

面对这么多的"主义"与问题，陆学艺总是虚席以对。他认为，只要不是政治上的恶意攻击，任何学术上的探讨和批评，都是可以接受的。他对学术上的来自任何一方的"主义"，都高度重视，只要言之成理，都奉之为师；对任何一方指出的问题，都真诚欢迎，因为，它会促进这一课题研究的完善与深入。

对社会结构及其转型，我在十多年前有一些接触。那是在 1997 年至 2000 年时，我在陆先生门下攻读博士学位，论文题目也是关于中国社会结构性质的一个实证研究。因此，对陆先生及其团队的研究，了解些皮毛，但仅此而已。此次系统地拜读了他当时及后来出版的一些相关作品，才有较为详细具体的了解。下面，我要谈些我的读后感觉。

第一，社会结构及其转型理论是陆学艺社会学理论的核心和重要组成部分。

从他受命进入社会学界以来，20 多年，他的大部分研究和成果都与中国社会结构及其转型有关。如果要将他对改革开放和"三农"问题研究也算进去的话，那他关注和涉足这一领域的时间还要更长。其实，从一个人学术历程来看，20 多年也许还不能算很长的时间，但他的学术生涯的黄金时间和收获期，也在这一段。他抓住了人生难得的机遇，创造了较短的时间里取得巨大学术成就的奇迹。

陆学艺的社会结构及其转型理论，从中国的历史和现实出发，站在中国社会发展的高度，对近60年来的社会发展变迁作了深刻地总结和归纳，对其中的问题及其原因作了客观的实事求是地分析，对未来发展趋势作了前瞻性地预测和科学结论。这一理论中心思想是用调整社会结构促进社会转型，来实现中国的现代化。主题重大，立意高远，内容丰富，论证充分，结论科学，具有很强的现实意义和重大的学术价值，是陆先生社会学理论的核心内容和拳头产品，也是中国社会学在20世纪90年代到21世纪第一个10年的重大成果。

第二，陆学艺的社会结构及其转型理论的价值在于它不仅具有创新性，而且具有实践性，不仅是一个理论成果，而且也是一个方法论成果。

中国社会结构及其转型，与改革开放和工业化、城市化、全球化大潮同时，与体制转轨和时代转变并行，时空压缩，矛盾交织，史无前例。陆学艺和他的团队既善于从实践中总结，又勇于突破前人洋人的教条，不唯书，不唯上，只唯实，提出了"调整社会结构"的理论，具有创新性。同时，研究的过程，形成理论的过程，也就是成果推广和宣传的过程，是政策实施的过程。每一本书出来，其主要观点迅速见报，形成政策文件，在实践中推动社会发展。从这一点上说，陆先生的社会结构及其转型理论，又具有很强的实践性。

而且，我还要特别说明，这一成果的产生过程，具有方法论的意义。陆先生自己也认为，社会结构分析，不仅是理论的，而且也是一种方法，也是方法论的。关于方法论，我在后面还要专章论及。

第三，陆学艺社会结构及其转型理论，具有发展的品格。

常言道，罗马不是一天建起来的。一个伟大的创新性理论，也一定是在实践中不断探索、不断完善、不断实践中发展起来的。我在前面已经介绍过，陆学艺这一理论萌芽于20世纪80年代末的"城乡二元结构"论，经过20世纪90年代中期的"阶层分化"论和"转型转轨并行"及矛盾"交织"论，以及社会结构发展"滞后"论的长期探索思考，最后才形成"调整"的社会结构理论。另外，他的研究范围也是一步步地从局部，逐步拓展到社会结构整体上来的。他先研究农村社会结构，研究社会阶层，再研究社会流动，然后才是社会结构。

我相信，社会结构及其转型理论的现有成果，仍只是他的现阶段成果。这一理论今后还有可能会进一步发展，也应该进一步发展。

第四，基于社会结构及其转型理论的发展品格，我认为，中国社会结构性质及转型方向的研究，应该成为下一步考虑的重点。定义这一结构性质，不能以自我为参照系而应该站在全球和大历史的视角来看。当今全球化已是一个现实，中国正在向全球性大国迈进也是一个现实。在未来 30 年中，中国要成为世界第一的全球性国家，就需要在理论上和学术上说明，我们现在处于一个什么样的位置，应朝着哪一个方向走。如果将中国的社会结构视野放宽至全球，那么，我们就会发现，不管中国如何定义现代化，我们的现代化现在仍处于世界体系的边缘，但正在向世界体系的中心迅速迈进。如果我们处理得好的话，30 年后，我们将进入到世界体系的中心。叫什么现代化都不要紧，中国只要瞄准富民强国、科学发展、实现中华民族复兴的中国梦的方向朝前走，它都会回归"中国"——世界体系的中心之国。所以我们必须用中国造的"北斗"定位系统，而不是用美国人的"GPS"，给中国社会结构及其转型定位定向，然后才可以说，"准备好了，我们出发！"。

我期待着社会学家们制造一个社会结构及其转型的"北斗"定位系统，为中国社会结构及其转型定位导航。

第五章
走向社会现代化

现代化在中国现代史上具有时代的意义。无数革命的仁人志士，为了实现中国现代化理想，作出重大牺牲。作为中华民族、中国人民和中国无产阶级先锋队的中国共产党，很早就提出四个现代化的发展战略，并一直积极推进现代化建设事业。改革开放以来，更是找到了一条在市场经济条件下，加快推进社会主义现代化的现实道路。早在1979年，邓小平同志就提出在20世纪末达到小康水平的战略目标，后来又有"两步走"和"三步走"的构想，即到21世纪中叶时，达到中等发达国家的现代化水平。

　　社会学对现代化的研究，是作为现代社会发展的过程和目标来看待的。虽然每个人的具体理解各异，观点不一。但就其理论概念和理解范式而言，学科内部是高度一致的。致力于中国走向现代化，已成为学界的共识和常识。

　　陆学艺进入社会学领域后，他就开始从现代化的角度研究"三农"问题和中国社会发展问题，形成了他关于现代化的独特而极具现实意义的理论体系和学术视野。这就是通过传统农民终结实现农村现代化；通过社会建设实现中国社会现代化。这两个理论，犹如人之双臂，车之两轮，一左一右，一前一后，承载起陆学艺关于中国走向现代化的宏大构想。

传统农民终结与农村现代化道路

陆学艺自 1978 年以来尤其是 20 世纪八九十年代的研究，主要集中在农村经济体制改革和关于农业、农民、农村问题研究上。1987 年以后，他的研究视角逐渐转向社会学方面。[①]具体来说，他希望用社会学的理论和方法来研究农民问题，并从这样的研究中，建立起一门具有中国特色的农村社会学来。1993 年以后，陆学艺更多地从现代化和中国社会发展的高度来考虑问题，形成了关于农村现代化道路的完整思想体系。

如果联系起在这以前分散在各个具体研究中的现代化的观点，那么我们可以看到，陆学艺关于农村现代化的出发点、过程和归宿就是要使传统农民走向终结的思想，既是始终一贯的，又是不断完善的。

在 1978 年最早的那一篇文章《关于加速发展我国农业的若干政策问题的意见》中，他重点强调了减轻农民负担问题、解决社员超支户（贫困）问题、扩大城市的农业区和促进工农城乡结合的问题等。这都是他后来形成"传统农民终结"理论的一系列研究的起点。

[①]谢曙光先生亦是这样看的。见陆学艺著：《当代中国农村和当代中国农民》"编后记"，知识出版社 1991 年第 1 版，第 457 页。

作为"传统农民终结"理论起点之一的减轻农民负担和保护农民利益的呼吁，1978年以来，他从没有间断过。

1980年，陆学艺在总结改革以前近30年农业发展教训时指出，由于体制上的原因，总的情况是国家向农民要的过多，给的太少，严重打击了农民的生产积极性。所以，他当时大力倡导合乎农民意愿的改革，呼吁减轻农民负担，要千方百计地让农民富起来。改革以后，尤其是粮棉等主要农产品一下子"过剩"起来，他仍然力主保护农民利益，对"过剩"的相对性作了实事求是的分析。比如说，1983年后，他同有关方面就当时的棉花政策争论的本质问题，不在于生产多少棉花为适度，而是考虑不考虑农民的收入。他从农民收入上考虑问题，坚持任何时候都不可以牺牲农民利益。

在其他问题上，陆学艺发言立论的基调之一，是保护农民利益，调动农民生产积极性。为了达到这一目的，他甚至主张建立一个发展农村的机构：

"农民在我国是一个最大的社会阶层，但由于其居住分散，文化水平低，组织程度差，同其他阶层相比，处于不利的地位。……工人有工会，知识分子也有工会，还有各种学会等……而中国农民至今连一个农会也没有。……中国农民的生产、生活、社会权益更应得到国家和政府的保护。保护农业，保护农民，……首要的是要建立一个有权威的农村发展的领导机构，制订并实施农村发展的长期规划，领导、组织、保护农民，组织、领导农业生产。"[1]

既要让"传统农民终结"，又要保护他们的利益，表面上似乎矛盾，实际上很符合陆学艺的思维逻辑。让"农民终结"，并不是剥夺农民，不是生命意义上的农民终结，而是身份转换，是阶层意义上的农民终结。

他曾在不同场合强调了这个"保护性终结"两个方面的理由：一个是中国特色的现代化道路不同于西方道路，西方可以用"羊吃人"的方式来使农民终结，而中国则不可以；二是从长期发展看，农民比重的不断减少，从某种意义上讲，就是农民的不断被"消灭"，但从短期现实来看，农民利益却需要政府保护。否则，不但长期的农民比重减少不了，而且还会有社会的动荡和政局的不稳定。所以，在陆学艺的研究中，一方面他的理论主旨是使"传统农民终结"；另一方面他

---

[1]陆学艺著：《当代中国农村与当代中国农民》，知识出版社1991年第1版，第388页。

的具体言论有许多又是极力保护农民、保护农业的。

"保护性终结"命题或许还有一层更深刻的涵义，那就是农民的主体性。在陆学艺看来，农村的主体劳动者是农民，全国人民的大多数农民。过去的革命，要靠农民；现在发展生产、搞改革，也都必须依靠主体劳动者——农民。尊重他们的意愿，保护他们的利益，不是我们对农民的恩赐，而是应该做的。过去计划经济对农民太不公平，二元社会结构欠农民的太多。改革只有保护农民的利益，调动他们的积极性，这样才是正确的，也才能有所成就。他认为，改革"之所以能把亿万农民群众的积极性调动起来，正是贯彻了在经济上充分关心主体劳动者的利益，在政治上切实保障了主体劳动者的民主权利这两条原则"。[1]推而广之，使"传统农民终结"，也应该以农民为主体，依靠他们的力量，调动他们的积极性，才能够做到。

让"传统农民终结"最关键的还不仅是保护农民利益，而且还要让农村走上现代化道路。

什么是农村现代化? 陆学艺认为，中国农村的现代化实际上与工业化、城市化、商品化和社会化是联在一起的，与农民的职业分化和分层也是联在一起的。

关于现代化农村发展的具体阶段。1984 年，他认为，大致经过小而全、兼业户、专业户这样三个阶段。"小而全阶段是自给半自状态，往前发展为兼业农户阶段，……到了专业户和专业农户阶段，就转化为较大规模的商品生产了。经过这三个阶段，农村便发展到专业化、社会化、商品化的现代化农村的阶段。"[2]这是农村现代化的基础，但基本上还没有超出农业和农村范畴。

1984 年，他把眼光转向了乡镇企业，认为农村在联产承包责任制之后，第二步改革的关键是大力发展乡镇企业。在他看来，"农村现代化的过程，实际上是一个通过发展专业分工，使大量农民变为非农民的过程；是一个通过产业结构调整，使非农业越来越占优势的过程；是一个自然经济逐渐解体，使商品经济占绝对优势的过程；是一个农村逐步摆脱盆困，使农村剩余的 1.5 亿左右的劳力从农业上转移出来，这是我们农村第二步改革的关键"，[3]也是农村现代

①陆学艺著：《当代中国农村与当代中国农民》，知识出版社 1991 年第 1 版，第 230 页。
②陆学艺著：《当代中国农村与当代中国农民》，知识出版社 1991 年第 1 版，第 162-163 页。
③陆学艺著：《当代中国农村与当代中国农民》，知识出版社 1991 年第 1 版，第 272 页。

化在目前形势下的唯一选择。

1992年，他对乡镇企业的发展有了更深刻的认识。在"县经济社会发展研究"课题最终成果《县级综合改革与经济社会的协调发展》一书中，陆学艺写有一篇专文《中国农村的发展趋势和发展阶段》，这样评价乡镇企业的发展：

"乡镇企业是中国农民第二个伟大创造，是农民走向现代社会的第二步。……中国是在人口多、农民多、耕地资源相对少、文化技术落后的基础上建设社会主义现代化的国家，一切都要从这个国情出发。""农民是从这个最基本的实际出发创造了乡镇企业这个新生事物。首先，它是社会主义的……。第二，乡镇企业是具有中国特色的。……第三，乡镇企业是中国农民在共产党领导下的又一个伟大创造。这个创造是中国农村由传统农业向现代化农业，由自然经济向市场经济发展过程中的必然产物，……乡镇企业的发展，对于振兴经济，实现现代化，对于缩小三大差别，对于改造农民，促进农民问题的解决有着不可估量的伟大意义。"以上可见，这时他已经把乡镇企业发展作为农村现代化的第二阶段。

在这一篇文章中，陆学艺已经提出了农村现代化四阶段的理论。这就是家庭联产承包责任制是农村现代化的第一阶段；乡镇企业的发展是第二阶段；小城镇的发展是第三阶段；城乡一体化是农村现代化的第四阶段。关于家庭联产承包责任制，陆学艺有许多研究，我在前面已经专门谈过。乡镇企业和小城镇的发展，以前他在许多场合均有所涉及，但系统的研究，应该说是从这本书开始。

陆学艺认为，目前中国社会存在的城乡二元结构，是从50年代末60年代初逐渐形成的，30年来把城乡分割为两个世界。这种体制使农民固定在土地上，人口越来越多，越来越穷，文化越来越落后，组织程度越来越低，政治地位也不理想，对经济社会发展是一个严重障碍。但要拆除这个二元社会结构，也很不容易。

他从实践中认识到，理论上无论如何也说不清办不到的事，农民在实践中往往创造性地给解决了。他是从这个意义上来认识和评价乡镇企业的发展的。"农转非不是困难吗？农民通过创办乡镇企业，就等于自己办了农转非，大规模的农转非。"所以，乡镇企业解决了中国最大的体制方面的难题，逐步拆除了城乡分割的二元社会结构，将农村发展大大地向前推进了一步。

下一步就是发展小城镇。陆学艺对小城镇建设同样是非常重视的。他在总体报告中指出：“随着乡镇工业的进一步发展，乡镇的规模将逐渐扩大；乡镇规模的扩大必将加速农村城市化的进程……我们在推进农村城市化过程中，应该集中有限的资金，重点发展一批农村中心城镇。”

怎样建设呢？他提出：第一，把推进农村城市化的重点放在县城，转移农村劳动力的着力点放在乡镇。根据他们这次调查研究的结果，到 2000 年，2182 个县城能吸纳 0.9 亿～1.2 亿人口；5.5 万多个乡镇能纳 7.5 亿～8 亿人口；近万个集镇能吸纳约 0.8 亿～1 亿人口；还有 180 多个大中城市人口由 1.6 亿增加到 2 亿人，那么，全国 13 亿人口 70% 的将居住在城镇，农村人口只占 30% 左右。这样，“农村城市化的目标就基本能实现”。

第二，有计划地将不发达地区的劳动力输送往发达地区，从事非农产业，参加城镇建设。他认为，这种跨地区的大规模的有组织流动，“有巨大的社会意义和经济意义，是打破几千年中国农村封闭状态的有力措施，不仅为输入地区补充了劳动力，促进了经济的发展，而且也给输出地区培养了人才，积累了资金，学会了技术，有利于输出地区经济的发展”。

第三，依靠大城市的功能辐射来加速县城建设。他在这里着重强调了市带县、市管县体制和城乡统筹兼顾，工农协调发展的必要性。

第四，要有组织地吸收农民进城。他对农民进城持积极态度，认为“农民要求外出，要求进城，要求农转非，是进步的，合理的，不能把进城的农民叫做‘盲流’”。对于农民进城带来的一些不安定因素，他认为要加强引导和管理。[1]

他的城市化理论作为“传统农民终结”理论的一个重要组成部分，从目标上讲，是要让农民彻底地离开土地、离开村庄。

1993 年他主张重点发展小城镇，但到 1995 年他在《21 世纪中国的社会结构关于中国的社会结构转型》一文中，反省了这一观点。他说：

“我原来也是主张以发展小城镇为主的。农村发展的道路，……第三步建设小城镇，这比较顺当，顺理成章。……但是，这只是一个过渡阶段。乡镇企

---

[1] 陆学艺主编：《县级综合改革与经济社会的协调发展》，中国社会科学出版社 1993 年第 1 版，第 90—91 页，第 99 页。

业发展起来了，真有相当多的农民在小城镇落户了，那还只是一个准二元社会结构，有人称为三元社会结构，20% 多住在城里，30%-40% 在小城镇，30%-40% 在农村。这只能是一种设想，因为这是没有迁移的转移，只能是城市化的一个阶梯性的阶段。乡镇企业本身将来也要发展成现代企业，是要和城市的二、三产业的现代化企业逐渐融合、统一的。中国未来的城乡结构，一定要改变二元社会结构，使大多数居民聚集到城市里来……。"①

陆学艺这一学术反省，不但完善了他的城市化理论，而且也与"传统农民终结"式现代化思路保持一致。

但是，在我看来，小城镇和农村的发展同样是很重要的。从历史上看，现代大都市，有许多都是从农村居民点和小城镇发展起来的，现在的村庄和小城镇未必不能成长为大都市。因此，发展小城镇甚至发展农村，未必不能实现城市化，或者说未必不是实现城市化的起点。另一方面，大城市发展城市化自然有其优越之处，但发展总有一个极限，大城市发展到极限，再想发展反而困难。历史上大城市有兴盛也有衰落的，城市的兴衰更替，是客观现象。总之，城市化是工业化的地域反映。哪里有工业的发展，哪里便有城市化。小城镇只要有足够的工业化动力，它的城市化同样会很快的，例如江苏张家港的崛起，便是一例。

再下一步，1992 年，陆学艺认为是县级经济社会综合改革。这方面的具体内容，他在《中国农村的发展趋势和发展阶段》一文没有详谈，但在《总体报告》中有一节专门谈到这个问题。大体上，"县综合改革就是要使县政治、经济和社会改革相互配套，相互适应和相互推进，使县政治体制、经济体制和社会体制适应生产力发展的要求，以此推动县经济社会协调发展"，②其中心思想是政治、经济、社会综合协调发展。

1993 年，他修改了以前的观点，把城乡一体化作为中国农村现代化第四阶段的目标。什么叫城乡一体化呢？他解释说："城乡一体化的含义包括几个方面的内容。首先是城乡分割的格局不再存在，城市的经济、政治和社会体制同

①陆学艺后来以这篇文章为枢干，主编了一本书：《21 世纪的中国社会》。此书引文见该书，云南人民出版社 1996 年第 1 版，第 15 页。

②陆学艺主编：《县级综合改革与经济社会的协调发展》，中国社会科学出版社 1993 年第 1 版，第 65 页。

农村没有重大差别，城乡间的人口流动不再有人为的政策性的障碍因素；其次是城市居民的生活水平和农村居民的生活水平不再有十分重大的差距；第三是传统意义上的农民消失了，传统农民转化成为现代农民，农民已经现代化；第四是大量人口居住在城市，过着城市生活，只有少部分人居住在农村。"①他特别强调农民身份的转化与人口的转移，认为如果没有农村人口的大量转移，就谈不上城乡一体化。

同时他还认为，城乡一体化是小城镇进一步发展的结果。前面已说过，小城镇发展是农村现代化的第三阶段。在这一阶段，小城镇数量和规模都会逐步扩大，一些小城镇将大量农村人口吸收进来，形成中等城市和中心城市。这样，农村地区形成大中小各类城镇组成的城镇网络体系，这便是城乡一体化。

陆学艺关于农村现代化发展阶段四步曲理论，在《社会主义道路与中国农村现代化》一书中表述得最为系统和全面。这部书由他主编并由他和他的几位博士生共同完成。全书的主要思想，毫无疑问是来自于他的。陆学艺还亲自写了"前言"和"后记"。在"后记"中概括地点出了这部书的主题：

"中国农民将在逐步经历家庭联产承包责任制、乡镇企业、小城镇、城乡一体化和区域现代化之后走向终结。"

这句话就像一根红线贯穿全书10章，每一章分别就这一主题的具体内容加以详述，不但内容丰富，而且观点新颖。全书结构严密，逻辑性强，使理论具有很强的感染力，同时也具有很强的现实意义，是社会学对于农村现代化研究的重大成果。

该书出版后，立即受到学术界和实际工作部门的欢迎。据介绍，不少县市根据这项研究来修改或制定本地的经济社会发展和实现现代化的规划，对于各地农村现代化发展起了较大的推动作用。②

关于农村现代化的推进方式，陆学艺从中国社会的实际出发，主张采用区

----

① 陆学艺主编：《社会主义道路与中国农村现代化》，江西人民出版社1993年第1版，"前言"，第10—11页。

② 陆学艺、景天魁：《中国现代化进程中的社会学》，第10页。本文是作者1997年5月26日在中国社会科学院院庆20周年系列学术报告上所作报告的讲稿。发表在1997年第6期《中国社会科学》

域逐渐推进的方式。前面说过，在最终目标上，他是主张农村整个现代化的。但是鉴于中国地域太大，各地资源和文化传统不同，经济发展水平也不一样，所以，他认为还是先一个区域一个区域地现代化好。

"所谓区域现代化是指在一个由自然、地理、资源、经济、社会、历史传统文件所形成的较大的区域内，由某个特大城市或大城市为中心，以若干中小城市为中介，与地区内众多的小城镇和乡村形成网络，辐射带动本地区内整个经济和社会各项事业协调发展，实现区域的工业化城市化（的过程）。"[1]

在他的理论体系内，城市化与区域现代化是相互衔接的。城市化以县城和大中城市为中心，与区内小城镇形成网络，必然带动这一片的发展，这就是区域现代化；而区域现代化与更大范围的城乡一体化又是衔接的。只有一个地区一个地区地实现了现代化，中国的总体城乡一体化才有可能实现。或者说，只有一个地区一个地区地实现城乡一体化，中国的总体现代化才有可能实现。

考虑到中国各地存在着极不相同的情况，他认为区域现代化的第一步是对各地发展状况分类和分级。

他同意有关部门按照地区经济技术发展水平、地理位置和资源分布情况将中国分为东中西三大经济带，或分为发达地区、欠发达地区和不发达地区三大不同的地区。

仔细研究各地区经济发展的条件和运行机制后发现，东部地区和中西部地区的发展是不平衡的，在一个相当的时期里，它们之间的差距不仅不会缩小，而且还会进一步扩大。他认为，"在工业化过程中，由于市场力量的推动，这种区域间的不平衡发展是必然的"。他甚至认为，这种不平衡，形成了全国范围里"递推式区域增长"的形势，在一定时期里，对于产业结构的调整和经济发展是有利的。但必须"控制在一定的合理范围里。否则，将引起各种社会矛盾，于稳定发展不利"。[2]

他的政策建议是："要选择适当的时机，利用宏观调控的力量，加快中西部地区的发展。……到 20 世纪末 21 世纪初，国家综合实力增强以后，就

---

[1]陆学艺主编：《21世纪的中国社会》，云南人民出版社1996年第1版，第15页。
[2]陆学艺主编：《21世纪的中国社会》，云南人民出版社1996年第1版，第18页。

要把经济发展战略的重点西移，使中部、西部也发展起来，使区域结构逐渐趋于平衡。"

杨海波为这个观点提供了更详细的论证。

杨海波认为，从粗线条上看，中国的区域结构是可以划分为东中西三大块；但如果再细一点，用经济基础、自然环境（包括自然资源）条件、汉语方言相近性、民族民俗风情、思想文化传统、基本历史背景等变量对我国的区域结构作进一步划分，那么我们可以看到一个与建国初期7大经济协作区所辖范围基本相同的区域结构：也就是东北地区、华北地区、西北地区、华东地区、华中地区、华南地区和西南地区。"由于这7个小区域中的7座代表性城市，即沈阳、北京、西安、上海、武汉、广州和成都在空间分布上恰似北斗七星，因此我们称这种区域结构为北斗七星形结构。"

对这种北斗七星形结构的动态分析，杨海波特别提到了近几年新崛起的现代化区域：环渤海地区、长江三角洲地区和珠江三角洲地区。他仔细分析了这三大地区的经济发展状况，归纳出它们各自发展的模式："环渤海地区、长江三角洲地区和珠江三角洲地区这三个新崛起的现代化区域，基本代表了我国经济社会发展的三种模式，即：混合式、自我发展式和政策推动式。"环渤海地区属于混合式，长江三角洲地区属自我发展式，珠江三角洲地区属政策推动式。

由于各地历史情况不同和改革开放后的非均衡区域发展战略，杨海波承认，我国的区域差距明显扩大了。"这种差距的扩大，既表现在东、中、西三大区域间，也表现在东北、华北、西北、华中、华东、华南和西南7大区域间，更表现在新崛起的现代化区域和其他区域间"。但是，他预计区域差距在扩大到一个极限后，会进入相对稳定再进入逐步缩小的时期。

他还预计一些新的现代化区域如东北中部区域、长江中上游区域和陇海线中东段沿线区域等都会继上述三大区域之后完成区域现代化。

我认为，杨海波对区域现代化的论述，比较全面，也比较符合20世纪90年代中国区域发展的客观实际。但有一点是可以补充的。那就是他没有来得及研究90年代以后一些重大战略政策因素诸如西部大开发、香港回归以及澳门回归，台湾问题解决等对区域现代化的影响。

事实上，珠江三角洲经济已同香港、澳门紧密地联系在一起。今后，不管政治上如何，台湾经济实际上要与华南地区的经济发展联为一体。这样我们就会看到一个现象：中国经济中心将会形成于以香港为中心、包括台湾在内的华南地区。从这个中心向全国辐射会形成三个经济圈层或经济带，一是华南经济圈或经济带；二是以上海为龙头的长江流域经济圈或经济带；三是环渤湾以北京、天津为龙头的东面向东北延伸，西面沿黄河向上延伸的北方经济圈或经济带。

所以，严格地说，北斗七星形结构是20世纪中国的区域结构。改革开放以后，市场经济使北斗七星有三星倚重，四星倚轻。到了21世纪第一个10年，则有可能形成扇形区域现代化的格局：以香港、台湾和珠江三角洲为中心，以沿海、京九京广线和华南通向西南、西北的铁路为经，以三个经济圈层或经济带为纬，构成一个扇面形发展体系。到了21世纪第二和第三个10年，随着西部大开发进一步发展，国际金融危机的持续恶化，重庆直辖和新疆喀什特区的两大战略重镇的加快建设，中国的区域现代化格局或又有新的变化。可能会形成一个五角星型的发展格局。

在这里，我要说的是，也许是年代太早的缘故，杨海波的区域结构模式动态分析尤其是区域发展的动力学分析较为薄弱，但他的确细化了陆学艺关于区域现代化的观点，更具体地表述了陆学艺关于现代化的区域构造的理论。

1997年6月20日，陆学艺在社会学所和广西人民出版社联合召开的"农村可持续发展理论与实践"研讨会上，谈了他对中国农村现代化道路的看法。

除了前面所提到的"现代化的四阶段"理论外，他关于这个问题的第二个看法：现代化的区域逐渐推进的理论。这方面，他主张走苏南那种城乡一体化道路，坚持工业向小区集中、人口向城镇集中和土地向专业户集中"三集中"的政策导向。

第三个看法是"现代化的内涵式发展"。现代化不仅是人口的城镇化以及工业化等，而且还应该表现在人们的观念、素质和生活方式的转变上；不仅是外延的变化，而且还有内涵的发展。

第四个看法是建立农村现代化的指标体系。他认为，农村现代化不能只凭印象，而要通过一系列客观的指标来表现。英克尔斯通过一系列指标测量"人的现代化"，我们也可以搞一套适合中国国情的又能同国际相比较的指标体系，测量不同时期和不同地方现代化发展的水平。

第五个想法是探讨农村现代化与中国整体现代化的关系。他认为，农村现代化是中国整体现代化的一个组成部分，它应该同中国整体现代化相联系，否则，就不可能成功。

1998 年，由陆学艺主编，张其仔、区向明副主编的《中国当代农村问题研究丛书》第一本《中国农村现代化道路研究》，在广西人民出版社出版发行。据编者介绍，这套丛书一共 5 本，除了这本外，还有 4 本分论农业、乡镇企业、城镇化和可持续发展战略等问题。这是一个论述农村现代化道路的系统研究。

《中国农村现代化道路研究》（以下简称"研究"），作为这套丛书的"总论"，全面系统地研究了中国农村现代化道路的理论背景、历史背景、步骤阶段，以及目标性指标体系和推进措施等重大问题，是陆学艺和他的团队多年来研究的集大成之作。"研究"对陆先生以前不同时期提出的观点和理论，作了更加深入和系统的阐述。例如，他以前提出农村现代化"四个步骤"：家庭联产承包、乡镇企业、小城镇、城乡一体化和区域现代化，在这里进而提出现代化实现的四个不同阶段：起步阶段、小康阶段、富裕阶段和发达阶段，并根据历史发展速度、现实状况以及国际现代化经验，对这四个阶段的目标进行量化，从而建立了我国农村现代化阶段的目标性指标体系。

这一指标体系，遵循充分性、可操作性和可比性原则，借鉴和综合了国内外现代化特别是农村现代化的实践经验和理论研究，选定了 10 个指标，如人均GDP、人均收入、恩格尔系数、第一产业比重、非农劳动力比重、城镇人口比重、初中以上文化人口比重、每千人拥有医生数、电视机家庭拥有率、农村人均生活用电量等，测量农村的非农化、城市化、生活质量、生活方式和人口素质发展，来综合评价一个地区农村现代化水平，所处于何种阶段。

提出这样一套指标体系以及将农村现代化划分为四个程度不同但依次递增的阶段，其目的是："理论上明确了中国农村现代化进程的历史定位；实践上可以有效地防止行动的冒进和畏难两种极端做法，指导中国农村现代化扎扎实实地进行下去"。[1]

----

①陆学艺、王春光、张其仔著：《中国农村现代化道路研究》，广西人民出版社，1998 年第 1 版，第 188 页。

农村区域现代化，作为农村现代化道路的一个课题，陆学艺和他的研究团队也进行了专门、系统的研究。

在他们看来，农村现代化，从某种意义上讲，也就是区域的现代化，是农村的城市化。那么，农村的城市化应选择怎样的道路呢？他们认为，"应以本土的社会结构为主……走中国社会本土特色的现代化道路……改变9亿农民搞饭吃的局面，通过区域性城市（镇）化的建设，使农民逐步向城镇转移"。[1]

在农村现代化区域分层推进中，他们预示沿海、沿江、沿边和城市近郊地区，将有更大的优势和可能性先行一步。对于那些不具备上述区域条件的其他地区，他们主张，政府有必要在资金、技术、教育和政策上予以支持和倾斜，以防止地区差别的扩大。

在最后，陆学艺和他的课题组为中国农村现代化建设提出了一个总体的实施战略："通过政策、制度、机制和组织等方面的创新，为农村现代化建设创造更有利于调动农村内部的现代化动力和潜力的社会环境条件。"其中有几条是最为重要的。一是农村现代化需要城市体制改革的有力配合。"需要城市为其提供公平合理的市场环境，吸纳更多的农村人口进城务工经商，更需要城市社会将社会体制建设延伸到农村，建立一个完善的城乡合一的社会体制。"二是将农村现代化建设纳入我国区域现代化建设范围，形成以中国城市为核心的区域现代化推进模式。三是农村经济发展与社会结构调整协调进行，相互促进。四是人口、环境、资源三者协调发展，实现农村社会可持续发展。

细读这本书的内容，虽然有些具体论述——因是合著——并不能完全反映陆先生的思想，但大体上和基本思想仍体现了他的一贯主张，是陆学艺关于农村现代化道路思想最系统最全面的表达。

总之，陆学艺农村现代化理论甚至整个中国的现代化理论中心命题只有一个，就是使"传统农民终结"。这是农村现代化的出发点、全过程，也是它的目标。

不过，陆学艺所说的"传统农民终结"，主要还是指靠自然农业、小农经济为生和封闭性居住的农民的终结。他认为，随着工业化、城市化的发展，传统的农业将被现代农业所取代；传统的农村将被现代的农村——具体地说，就

---

[1]陆学艺主编：《21世纪的中国社会》，云南人民出版社1996年第1版，第212页。

是城乡一体化的社区——所取代；传统的农民将被"消灭"。今后，一部分农民虽从事农业，但已不是传统的农业，而是产业化市场化和现代化的农业，而且就其比例和数量而言也是不断减少的。

当然，他也承认，这是一个漫长和曲折的过程。我觉得，"传统农民终结"的过程是否漫长和曲折，不但受国内工业化、城市化速度、力度、幅度和向度的影响，而且也受制于国际市场配给中国的份额和时代对工业化依赖的程度。如果这两个方面的影响是正面的，"传统农民终结"过程或许快一些，顺畅一些；否则，就相当漫长和曲折。但是，不管怎么说，陆学艺所指出的方向和趋势，是正确的。

第五章 走向社会现代化

经由社会建设走向社会现代化

从 20 世纪 90 年代开始，陆学艺不断地做研究，写文章，发表演讲，研究思考中国现代化问题。这方面的言论和著作，可能会有数百篇（次、部）之多。但我也发现，他至今也未出版一部专门的中国现代化的学理性著作。这或许是还没有来得及去做这样的总结性"陈辞"，或许是他的学术风格和特征使然。就像孔夫子论"仁"一样，总是针对不同的人、不同的事、不同时间和不同地点的问题，回答具体的"仁是什么"。陆学艺也是如此，他的"现代化"也不是抽象的、一成不变的；而是城市的、农村的，南方的、北方的，中国的、西方的，过去的、现在的和未来的，具体的、看得见摸得着的东西。但即使如此，为了理解的方便，我以为有必要再作梳理。

改革开放以后整个 80 年代，陆学艺的现代化概念一直是与工业化、城市化，和改革开放相联系的。他在很多处提到农村现代化时，都简直可以用工业化、城市化概念相置换。这在当时一点也没有错，当时中国认识水平就是如此。可以说，陆先生的认识，代表了当时中国学术界的主流认识。但这一认识，从现在的角度看，还不够具体。

1995 年 6 月，陆学艺在"苏南现代化理论研讨会"上发表了一篇论文《关于苏南现代化的几个问题》，提出了"现代化是什么"的正式定义。他写道：

现代化是一个系统的概念，既包括经济的现代化、也包括社会的现代化、政治的现代化、环境的现代化和人的现代化，等等。使经济调整发展，经济繁荣……但不能只有经济增长。如果只顾经济增长，经济的发展就没有后劲，社会没有全面进步，个人的生活质量就不会提高。……富裕不等于幸福，现代化就是要实现社会的全面进步。[①]

尽管国外学术界对此定义早有说法，但在 GDP 主义横行的 20 世纪 90 年代的中国，陆学艺这一观点，仍有其重要的现实意义。这也是他自己的现代化认识史上，首次对现代化作出具体含义的系统表述。

对"社会全面进步"，他还进一步分析，认为"最主要的是社会结构的进步，就是社会结构的优化"。接着，他列举了社会八大结构的优化。这一认识，与他当时正在从事社会结构课题研究的思路是一致的。

20 世纪 90 年代到 21 世纪初的 10 年，是陆学艺现代化理论从农村视角向现代化（整体）视角转换的时期。

在 90 年代，陆先生论述现代化，论述农村和现代化的关系，用的是农村视角，总是更多地强调和突出农村的主体作用和重要性。1991 年 1 月 25 日，他在我的《农村社会学》一书所作的"序言"中指出：

"多种历史原因形成的农村人口，现在仍占绝大多数的二元结构，使农村现代化就成了中国现代化的中心问题。农村的这种发展已成为中国由传统社会向现代化社会转化的重要环节。所以对于农村现代化的研究意义，是不能局限于农村的，它对中国未来的发展有着极其深远的影响。"[②]

1993 年 7 月，他在中国台北"中国现代化问题"研讨会上说，"农村社会的现代化是整个国家现代化有机组成部分"。[③]1995 年，他更强调农村现代化

---

① 陆学艺著：《"三农论"——当代中国农业、农村、农民研究》，社会科学文献出版社，
　2002 年第 1 版，第 287 页。

② 拙著：《农村社会学》，安徽人民出版社，1991 年第 1 版，"序言"第 3 页。

③ 陆学艺著：《"三农论"——当代中国农业、农村、农民研究》，社会科学文献出版社，
　2002 年第 1 版，第 261 页。

是中国现代化前途所系，"中国现代化的关键在农村现代化，其难点也在农村现代化"。①

从农村视角看问题，就是从中国的最基本的国情出发，就抓住了中国特色。对于长期从事"三农"问题研究的陆学艺来说，这样看问题，再正常不过了，再平常不过了。但这也是不够的。中国现代化的关键难点、基础在农村现代化，但农村现代化，如何"化"呢？同样，不能在农村内部，靠农业和农民自我转化，而是要靠中国现代化的整体发展来带动和推动。有了中国整体社会的现代化，才能实现农村的现代化。这一辩证法，陆学艺在进入新世纪的第一年，就意识到了，并且明确提出了视角转换，他开始从现代化（整体）视角来看待现代化和农村现代化问题。

2001年2月，他在香港理工大学发表关于《中国农村社会结构的过去、现在和未来》的演讲。他说：

"回到中国整个现代化事业的发展道路上来反思。离开整体的发展，作为整体一个部分的农村现代化，不可能独立地发展。虽然，我们常说，'没有农村的稳定，就没有全国的稳定，没有农民的小康，就没有全国人民的小康，没有农业的现代化，就没有整个国民经济的现代化'。（但）实际上应该是先要说，没有国家的现代化，也就没有农村的现代化。"②

认识到这一点，非常重要。这一观点的提出，在陆学艺现代化理论发展史上，具有分水岭和转折的意义。它标志着，从现代化（整体）视角看问题，有可能是比从农村视角看问题，视域更加宽阔，聚焦更加精准，角度更加科学，因而得到的观察结论，更加符合中国的实际。这一视角的实际应用，也为他的中国社会结构及其转型理论的形成，打下了认识论和方法论的基础。

此后，在接下来的10年中，他都在用现代化视角重新观察三农问题，观察农村现代化问题，也用现代化视角观察中国社会结构及其转型。

①陆学艺著：《"三农论"——当代中国农业、农村、农民研究》，社会科学文献出版社，2002年第1版，第268页。。

②陆学艺著：《"三农论"——当代中国农业、农村、农民研究》，社会科学文献出版社，2002年第1版，第362页。

在前面第三章中，我详细地介绍了陆学艺和他的研究团队，在社会阶层、社会流动和社会结构及其转型研究中，所提出的观点。在这一系列的研究以及形成的社会结构转型理论中，都或明或暗地包括了陆先生先前的农村现代化观点，体现了陆先生"保护性终结"传统农民的现代化思想，但与他的80年代至90年代的农村现代化观点，是完全不同的。社会结构及其转型理论，首先要解决的是一个结构性的问题，它包括"三农"问题在内，但不是就"三农"论"三农"，而且先擒拿"结构性"这个现代化问题之"王"，一揽子解决包括"三农"在内的所有问题。这种理论思路，是中国现代化在本世纪的最具有渗透力、震撼力的思路，其方法论和认识论即源自于其视角从农村视角到现代化（整体）视角的转变。

变化视角之后，看到了以前没有看到的东西：不仅仅是看到了"三农"的新进展，而且还看到了"三农"之外的新世界；不仅看到经济体制改革与建设中的巨大成就，而且还看到了与此同时日益突出、日益显化的社会矛盾与民生问题。陆学艺在一份报告中写道：

"进入新世纪以来，关于住房、教育、医疗、养老等民生问题日益突出；贫富差距、城乡差距、区域差距持续扩大；劳资关系等社会利益群体矛盾日益显化；土地征用、房屋拆迁、企业改制等引发社会不稳定的问题凸显；一些地方杀人、绑架等严重暴力犯罪增多，抢劫、抢夺、盗窃等刑事犯罪案件上升，特别是群体性事件，……使得经济社会稳定问题日益突出。"[1]

这个经济建设成就意想不到之大和社会矛盾问题意想不到之多的理解，引起学术界和决策界的困惑。在他看来，主要是我们认识的"视角"有问题。面对新阶段、新形势，他主张"要用新的视角认识这些新的变化，采用新的方法解决这些新矛盾和新问题"，这就是以社会建设为重点。[2]

当然，这也不是陆学艺一个人视角发生了改变——整个国家、政府和社会都在探索和思考。

---

①陆学艺主编：《当代中国社会结构》，社会科学文献出版社，2010年第1版，第5页。
②陆学艺主编：《当代中国社会结构》，社会科学文献出版社，2010年第1版，第6页。

自 2002 年以来，从社会建设的角度来认识和解决中国社会发展问题的探索和思考，一直都没有停止过。

2002 年，党的十六大宣布，要在 21 世纪头 20 年，集中力量全面建设惠及十几亿人口的更高水平的小康社会，并使社会更加和谐。提出了建设更高水平的小康社会的战略。

2003 年，党的十六届三中全会提出了"科学发展观"的战略思想。坚持以人为本，树立全面、协调、可持续的科学发展观，要统筹城乡发展、统筹区域发展、统筹经济社会发展、统筹人与自然和谐发展、统筹国内发展和对外开放，促进经济和社会全面发展。

2004 年，党的十六届四中全会，在加强党的执政能力建设的决定中，把加强执政党构建社会主义和谐社会的能力建设，作为重点之一，要求加强社会建设和管理，推进社会管理体制创新。第一次提出了"构建社会主义和谐社会"和"社会建设"的概念。

2005 年，胡锦涛同志分别在中共中央举办的省部级主要领导干部提高构建社会主义和谐社会能力专题研讨班和中央政治局第 20 次集体学习会上，提出"社会主义经济建设、政治建设、文化建设和社会建设四位一体和更好地推进社会建设和管理"的要求。

2006 年，党的十六届六中全会通过了《中共中央关于构建社会主义和谐社会若干重大问题的决定》，要求"社会建设与经济建设、政治建设、文化建设协调发展"。这个文件是我们党第一个关于社会建设的重要文件。

经过 4 到 5 年的探索和思考，中央对社会建设与管理的认识，不断提高；理论和政策措施，也在不断强化。在坚持以经济建设为中心的同时，日益强调要将社会建设摆在更加突出的位置。这标志着中国的现代化发展，正在经历第二次转型，迈入了以社会建设为重点的新阶段。

2006 年 3 月份的一天，陆学艺在北京市丰台区的一家宾馆，召开《社会可持续发展》一书的统稿定稿会议。参加会议的是北京工业大学的学者，他们都是这本书的作者，其中有钱伟量、邹农俭和李东松、唐军、胡建国、宋国恺、李晓婷和刘金伟等人。

会议结束的时候，陆学艺同钱、邹等人谈起，下一步可做什么课题？有些什么样的课题？既是国家需要的，又是北工大人文学院的老师们感兴趣，又可以做得了的。经过漫谈，大家感觉到北工大是北京市属院校，有一个面向北京服务首都的大方向定位。而且，他们已经完成了北京城建规划中的社会发展研究，再过两年，就是北京解放 60 周年。于是，大家建议可以做一个"北京社会发展60 周年"的研究。

此前，陆学艺已被聘为北京工业大学人文学院院长，至今已有 5 年。他也同意做社会建设方面的课题，可以先从北京入手。毕竟，不仅身为市校，有一个义务和责任；而且，北京是首善之区，社会建设有一定基础。总结北京的经验，可以向全国推广。于是正式将课题定为《北京社会建设60 年》。

经过两年多的研究写作，2008 年，《北京社会建设 60 年》一书，在科学出版社出版。本书从"社会建设"

陆学艺先生在"中国社会建设理论与实践暨《北京社会建设 60 年》出版发布会"上（2008 年 11 月 9 日）

的视角，从北京行政区划及政权建设、人口、家庭、就业、城乡关系、阶层结构、社区建设、社会组织、社会保障、社会工作等 26 个方面，系统地总结了自解放近 60 年来北京社会建设的历史进程、主要成就及存在的问题，并对北京的未来社会建设进行了前瞻性思考。

陆学艺作为主编，为这本书规定了主题和基本思想，虽然这本书的主要目的在于回顾和总结北京经济社会发展的成就和经验，并且，他认为这种总结"对于进一步实现北京未来发展建设目标，具有重要的意义"；但更重要的意在还在于，通过对北京经验的总结和推广，为中国社会建设提供可以借鉴的样本。

他指出，"从总体上判断，北京在经济发展阶段上实现了从传统农业社会向现代工业的转化，目前正在进入工业化中后期阶段。""在经济实现巨大发展的同时，北京社会建设也取得显著进步，社会结构逐步实现了由传统社会结构向现代化社会结构的转型。"

比如说，在人口结构方面，人口素质显著提高，每万人接受高等教育人口居于全国首位；在就业结构方面，"三、二、一"的现代就业结构已经形成；在城乡结构方面，城乡一体化进程正在进一步加快；在社会阶层结构方面，中间阶层不断壮大，公平、开放的现代社会流动机制逐步形成；在社会管理体制方面，社会利益关系协调机制和社会政策等不断创新与完善，实现社会秩序的稳定有序；在社会事业方面，教育事业名列全国前茅，文化事业进一步繁荣，卫生事业不断改革发展，体育事业实现新飞跃，环保事业建设全面推进。同时，居民收入大幅度增加，消费水平和结构发生巨大变化，就业保障、住房、交通等民生问题也得到显著改善，体现了北京作为中国首都的首善和标杆的社会建设水平。

当然，他也指出，由于经济社会发展的同时又是一个深刻的社会体制变革、结构变动和利益格局思想观念多元变化的过程，这一过程也出现了一些不和谐因素，反映了社会经济关系层面，主要是"经济社会发展的不协调，社会发展落后于经济发展，社会建设落后于经济建设"。

陆学艺对于这些发展中存在的矛盾和问题，强调主要"通过理论创新和积极实践"来解决。他特别提示，党的十六大以来，在科学发展观的理论指导下，我们党提出构建社会主义和谐社会，加强社会建设的重大战略任务，并将中国特色社会主义的总体布局由社会主义经济建设、政治建设、文化建设"三位一体"布局调整为包括社会建设在内的"四位一体"布局，反映了我们党对于新时期经济社会结构深刻变化的新认识和新概括，也是中央对新时期经济社会发展战略的新调整，值得学术界和实践部门认真学习和领会。[1]

在该书《导言》中，陆学艺对社会建设这一崭新而重要的概念，作了学理上的解读。

他认为，社会建设这个概念，西方没有，是中国人首先提出来的。最早见

----

[1]陆学艺主编：《北京社会建设60年》，科学出版社，2008年第1版，"序言"。

于孙中山先生 1917 年撰写的《民权初步（社会建设）》中；1934 年社会学家孙本文先生撰写的《社会学原理》一书，对这个概念作了专门的论述，同时，他还创办了一本名为《社会建设》的杂志。

关于社会建设的涵义和内容，陆学艺也作出了严格定义，他认为，社会建设的涵义应是：

"从社会所处的发展阶段的实际出发，顺应社会发展的趋势，遵循社会发展的规律，有组织、有目的、有计划地动员各种社会力量，在社会领域从事的各项建设。"

陆学艺的定义，显然是从社会主义建设"四位一体"的总体布局中的社会建设要求，作出了宽泛的理解。根据这一定义，社会建设主要内容有以下 9 个方面：

一是社会结构的调整和构建。社会结构包括 9 个方面的结构，是一种体制性、制度性的任务。

二是社会流动机制建设。这方面要解决的问题是社会阶层职业结构性的矛盾和问题。

三是社会组织建设。尤其是要大力发展民间社团组织，这也是社会结构调整的范畴。

四是社会阶层利益关系协调机制建设。他认为这一块有三大机制亟待建设：建立科学合理的阶层、群体、个人的利益诉求表达机制，要拓宽民意民求表达渠道，使社情民意能够畅通上达；建立劳资之间、干群之间、阶层之间、群体之间的平等对话协商机制；建立社会矛盾和社会问题的排查调处的工作制度。

五是社会事业建设。

六是社会保障制度建设。

七是社区建设。主要指基层政权、基层组织治理形式。尤其是城市社区建设，城市化和流动人口，为城市社区管理提出了新的挑战。

八是社会安全体制建设。他认为，维护国家安全，保护人民权益，化解社会矛盾，预防惩治犯罪，维护公平正义，促进社会全面进步，是社会安全体制建设的主要任务。

九是社会管理机制建设。他认为，要深入研究社会管理规律，更新社会管理观念，创新社会管理的体制机制，修正和制定社会政策、法规，整合社会管理资源，加强社会管理。他强调，在创新社会管理体制机制方面，如何使政府的调控作用顺应社会发展规律逻辑运行的方向？如何使政府调控机制同社会协调机制相结合？如何使政府行政功能与社会自治功能相结合？如何使政府调节的力量同社会民间组织的调节力量相结合？逐步形成与社会主义市场经济体制相协调的社会管理体制机制的新体系，是一个值得重视的问题。

除了进行学理上的解读之外，陆学艺还就如何抓好社会主义和谐社会建设，讲了十分重要的落实意见。这就是要像抓经济建设那样，抓好社会建设；要把社会建设作为社会主义建设总体布局中的重要内容去对待，去抓好抓实。具体措施有 6 点：

第一，要更加注重社会建设。他认为这在一定意义上讲是"补课"。过去疏漏拉下了，现在要加紧补上。

第二，要抓发展。发展是第一要务，但是，发展必须是包含社会发展在内的全面发展，而不仅仅是经济发展。

第三，要继续坚持改革开放。他在这里所说的体制改革，主要是指社会体制改革。"诸如城乡二元结构的体制、户口制度、就业人事制度，社会保障制度，以及教育、医疗卫生制度等等都需要改革。社会体制不改革，社会建设就不能顺利进行"。因此，必须推进体制改革，为社会建设顺利进行开道。

第四，社会建设要组织领导，从组织上落实。他认为社会建设要取得成功，必须有组织保证。他很赞赏北京市委成立了"社会工作委员会"和政府成立"社会建设办公室"，成了一个领导组织，统筹协调全市社会建设工作的机构，他认为"这个做法很值得借鉴"。

第五，要有相当的投入。首先是有领导和人员的投入；其次是财力和物力的投入。长期以来，政府的主要财力都投入到了经济建设上，社会建设许多部门必要的开支都不能保证，造成了经济与社会发展不平衡、不协调的状况。一直到现在，社会建设方面的投入，虽有所增加，但欠帐太多，比例仍然很小。因此，要大大加强投入力度。

第六，两点具体建设。第一个建议把社会主义事业总体布局"四位一体"排序中社会建设的第四位，摆到第二位，即经济建设、社会建设、政治建设、文化建设。第二个建议是中央每年召开的经济工作会议，改为全国经济社会工作会议。

这篇文章，虽发表于《北京社会建设60年》一书"导言"，但写于2007年年底。[①]是陆学艺发表的第一篇关于社会建设的社会学文章，也可能是社会学界较早的系统研究社会建设的文章之一。

2008年11月9日，"中国社会建设理论与实践暨《北京社会建设60年》出版发布会"，在北京工业大学逸夫图书馆举行。陆学艺主持会议，校领导致辞欢迎。北京市社会工作委员会主任宋贵伦、国家行政学院副院长魏礼群、中国社会科学院副院长武寅、民政部社会福利和慈善事业促进司副司长王素英、中国社会学会副会长宋林飞、科学出版社副总编李锋等领导出席并讲话，国务院农村发展研究中心、北京市人大、中国社科院、北工大的一些老领导和社会学界的著名专家吴象、段柄仁、汝信、丁伟志、左铁镛、孙立平、李路路、王思斌、朱光磊、洪大用、景天魁、谢立中、白红光、王处辉等，参加了会议讨论。对社会建设的理论和实践，发表了各自的见解，对该书出版表示欢迎和积极评价。

2010年，中国传媒大学教授冯波对陆学艺以《当代中国经济社会形势与社会建设》之名，发表在《中国社会建设与社会管理学术研讨会论文集》上的这一篇文章的观点，作出如下评论，他写道：

"陆学艺对中国当代社会现实的判断是中肯的、客观的，在很多经验事实层面都可以得到验证；他对当前中国社会主要矛盾的概括更是一个非常具有创新性的提法，为社会建设的合理性、合法性找到了一个深刻、全面的现实依据和逻辑依据；他对社会建设概念的界定是全面的，抓住了社会建设的本质规定；他对社会建设路径的设计符合中国的国情、民情、党情、政情，是切实可行的。"与此同时，陆学艺在四川省成都市开辟了关于社会建设研究的另一"战场"，几年下来，他对这一课题有了新的发现。

---

① 见陆学艺回忆录纲要。

2008 年 1 月，陆学艺到成都参加四川省社会科学院的一个"农村发展理论研讨会"，他在会上作了一次学术演讲。会议期间，他会见了几位老朋友。大家向陆学艺介绍了近几年成都城乡统筹发展的情况，让他感到振奋。

2011 年 3 月，陆学艺再一次来到成都，为成都市政府做社会建设中长期规划。25 日，他在成都孵化园会议室，为市级部门的主要领导，做了"目前形势和社会建设、社会管理"的报告，为这次规划编制提出了基本构想。

陆学艺先生在四川成都市考察
（2011 年 3 月）

他认为，"我们进入 21 世纪以后，常说新世纪、新阶段、新任务。那么，所谓新阶段，就是我们要从以经济建设为中心的阶段，进入一个以经济建设为中心，把社会建设放在重点、放在突出位置的这么一个新阶段。新任务就是以经济建设为中心，以社会建设为重点，把构建社会主义和谐社会放在更加突出的地位，加强社会建设，努力推进经济社会协调发展。"

在这样的时代背景下，成都市的社会建设，建设什么？怎么建设？主要任务是什么？他认为："概括地讲，社会建设就是建设社会现代化。"

他认为，经济建设就是实现经济现代化；政治建设就是搞政治现代化；文化建设就是文化现代化，而社会建设就是建设社会现代化。"你不（能）光搞经济现代化，你必须还要搞社会现代化，而且还要搞政治现代化，文化现代化。""这四大建设是一个整体，都得要实现现代化，才能建成现代化社会"。在这里，他首次提出了社会建设就是建设社会现代化的思想。

社会现代化怎么搞？包括哪些内容？他认为，有 4 种观点：

第一种观点认为，社会建设应该以保障和改善民生为重点，大力推进就业、社会保障、科教文化等各项民生事业和社会事业的建设，加大收入分配调节的力度，推进基本公共服务均等化，促进社会公平正义，使发展成果惠及全体人民，走共同富裕道路。

第二种观点，认为社会建设当前应该加强和创新社会管理，应该以维系社会秩序为核心，通过政府主导，多方参与，规范社会行为，协调社会关系，促进社会认同，解决社会问题，化解社会矛盾，维护社会治安，应对社会风险，促进社会和谐。

第三种观点，认为社会建设是面对我国由农业社会向工业社会转型，由计划经济体制向社会主义市场经济体制转轨，人们的生产方式和人际关系的大变化时期而产生的种种社会矛盾和社会问题，有组织、有计划地进行各种有利于保障和改善民生、建立新的社会秩序、促进社会进步的社会行动。同时要进行社会体制改革，创新社会政策，调整社会结构，建立与社会主义市场经济体制相适应的，与经济结构相协调的社会结构。这一种观点核心是构建合理的社会结构。

第四种观点，认为社会建设的根本目标，是建设一个能够驾驭资本、制约权力、遏制社会失序的社会主体。他们主张要建立一个与市场、政府并列的"社会"，即要有发育良好健全的社会组织。

在他看来，这四种观点各有侧重，各有可取之处。但他倾向于以第三种观点为中心，并综合其他三种观点，"不仅是民生事业，科教文化的社会事业，社会保障、住房等等当然要，还要建立一个现代化的社会体制和社会规范，还要发展社会组织，还要加强社会管理和社会安定，构建合理的社会结构等等。总的目标是实现社会现代化"。

同时，他还认为，这4种观点，从纵向来看，可以把它们看作是社会建设的3个阶段。

第一阶段是我们现在已经在做的，就是解决人民群众最关心、最直接、最现实、最迫切要求解决的保障和改善民生事业、社会事业建设。

第二阶段要着力推进社会体制改革，创新社会政策，完善社会管理，推进新型的城镇化，破解城乡二元结构，逐步实现城乡一体化，拓宽社会流动渠道，培育壮大中产阶层，构建一个合理、开放、包容、渐进的社会结构。他认为，下一个五年以后，也就是"十三五"的时候，要大力推进社会体制改革。

第三阶段才是社会"主体"的建设。2020年以后，社会组织蓬勃发展，社会体制不断完善，社会管理体系完备，社会结构不断优化，成为一个橄榄型的社会结构。

关于如何推进社会建设和社会管理？他提出了6条建议。其中有5条建议与《北京社会建设60年》一书中所提基本相同，此外，还有1条"要建立社会建设的指标体系和考评指标"是新提出的。"这需要实践工作部门的探索和我们社会学工作者研究，共同努力制定出一个符合中国国情，又切实有用可行的社会建设指标体系和考核指标。"

陆学艺先生在四川成都作社会调查（2011年）

另外，陆学艺还对成都的社会建设工作作出了很高的评价。他认为，成都"前些年做的工作符合社会建设的要求"，"做了很多工作"，"是社会建设第一阶段要干的事"，"走在（全国的）前面"。同时，他也对成都提出了"在总结的基础上，继续往前推"的建议。

这一场报告，用当时主持会议的领导的话来说，结合当前的经济社会发展形势，以历史发展的宏观视野和深厚的理论实践功底，深刻地阐述了加强社会建设的重大战略意义，系统地论述了中央关于加强社会建设的战略思想，深入分析了社会建设的主要内涵、建设阶段和主要任务，全面系统地指出了当前推进社会建设和管理的重点工作，对成都的城乡社会建设实践具有重要的指导意义。我认为，不仅如此，它也是一篇全面、深刻的社会建设文献，具有重要的学术意义。

在陆学艺主持下，中国社会科学院社会学所、成都市社会科学院、北京工业大学人文学院和"当代中国社会结构变迁研究"课题组等单位的研究人员组成一个班子，对"成都市社会建设中长期规划"进行了研究，2011年9月3日，完成了《关于成都市社会建设中长期规划的建议》初稿（以下简称《建议》）。

《建议》全面总结了成都市统筹城乡发展的经验，分析了社会建设面临的形势和挑战，提出了未来10年成都市社会建设的战略和目标、主要任务和重点工作。

在战略和目标一章中，作者提出社会建设的总目标就是建设社会现代化。还提出了社会建设将经历三个阶段。同时，还提出要"实现两个战略转变：一是要从统筹城乡发展转变到统筹经济社会协调发展上来；二是要把工作重心逐步转移到城市工作方面来，适应城市大发展之后的需要，抓好城市各方面的建设，适时改革，重点解决城市内部二元结构问题"。其指导思想和目标是，"以继续推进民生、社会事业发展为突破口，以完善社会规范为整合基础，以改革社会体制为中心环节；以创新社会管理、完善社会服务为重点，以调整和优化社会结构为核心，以建设社会现代化为目标，努力开创西部第一、全国领先的成都特色社会建设新局面"。

在"主要任务"一章中，作者建议今后一段时期，要把握社会建设8个方面的主要任务。它们是：

——继续发展民生事业、进一步提高人民生活水平；

——推进社会事业体制改革，不断提升社会事业发展水平；

——以继续推进基层自治为重点，加强城乡社区建设；

——培育和发展社会组织，确保社会组织有效规范运行；

——以社会诚信体系和城市文明建设为重点，不断完善社会规范；

——以壮大中产阶层为目标，加快培育现代社会结构；

——树立多方参与，共同治理的理念，加强和创新社会管理；

——继续深化改革，逐步完善与社会主义市场经济体制相适应的社会体制等。

在"重点工作"一章中，作者鉴于成都市社会建设的实践和需要，特别强调了8大基础性重点工作：

一是做好顶层设计，实现好两个战略转变；

二是组建社会建设委员会，统筹推进社会建设工作；

三是有计划、有重点、有步骤地推进社会体制改革；

四是科学规划街道和社区，建设好城市新型基层治理机制；

五是改革农民工体制、破解城市内部二元结构难题；

六是组建一所成都社会建设管理（干部）学院；

七是全面总结成都市统筹城乡综合配套改革经验；

八是开展社会建设的试点工作等。

《建议》站在时代的高度和社会建设的全局，结合成都的实践和需要，写得既全面系统，又简明精要；既高屋建瓴，又具体可操作，是一篇社会建设的理论杰作，同时又是一篇具有权威性的规划指导文件。《建议》附录中还有一篇"2011-2015年成都市社会建议指标体系"，对民生社会事业、社会管理、社会结构、社会规范等4个领域一共37个具体指标，作了定量和年度比较分析，是同类指标体系中，最为科学和实际可操作的一种，具有较高的实用价值。

第六章

社会学的中国元素

社会学是研究社会的社会科学的专门学科。①

当代社会学主流话语都认为，社会学最早是由法国人孔德在 19世纪 30 年代提出来的，之后它在欧洲，继而在美欧和全球迅速发展，成为与经济学、法学等学科等量齐观的显学。在 19 世纪到 20 世纪中叶，社会学的经典颜色，都是欧洲的或美欧式的"白色"，理论也都打上了科学——工业至上主义、社会达尔文主义、西方中心主义和资本主义的烙印。20 世纪中叶至今，社会学仍是西方主导，但全球化也让这门学问血统不再纯"白"，也不再偏狭于一隅，也渐渐地有了黄色、黑色和棕色，有了东方化和非西方化等全球性味道。

19 世纪末 20 世纪初，中国人开始接触到这门学问，开始了解它和学习它。到 20 世纪中叶，社会学在中国，已开始由一个"小学生"成长为一个"中学生"。但 50 年代后有 30 多年的时间，因左倾错误，中断了它的"大学学业"。一直到改革开放，才由邓小平同志发话恢复。30 多年来，中国社会学不仅从欧美学统的"大学毕业"，而且还逐渐有了一些创造，有了一些自己的元素。虽不敢说已经做到了"青出于蓝而胜于蓝"，但它的确有这个宏愿，希望在孔德、斯宾塞、马克思、韦伯和帕森斯等之外，还有几个中国人的面孔。比如说，老子、孔子和荀子，等等；又比如说，梁漱溟、毛泽东、晏阳初、费孝通、陆学艺等等；再比如说，……等等。

老子、孔子、荀子之类的社会学，我不说，大家也知道；梁、毛、晏、费、陆的社会学，前些年，我有一本小书介绍；陆学艺的社会学，我在这里再作一些补充介绍。而更多中国社会学家的思想和理论，还有待今后研究和介绍。

---

① 社会学界关于社会学的定义，五花八门。从它诞生至今，社会学家一直争论不休。我这样说，95% 的社会学家可能会反对，但他们会斥之以外行。我本非行中人，为了外行们理解方便，说些行外话，专家们也不必当真。

"补课"

据学术界考证，20世纪30到40年代，中国社会学发展是很好很快的。不仅在引进西方社会学理论和方法上，硕果累累，而且还在中国社会调查和理论总结方面，也取得了明显进步，甚至还提出了"社会学中国化"的重要命题。当时的社会学家不仅坐而论道，而且还立说立行，参与中国政治民主和社会现代化建设，成为中国政坛上和社会运动中重要的第三力量。

解放后，由于左倾思想对学术发展形势的错误估计，否认社会学是一门科学，粗暴地取消了社会学的学科存在，致使社会学在中国大陆50年代至70年代末，完全停顿。除了在解放前生活过的老一辈学人可能还知道有社会学这一门学问之外，象我们这一代人，在1978年以前，是完全不知道社会学为何物的。

打倒"四人帮"之后，中国一切都有了"从头再来"的可能。最早提出恢复社会学学科的人，是中国社会科学院哲学所杜任之教授。他在1978年6月，第五届全国政协会议上，提出恢复重建社会学、政治学的主张，得到了中央领导的重视。1979年春节，中国社科院院长胡乔木、副院长邓力群，约见著名社会学家费孝通教授，商讨恢复社会学的有关事宜。

3月15日，中国社科院，全国哲学社会科学规划会议筹备处主持召开了"社会学座谈会"，邀请部分老社会学家，以及相关部门的同志座谈，讨论如何恢复和重建社会学问题。胡乔木同志在会上作了重要讲话，为社会学恢复名誉，支持社会学恢复与重建。这次座谈会，成为社会学恢复重建的起点。

3月19日，中国社会学研究会成立，并召开第一届理事会，选举费孝通为会长、雷洁琼、杜任之、林耀华、李正文等为副会长。从此，中国社会学正式进入恢复重建的筹备期。

3月20日，邓小平同志在中共中央召开的理论务虚会上发表了《坚持四项基本原则》的重要讲话。在讲话中，他对社会学恢复重建表示支持。他说：

"政治、法学、社会学以及世界政治的研究，我们过去多年忽视了，现在也需要赶快补课……我们已经承认自然科学比外国落后了，现在也应该承认社会科学的研究工作（就可比的方面说）比外国落后了。我们的水平很低，好多年连统计数字都没有，这样的情况当然使认真的社会科学的研究遇到极大的困难。因此，我们的思想理论工作者必须下定决心，急起直追，深入专业，深入实际，调查研究，知彼知己，力戒空谈。"

费孝通被邀请出山，承命恢复和重建久违了的社会学。按照他的构想，建立一个学科必须有"五脏六腑"。所谓"五脏"，即是要有学会、研究所、图书馆、教学机构和刊物；所谓"六腑"，即是大学社会学系，必须能开设社会学概论、社会调查方法、社会心理学、经济社会学、比较社会学和西方社会学理论等6门主干课程，有了这"五脏六腑"，社会学的"戏台"便算是搭起来了，社会学便可以"唱戏"了。

由于有了邓小平同志的支持，社会学的恢复和重建工作，进展顺利而迅速。

1980年1月8日，中国社会科学院社会学研究所正式成立。4月份，被后誉为社会学的"黄埔军校"的首个社会学讲习班开班，聘请了美国、香港的社会学家讲课，来自全国各地的有志于社会学研究和教学的中青年学者参加培训。之后，1981年和1982年又继续办了两期，共有120多人参加听讲和学习。这个讲习班的学员，后来均成为各地社会学的骨干，是中国社会学重建和发展的一支重要力量。1980年，上海大学（复旦分校）成立了第一个社会学系，随之南开大学也成立了社会学系。到1985年，全国已有21个省、市、自治区建立了社会学会，有20个省市建立了社会学研究所或研究室；有10所大学建立了社会学系或社会学专业。经过6年的努力，社会学"五脏六腑"基本齐备。

"戏台"已经搭就，大幕已经拉开。社会学这出"戏"怎么个唱法？社会学人都在考虑。

1987年，陆学艺调入社会学所，正式进入社会学界。1990年，他当选为中国社会学会副会长兼秘书长。开始全面了解和介入中国社会学的重建和发展。随着对社会学理解的不断深入，他对邓小平同志关于"补课"的认识也在不断深化。"戏台"搭建起来之后，社会学这出戏怎么个唱法？他认为，还是一个"补课"的唱法。不过阶段不同，"补课"的内容不同，"补法"也不相同。

他将1979年3月重建至1985年的社会学发展，称为社会学的初创阶段。在这一阶段中，以费孝通教授为首，还有雷洁琼教授等老一辈社会学家，为社会学重建做了大量的开创、搭台和奠基工作，尤其是他们身体力行做社会调查课题，为后来的社会学者做出了榜样。

1986年以后，社会学"补课"，步入全面建设阶段。以社会学所为例，除了加强队伍建设，大力引进人才之外，在研究领域和课题上，"都比前一阶段向前迈进了一步"。从1987年开始，国家社会科学基金会每年还资助7至10个社会学学科课题，此外，还有一批国家教委和各地地方政府资助课题，以及国外资助的合作课题。

这一期间，陆学艺除了做好社会学所管理和社会学学科建设的工作之外，还在自己承担的课题研究上，加强社会学的"补课"，把研究视角逐步从"三农"的农业视角转向农民和农村视角；研究重点从"三农"转向社会结构转型上来。

1989年，他在《社会学研究》上发表了一篇《社会学要重视研究当今农民问题》的文章。这篇文章的大部分内容是讲当今农民问题研究的重要意义，但也提到了社会学必须对这一问题加以重视，对社会学的课题研究提出要求。他坦率地批评说：

"我们有将近百人的中国社会科学院社会学研究所，能长期坚持下乡，认真研究农村问题的为数不多。近几年，社会学的几个刊物上，很少有研究农村社会问题的文章发表，出版社也很少出版农村社会学方面的书。几个大学的社会学系开不出或不开农村社会的课。所有这些，同我们国家农村正在进行的这场伟大变革是很不相称的。"

　　他还提出倡议："社会学工作者应该重视研究当今的农村问题。"他还具体地列举了亟须研究的重要课题，如中国农村社会变革的方向趋势和规律、农村社会结构、农村经济社会协调发展、农民分层、农村社会保障、城乡二元结构的改变等等。他希望，"有志于农村事业的社会学工作者，特别是年轻的社会学工作者，要义不容辞地深入到农村改革的实际中去调查研究，掌握第一手材料，为完成这些课题而努力"。①

　　这话，既是对社会学同仁的呼吁，也是自己的心声，说给自己听的。从此之后，陆学艺的"三农"研究重点，集中在农民问题上，他的研究重点领域也转向了社会学。

　　1990年8月，中国社会学第三届理事会在北京召开，陆学艺在会上被选为副会长兼秘书长。作为学会的实际"掌门人"，他在会上重申了社会学要继续遵循"以马列主义毛泽东思想为指导，密切结合中国实际，为社会主义建设服务"的方针，重申了"要继续重视应用研究，加强理论研究"的方针，提出了社会学发展要规范化、科学化的意见。这些意见得到了与会者的赞同。

　　这次会议的召开，标志着社会学的"补课"进入了"重点提高，全面发展"的新阶段。

　　这一阶段，"补课"的重点，除了继续坚持前两届领导人尤其是费孝通教授确定的社会学建设和发展的方针，发扬社会学长久以来坚持的面向现实生活，重视社会调查的老传统之外，还有重视重大课题，强调学科规范化科学化和国际学术交流等新内容。

　　1992年3月，陆学艺参加日中社会学学术年会，在会上，他发表了题为《中国社会学的重建与发展》的讲话，就20世纪90年代中国社会学重点提高、全面发展，讲了自己的看法。

　　他虽然高度肯定了社会学重建12年来所取得的成就，但也承认还存在着一些"不足和弱点"。认为中国社会学"理论还不够成熟，方法还不够完善，队伍还不够健全"。

---

①陆学艺《社会学要重视当今农民问题》，载《陆学艺文集》，上海辞书出版社，2005年第1版，第181页。

为此，他提出 5 点主张。其中有 3 点，很值得注意：一是重视对重大社会现实问题的研究。这一点是他的一贯主张，也是他的研究特征。他认为，"实践要求社会学能发挥学科的优势，对社会变迁、社会转型做出解释，描绘和预测"，"社会学一定要参与社会改革，参与社会生活，关心国家大事"，而不能只盯着个人的、细枝末节的、鸡毛蒜皮的小事情做。

二是再次强调了社会学学科建设规范化和科学化。他要求社会学要有系统的理论和科学的方法，强调社会学理论、方法，甚至在研究程式和表述上，都要讲求规范、科学性。这一点在社会学"补课"期间，怎么强调都不过分。否则，我们的社会学就无法与国际同行交流，就不能走出去，就长不大。

三是继续扩大和加强国际学术交流与合作。在社会学"补课"这个问题上，引进国外理论与方法同国外社会学家进行学术交流，都是十分重要的工作。正是这些关系和友谊、交流和合作，吸引了国际社会学界对中国社会学重建和发展的真诚帮助，对中国社会学重建和发展有着重大作用。他表示，今后，我们要扩大和增进社会学的国际交流，使我们更多更好地了解国际社会学的发展，同时也让国际同行了解中国。

"中国社会学国际研讨会"在北京召开，陆学艺先生主持会议（1991 年 7 月）

　　"补课"命题，毫无疑问，在20世纪90年代中期以前，社会学界都是把它看作为"向西方学习，与国际接轨"的代名词。这在社会学重建的前几个阶段，都是必然的也是必须的。的确，社会学在中国的发展，本来先天不足，而后又完全中断20多年，重建必须向西方学习、与国际接轨。但是"补课"命题隐含的涵义是十分丰富的，我们且不说它应包括中国化、时代化和应用化等，单就国际化而言，也并不能完全等同于西方化的。西化只是西方人或西方化人的一种理解，而我们也应该有自己的理解。在这方面，陆学艺也在作深刻的反思和认真的探索。

　　1998年，他在为《新时期社会科学的回顾与前瞻》一书所写的《中国现代化进程中的社会学》专论中，提出了"重新认识社会学"这样一个课题，把社会学与中国现代化进程联系起来，看作是与中国现代化进程彼此相关，交互影响的历史现象。

　　在对社会学发展史以及中国社会学重建过程的研究中，他发现，中国社会学是现代化进程的产物，同时，它又推动了中国现代化进程。由此可以说，"社会学是关于现代化及其变迁的理论"。进而，他从社会学与现代化进程的双向互动中，得出结论，那就是"社会学既是对这种变迁及其后果的理解和阐释，又是这种变迁的产物和结晶"。他认为，社会学具有"来自于社会实践，又反过来参与到实践的建构中去的品质"；它对社会实践的理解，是双向的：社会学用自己的概念和理论去理解社会，而社会也在自己的语言和思维去理解社会学。

　　陆学艺用阐释学的方法论重新认识了社会学。这种认识，在方法论上具有革命性意义，在理论和学术上也极具创新价值。它告诉我们，社会学是对中国现代化的一种阐释和回应，它不可能来自于外在复制。"补课"所强调的引进和学习，只是社会学外在的、表面的、形式的东西，而不是其内在的实质内容。这样，真正需要"补课"的，是深入到中国现代化进程中去，加强调查研究，挖掘中国社会学需要的东西。

　　根据这一思路和认识，陆学艺在文中再一次强调了费孝通教授在重建时确定的中国社会学发展的方针，同时还提出更具体的两大方针：一是两手抓：既重视社会学的理论研究，又加强应用研究；二是洋为中用，以我为主。[1]

在社会学"补课"的课程表中，对外交流是重点科目之一。中国社会学要想在一个较高的层面尽快起步，要想一起步就能同国外同行交流，就必须走出去，请进来，向别人学习，也让国外同行了解自己，了解中国的社会学。

陆学艺来社会学所的第二年，也就是1988年10月份，根据院里同英国签订的合作交流协议，陆学艺和戴万景两人，应邀访问英国。这是陆学艺第一次访问欧洲。

根据陆学艺日记记载，他们是10月中旬的一天下午两点，从北京出发的。经过大约十几个小时的飞行，于当地时间下午5点到达伦敦。出站很顺利，学校雇请一位出租车司机来接。这位司机很负责任，接到后，就把他们直接送到预订的宾馆。

第二天，按照行程，他们先到伦敦大学亚非学院访问。院方很热情，安排了著名社会学家伊莎贝尔和王斯福来接待并座谈。

伊莎贝尔代表院方对陆学艺一行到访表示欢迎。她还简要介绍了亚非学院的教学、研究和其他情况。陆学艺也代表中国社会科学院，向对方介绍了社科院社会学所简况以及这次访问的目的。双方还就今后的合作交流谈了很好的意见。但总的说来，大多数内容，都是礼节性的和意向性的。

陆学艺先生在国外考察

座谈中，有一位中国留学生要见陆学艺。他说他是南开大学社会学系的学生，叫黄平，是通过王宽诚奖学金来英国伦敦经济学院社会学系读博士，他的导师是社会学家斯光累尔。

在异国他乡，见到一

①陆学艺：《中国现代化进程中的社会学》，载《陆学艺文集》，上海辞书出版社，2005年第1版，第310-333页。

第六章 社会学的中国元素

位中国学生，而且还是学社会学的，陆学艺非常高兴。伊莎贝尔见黄平来这里，也很高兴。于是，他也参加座谈，作他们的翻译，气氛自然比此前热烈得多。

座谈结束，黄平陪同陆学艺一起活动。在黄平的陪同下，访问非常顺畅。他们先后访问了牛津大学、剑桥大学和伦敦经济学院。在剑桥大学，他们还见到了著名社会学家吉登斯。还参观了大英博物馆，在当年马克思阅览过图书的桌子前坐了一坐，还到马克思墓地看了看。他们还游览了著名的伊顿中学。虽是走马观花，但陆学艺对英国的景色和古老建筑的保护，印象深刻。

"毕竟是老牌帝国主义国家啊！"陆学艺感叹道。

第5天，他们到曼彻斯特大学访问，社会学系主任同他们座谈交流。这位主任很热情，为人也很直爽，临近中午，他执意要请几位中国客人吃饭。

他问陆学艺，喜欢吃什么？

陆学艺见他很有诚意，笑着说："来英国嘛，当然是想吃一顿英国大餐啰！"

不料，这位主任连连摇头，说："英国菜太难吃，你们会不习惯的。"

再商量，结果去了一家意大利饭店。

在去饭店的路上，陆学艺看到街上很脏很乱。翻译告诉陆，这都是撒切尔夫人的政府弄成的。

他们还考察了加的夫。在加的夫，印象最深的是这里的一个民俗博物馆。这个博物馆，是由一个老房子改造而成，内面陈列着一个工人家庭6代人生活变迁的一些实物和图片。第一代"工人"生活在17至18世纪，工业革命前期，家庭陈设同中国农户差不多，平房，有一个院落，还养了一头猪，家具中还有一条长凳子。到第二代，生活和家庭陈设开始好转。到第五代第六代，他们的生活就很现代化了。这个民俗展览，本意是想留下近代生活的点滴，让现代人猎奇，然而，在一位东方社会学家眼中，这不就是西方经由工业化向现代化的缩影么！

他们行程的最后一站，是访问苏赛克斯大学。这所大学在英国很另类，是一所左派色彩很浓的"红色"大学。这个学校有不少教授在研究苏联和中国。因为时间紧，在这个学校停留了不到半天，就离开了。

10月下旬，他们结束英国的访问，从伦敦途径荷兰回国。在阿姆斯特丹，他们顺道访问了默顿大学，参观了市容。

接待他们的是范汉夫妇，一对儿对中国十分友好的老朋友。范汉太太虽然年过七旬，但身体不错，精神更好。听说中国朋友来访，她专门开车来机场接。

车走到半路上，坏了。范汉太太在公路旁的电话亭打了个电话，半小时后，保险公司的维修车就到了，换了个零件，就又上路了。

他们就住在范汉夫妇家里。老两口的家是一栋别墅，3层小楼，接近400平方米。前面有一个草坪，后面有一个花园，别致、宁静，而富有生活情趣。范汉夫妇热爱旅游，他们经常到国外旅行，来过中国多次，也喜欢收藏文物古董。

陆学艺和戴研员各住一层。在这个荷兰教授家里，——其实也只是一个中等收入的普通市民之家，两个中国客人感慨良多。

这次英国之行，给了陆学艺深刻而又美好的印象。虽然日程很紧，行色匆匆，所到之处，都是走马观花，但单耳闻目染就给了他们强烈的冲击。古人云：读万卷书，行千里路。而英国之行千里路，可能远比在家里读万卷书值得。

1989年4月初，日本日中社会学会访华团访问中国社会科学院社会学所。

这次访华团以日本著名学者福武直为顾问，青井和夫为团长，柿崎宫一教授为秘书长，成员有20人。访华第一站，就是社会学所。

这是陆学艺出任所长以来，首次接待日本社会学家访问团到访。为了做好接待工作，陆学艺和全所人员都在精心准备。其中一个项目就是成立了福武直文库。把前几年福武直先生赠送给社会学所的所有藏书、刊物集中起来，做了登记、编目和上架，并在图书资料室专辟一室陈列，还制作了"福武直文库"的牌匾，准备让福武直先生参观时揭牌。

第二天，日中社会学会访华团到访。社会学所举行欢迎仪式。在会上，陆学艺向客人介绍中国社会发展形势，介绍社会学所成立以来的发展。团长青井和夫发表了讲话，表示了日本社会学界与中国同行合作交流的盛意。

会前，陆学艺邀客人参观了社会学所办公室和图书资料室，在图书室举行了福武直文库的揭牌仪式。会上，陆学艺又代表中国社科院研究生院社会学系向福武直先生颁发了兼职教授的聘书。

福武直先生很高兴地接受了聘书。他最后发表了热情友好的讲话。他说，"看到中国日新月异的进步，了解了中国社会学恢复重建的成就，感到由衷的高兴！""对于这次盛情接待，十分满意。"他表示，"要做好日中社会学界中青年学者交流的桥梁，让日中世世代代友好下去"。他还说，"刚才参加了文库的揭牌仪式，又接受了聘书，甚为感动"。未曾想一语成谶，第二年，福武直在东京病逝。

日本著名社会学家福武直教授率日中社会学会代表团访问中国社科院社会学所
（1989 年 3 月）

代表团在京访问了四天。第五天，他们去上海。陆学艺亲自陪同他们一起访问复旦大学和上海市社会学所。第三站，他们到苏州。福武直年轻时，曾在苏州枫桥镇考察访问了几个月。他的毕业论文，就是关于中国农村社会结构方面的研究。这次，他想故地重游。

本来陆学艺是想陪同到底的。不料老家来电话，说他哥哥出车祸了，在医院治疗，要他回去看望。所以，陆学艺只好同日本友人在苏州站告别。福武直先生一直站在月台上，目送陆坐的火车西行离去。

这一别，竟成永别，所以，陆学艺特别伤感。福武直先生仙逝时，陆学艺专致唁电，以表深切哀悼之意。

自此，社会学所和陆学艺与日本社会学界的交往交流不断。

1990 年 7 月，应日中社会学会秘书长的邀请，陆学艺到日本参加他们的年会。

社会学会学术年会是这个学会的重大学术活动，每年都举办一次。这次年会，是他们学会举办的第 5 次年会。会议安排在早稻田大学。

在会上，陆学艺被安排做了一次大会演讲，他讲的题目是"关于中国社会学发展状况"。

会议结束后第二天，庆应大学社会学系主任十时严周请陆学艺到他们学校作报告。

陆学艺答应了。他报告题目是"当前中国农村经济形势与乡镇企业的发展"。当时正处于"六四"事件后的一年，西方和日本学界对中国"六四"事件后的社会经济形势看法很悲观，对中国友好的人士，也拿不准。所以，陆学艺讲这个题目，吸引了庆应大学很多人前来听讲。

陆学艺对满堂的听众讲：中国至今还是一个农村社会、农民占绝大多数的国家。改革开放以后，农村率先改革，农民首先得到实惠。"六四"时，农村是稳定的，农民没有人上街参加游行。今年农业又将大丰收，农村的乡镇企业大发展，每年以20%以上的速度在发展。中国农村已经有了第一个亿元户，就是一个村企业的老板。我是主要搞农村研究的，了解农村发展正方兴未艾，农村定则天下安。而且，城市改革也开始了，国有企业正在改制，将来发展也会很好的。

整个报告，陆学艺讲得比较乐观，也比较有说服力。

报告完后，很多听众提问。第一个发问的是系主任、会议主持人十时严周。他问，"像陆教授您对中国形势看得这样乐观的人有多少"？

十时严周对中国很友好，他也是陆学艺的老朋友。"六四"之后，由于西方的宣传和制裁，十时严周对中国的发展前景很迷茫。听了陆先生的报告，他很振奋，但也有一丝疑虑，丁是提了这样一个问题。

陆学艺回答道："像我这样乐观的人，在中国一定会超过90%！"

陆先生的自信和乐观，感染了在场的大部分听众，也坚定了他们对中国未来的信心。

讲课后，十时严周专门请陆先生吃饭。

在饭桌上，他们继续交谈这类问题。陆学艺一一作答。他用很多实例，来证明他的观点，说得有根有据，进一步消除了十时严周先生的疑虑。

以后中国发展证实了陆学艺的判断和观点，这使十时先生非常佩服。自那以后，十时严周对陆学艺十分敬重，把他作为自己的好朋友。访华时，他一定会到社会学所来拜访陆先生。陆先生访日，他总是要请陆老到他那儿去。后来，他还把他的博士生派到社会学所来，专门研究中国农村问题。他退休时，把他所有的书刊都赠送给了社会学所，表示对中国的支持和友好。陆学艺则指示社会学所，专门建立了一个"十时严周文库"，让十时先生的善举发挥应有的作用。

此后，陆学艺又有两次赴日进行学术交流。一次是1993年9月下旬，他应日本学术振兴会的邀请，经柄泽行雄教授安排，到常磐大学作学术交流和考察。

这一次时间较长，45天。11月初回国。

另一次是1994年7月，应日本青山学院大学邀请，赴日参加该院120周年校庆，同时参加"21世纪的中国"学术会议。

这次活动规格较高。中方团长是时任国家副主席的荣毅仁，代表团成员还有刘国光、江平、吴敬琏、黄朝翰等。

代表团除了参加120周年校庆主题活动及"21世纪的中国"学术开幕式外，还分别参加各专题活动。陆学艺是社会学家，被安排在社会学专题会场。该校教授石川子教授希望陆先生为该校师生作一场关于中国社会结构变迁的演讲。

陆学艺欣然应允，在会上，陆学艺就"21世纪中国的社会结构"问题，发表了自己的看法。他认为，到21世纪中叶，中国将实现由传统社会结构向现代社会结构转型，全面建成有中国特色的社会主义现代化国家。

这一报告，引起与会师生的极大兴趣。

由于陆学艺的学识、真诚与友好，每一个国际学术交流的来访者，都深受感动，深受教益；每一次出访的受访者，也都感受到了中国客人的魅力，每一次学术交流都成了双方进一步交流合作的起点。这样的"补课"，对于中国社会学来说，也许应该重新定义：它是双向的，是"教学相长"。中国社会学在这样的"补课"中，学习别人，展示自己。

1993年陆学艺访日时，在东京会见了十时严周。老友又一次见面，分外高兴。谈话间，十时严周向陆学艺建议，中国可举办下一届亚洲社会学家大会。这对于让国际社会尤其是亚洲国家了解中国、提升中国社会学的影响力，具有重要意义，也是中国社会学了解亚洲其他国家社会学情况的一次机会。他表示，"如果中国愿意承办，日方一定大力支持"。

"这是好事啊！"陆学艺心想，"如果能办成，可以推进中国社会学的国际化"。

"我们愿意!"陆学艺当即同意。"不过,还得请十时先生多帮忙啊!"陆先生真诚地请求。

"一定,一定尽力。"十时严周先生用他那日本式的态度,郑重承诺。

回国后,陆学艺向院领导作了汇报。院领导表示大力支持。这件事就这样定了下来。

接下来,就是会议的筹备工作。筹备工作千头万绪,涉及到会议议题、联络、会务、后勤保障,还有令人头疼的经费问题。

1995年11月2日至5日,第六届亚洲社会学家大会,经过1年多的精心准备,在北京开幕。来自亚洲15个国家和地区的200多位社会学家参加了会议,其中以日本、韩国和以色列三国的代表最多。大会主题是"21世纪的亚洲社会和社会学",分6个专题讨论:

一是亚洲地区的经济发展与社会变迁;

二是亚洲的传统文化与社会结构;

三是亚洲的工业化与劳动力转移;

四是21世纪的社会保障;

五是21世纪亚洲地区的家庭与生活品质;

六是21世纪亚洲社会经济发展、人口资源、环境问题。

时任国务委员的彭佩芸出席第六届亚洲社会学大会开幕式
(1995年11月,北京)

在开幕式上，陆学艺和十时严周先生都分别发表讲话。

在分组专题讨论中，与会代表积极发言，宣读自己的论文，评论代表们的观点。

大会开得很成功。这是自社会学恢复重建以来，首次主办的大规模、高规格的国际性社会学学术会议。

会议的成功召开，极大地提升了中国社会学在国际上的影响力。

2001 年 3 月，经北京大学王思斌教授介绍，陆学艺在北京认识到日本社会学家佐佐木正道教授。其时他是国际社会学会主席。会面后，佐佐木教授提出，建议第 36 届世界社会学大会由北京举办，时间定在明年。

因为有了上一次亚洲社会学家大会成功举办的经验，陆学艺当即表示赞成，愿意作为东道主，全力以赴办好这次大会。

第二天，陆学艺请佐佐木正道教授，来到社会学所，同所里的几位领导正式会谈。所党委书记、所长景天魁、副所长李培林等人同佐佐木教授，认真讨论，达成了 2003 年在中国举办世界社会学大会的共识。

2001 年 7 月，时任社会学所所长景天魁研究员，前往波兰，参加第 35 届世界社会学大会，并向国际社会学会申办下一届世界社会学大会。国际社会学执行局认真考虑了北京的申请，同意中国承办第 36 届世界社会学大会。

中国社会学会和社会学所申办工作，得到了国务院和外交部的支持。温家宝、钱其琛、丁关根等领导同志均做了重要批示。中国社科院十分重视。时任中共中央政治局委员、中国社科院院长李铁映批示："这是社会学界的一件大事、盛事，要努力办好"。为保证大会圆满成功，中国社科院专门成立了筹备工作领导小组，由王洛林副院长任组长，江蓝生副院长、朱锦昌秘书长任副组长，直接领导大会的筹备工作。

具体筹备工作，则由社会学所和中国社会学会组成组委会负责。除社会学所一大半工作人员投入日常工作外，院内院外有关单位和招募的志愿者都参与了服务工作。

2003 年 3 月，一场突如其来的"非典"肆虐北京。给大会的召开蒙上了一层阴影。

在这种非常时刻，召开国际性会议，显然已经不可能。7 月份，会议筹备组经过郑重协商，决定将世界社会学大会，推迟到明年即 2004 年召开。筹备工作不停，会期推迟。

2004 年，"非典"开始消除，大会的准备工作也早已就绪。7 月 7 日，第 36 届世界社会学大会，在北京正式开幕。

当时，全国政协副主席、中国社科院院长陈奎元，社科院副院长李慎明、江蓝生、秘书长朱锦昌等出席了开幕式。来自 51 个国家和地区的 1164 名代表参加了此次大会。

在开幕式上，时任北京市副市长范伯元、联合国教科文组织代表杜铭那克、国际社会学学会主席本·拉斐尔（E.Ben—Rafael）、前会长佐佐木正道、国际社会学协会原会长欧门（T.K.Oommen）、福特基金会代表沙琳（SarchCook）、中国社会学会会长陆学艺以及广东省政府代表李子彪出席会议并讲话。

因病未能参加大会的世界著名社会学家沃勒斯坦，给大会发来了良好的祝辞。他说："第 36 届世界社会学大会在北京召开，这是社会学和社会科学走向真正国际化的历史性一步。……中国是世界的很大一部分，有悠久的文化传统。但在世界的知识领域，中国一直未能得到充分的代表，中国对世界知识的贡献未得到充分的认识。愿这次在北京召开的大会，能结束这种学术隔绝。"

这次大会，既是历届世界社会学大会参会人数最多的一次会议，也是中国社科院建院以来召开的规模最大的一次国际会议。大会共组织了 4 场由 21 位国际知名社会学家领衔做的主题演讲，另外还有特别论坛 3 个，专题论坛 89 个，独立论坛 2 个。各国学者围绕"全球化时代的社会变迁"这一主题展开讨论交流，所涉及到发展战略、城市化、就业、人口、收入分配、医疗保健、贫困救助、教育、社会保障、环保等大部分社会学论题。在热烈讨论和交流的基础上，会议取得了诸多共识。会议结束前，发表了《世界社会学家北京宣言》。《宣言》呼吁所有国家、国际组织、企业、非政府非盈利组织、社会各界，共同承担起责任，为建立 21 世纪和平、公正、相互依存和共同发展的国际新秩序而努力。

大会高水平的讨论和交流，让与会代表受益匪浅。一方面，让世界更多地了解了中国、中国的改革开放、中国的社会学；另一方面，也让中国了解了世界社会学的最新动向和水平。它的成功举办，对中国社会学 24 年恢复重建成果是一个检验，不仅对大会的筹备工作，而且对中国社会学理论和学术工作，都是一次考验和检验。值得欣慰的是，国际社会学会同行们给中国社会学会和中国社会学所打了一个满分。用本·拉斐尔主席的话说：

"我们将不会忘记这次第 36 届世界社会学大会，也会永远感念你们的贡献。" ①

①中国社会科学院社会学研究所：《中国社会科学院社会学研究所所志》（1980.1 ~ 2010.1）（征求意见稿），（内部资料），2010 年 1 月，第 97-100 页。

发现中国社会学

陆学艺先生在写作研究
2011 年 11 月

社会学重建与发展，自 1979 年至今，已 33 年了。陆学艺在 1992 年时，曾对社会学重建与发展 12 年作过历史的阶段性分析，认为 1990 年下半年开始，社会学就进入重点提高、全面发展的新阶段。1990 年之后，又过去了 20 多年，陆先生对这 20 年的发展又有什么样的看法呢？

2005 年，他在和王处辉共同主编的《中国社会思想史资料选辑》（以下简称《选辑》）一书"总序"中，对此有一个说法：

"20 世纪 90 年代中期以来，中国社会学学科的队伍迅速扩大，学科建设也有了明显的进展。其最直接的表现之一，是对西方社会学理论的引进，已从初期浮光掠影式的介绍或翻译，发展到较为系统的深入研究。表现之二，是在中国社会学者的最新研究成果中，照搬西方概念或理论，与中国现实社会生硬比附的现象已大为减少，社会学家大都集中精力研究中国改革发展与社会转型中出现的重大现实问题。在对这些重大现实问题进行理论分析时，也已逐渐从依附于西方社会理论的阶段走出来，在借鉴各种外国相关理论的同时，注重采用当代中国社会学者自己的逻辑和话语系统解读中国社会，从而增强了中国社会学的国际对话能力。表现之三，是中国社会学家已有了'文化自觉'意识，充分认识到中国社会学科的发展如不能与中国自身的实际及传统相结合，以形成中国的社会学基础理论，则不能对中国的应用社会学研究发挥指导作用；充分认识到中国的社会学基础理论，必须从中国社会中寻求，而中国是一个拥有五千年文明史，有自己文化特色的国度。"[1]

这一段话体现了陆学艺对33年的中国社会学重建与发展的一个新的分期，即20世纪90年代中期前，是社会学重建期；20世纪90年代中期后，是社会学发展期。前期更多的是"补课"，是学习和引进；后期，也可以叫做"补课"，但这个"补课"，则是重新发现和自我认识，是"文化自觉"和"社会学中国化"。

重新发现中国社会思想的社会学价值，并不是一个现在命题。早在20世纪30年代，一位西方教授就认为2500多年前的荀子，是社会学的始祖；20世纪40年代，孙本文和吴文藻等人都提出了"社会学中国化"问题。[2]与此同时，中国化命题也适用于马克思主义思潮。而在此前很久，外来佛学也进行过中国化改造。

社会学重建不久，20世纪80年代港台学者，以及大陆的少数社会学家，开始了社会学中国化的讨论。我在1988年也主张社会学中国化，我的观点是："当历史的棘轮戏剧性地从工业时代转向后工业时代，中国传统文化和社会结构中的合理因素，将会日益广泛地影响世界文明的未来。……21世纪是太平洋的世纪，经济重心将从大西洋转向太平洋。太平洋时代的来临，与后工业社会东方文明尤其是中国文明的复兴有一定关系。……因此，追寻这种现实进程，

---

①陆学艺、王处辉主编：《中国社会思想史资料选辑》，广西人民出版社，2006-2007年第1版，"总序"，第1页。

②费孝通：《略谈中国的社会学》，转引自①第2页。

通过社会学的经验研究，积累表现中国社会结构、运动与发展特殊性的材料，从中归纳出较高层次的具有普遍意义的理论模式，用以指导我国社会主义现代化建设与发展，……丰富和发展世界社会学理论与方法，就是社会学中国化。"

我之所谓"社会学中国化"，实际上是希望多做中国特色的经验研究。而另外一些人，比如说张琢和费孝通等，则更多地强调了社会思想和文化对于社会学的重要性。张琢在 1995 年发表的一篇论文中写道：

"世界社会学如果没有中国这'半个世界'的社会史和社会思想史，就是最大的缺憾。继往开来，认真下功夫挖掘、整理中华民族源远流长、蕴涵丰富的社会思想的历史遗产，予以科学的阐释，并奉献于世界，使人类社会思想发展史逐步趋向完备，是中国社会学者责无旁贷的使命"。

费孝通先生在他晚年认为，当今时代需要"新的孔子"，强调社会学关注中国传统思想与文化问题。2003 年，也就是在他逝世前两年，在《试谈扩展社会学的传统界限》一文中，他写道：

"中国传统社会思想与文化中，在诸如处理人与人、我与我、心与心、人与群体、人与自然等方面的思想确有'先见性'和'超前性'，而这些常常是我们真正理解中国社会的关键，也蕴含着建立一个美好的、优质的现代社会的人文价值。社会学的研究，应该达到这一个层次，不达到这个层次，不是一个成熟的'学'（science）。如果我们能够真正静下心来，坐下来，潜心梳理这些传统的宝贵遗产，真正在这方面获得一些突破，那将是社会学发展的一个重要的跃进"。

如果用上述两大标准定义社会学中国化，我想从理论和实践上，做得最好的人之一，就是陆学艺。他不仅在实践上，几十年如一日地追寻着中国改革开放和社会结构转型的现实进程，用大量的社会学经验研究，积累了足够表现中国社会结构转型和现代化的特殊性材料，并从中归纳和抽象出"三农"、"社会结构转型"和"社会现代化"理论来，而且还准备在中国社会思想研究中寻找具有中国特色的社会学理论上，走出重大而关键的一步。

1998 年，陆学艺向国家社会科学基金申报了"中国社会思想史研究"课题。他在课题申报书上这样写道：

"社会学作为一个学科，是由西方率先创立的，但人类对社会生活、社会问题和社会模式的思考与构想，即'社会思想'则由来已久，绝不是从有了社会学之后才开始的。具有几千年无间断的思想文化积淀的中国，在历史发展中形成了丰富的社会思想，其中有诸多精华至今仍有世界性意义。社会学要在中国生根，建设中国特色的社会学，就不能割裂中国的传统与现代的关系；如果我们要解读现代中国社会，就不能忽视中国几千年的社会基础和文化积淀；如果我们要建设中国的社会学理论，就不能不加强对中国社会思想史的研究。"

"中国社会思想史研究"课题申请，得到了国家社会科学基金会的批准，并被列为当年的重点项目之一。

为了做好这一课题的研究，陆学艺决定先了解学界的研究现状。他发现，20世纪80年代以来，到2000年，中国大陆已有数本《中国社会思想史》著作出版，为社会思想史这个学科的建立，作出了开拓性贡献，但这些著作在什么是"社会思想史"等基本概念上，并未形成一致性意见，而且，社会思想史的资料搜集和整理工作，限于个人精力和视角，还不全面、深入和系统。因此，这项课题研究的第一步，就是从基础做起，探讨最基本的概念和做资料搜集整理工作。

从定义上，他们比较了各家的表述，基本采用了王处辉教授在2002年出版的《中国社会思想史》一书中提出的定义，王教授也是这一课题的合作者。他认为："社会思想是人们在社会生产和社会生活中所形成的关于社会生活、社会问题、社会模式和观念、构想或理论。中国社会思想史，就是研究历代中国人在社会生产和生活实践中所形成的，关于社会生活、社会问题、社会模式的观点、构想或理论发生、发展和继承或斗争的，内在历史过程及其特点与规律的社会学分支学科。"

在这个定义的规定下，他们对中国社会思想史研究的对象与范围作了具体的界定。认为中国社会思想史"是从社会学视角对人类关于社会的思想之发展历程的考察"。考察的是"以群民、家国、治乱为主题内容的思想"。"侧重社会生活、社会问题、社会管理及社会模式方面的观念、构想或理论"。

他们还列举了社会思想包括哪些具体的内容。如"社会生活"思想，是人们关于维系群体共同生活并如何使之更好的思想，包括人的修养与社会化、人性与欲望、人际关系、处世社交及社会价值取向方面的思想，还有社会组织与结构、生活方式、社会起源与变迁、社会控制、整合及协调发展的思想等；"社会问题"思想，是指人们在共同生活中产生的对共同生活或社会进步发生障碍问题的思想，包括问题原因的认知、问题本身的认知、解决方案设计等；"社会管理"思想，是人们对于社会秩序如何良性运行、和谐发展的思想；"社会模式"的思想，是人们对于社会结构体系方面的思想，包括对现实社会及其结构"应然"状态的认知，对理想社会的构想，社会改良、改造的思想等。

这一定义，对象和范围，是中国社会学界在 21 世纪初对中国社会思想史研究所取得的积极、初步的成果。虽然，从现代的社会学视野看来，有点老虎撒尿自设疆界的意味，我以为还不如宽广了说，社会思想是人类经济思想、政治思想、社会思想、文化思想和自然环境思想等五大思想之一，是关于社会及其运行的认知，——来得直白和准确，但不管怎么说，有了这一初步界定，讨论便有了共识，研究便有了深入下去的可能。

另一项基础工作，便是"翻家底"，从浩如烟海的史料中，搜集整理中国社会思想史的资料。陆学艺深知，这是一项巨大的工程，又是一项坐冷板凳，并且吃力不讨好的工程，当然也是一项为社会思想史，为社会学中国化发展"铺路架桥"的工程，难度大，价值也大，值得去做。所以，他决定以中国社科院社会学所和南开大学社会学系为研究基地，组织全国专门从事中国社会思想史教学与研究的专家，形成一个庞大的课题组，共同来做。从 1998 年起到 2004 年，前后花了 6 年多的时间，搜集和整理了 400 多万字的资料，终于完成了这一历史性的资料整理工作。2006 年，在广西人民出版社支持下，六卷本《中国社会思想史资料选辑》之先秦卷和秦汉－隋唐卷出版；2007 年，宋元明清卷、晚清卷、民国卷（上、下）出版。这 6 卷本"选辑"的出版，标志着"中国社会思想史"研究最重要的基础性工作完成。

对这本书，我有三个认知。

第一，《选辑》是一本中国社会思想史的资料书，也是一本社会思想史教学与研究的参考书。编辑这本资料书需要独具一格的社会学历史学的学识和眼光。它所选辑范围除了上述社会思想史研究范围所限定外，主要选取的是各个历史时期的经典作家的著述，而不是全部著述。选编者目的是通过此书，来引导读者以此为线索，深入探索其他文献中的社会思想。"选辑"之选经典，既不能与传统和公认的经典相背左，例如说，你不能否定《论语》的经典性，但也不能完全等同于哲学史、文化史其他思想史意义上的经典，不能雷同，不能照抄，而需要根据历史的真实性和现实的需要来选择。因此，这是很需要一些社会学、历史学的学识和眼光的。选编者们大都具有丰富的社会学学识，又具有独到的历史学眼光。所以，他们才能在数千万字的文献中，"发现"经典的社会思想资料。

第二，《选辑》在编辑和评论上，体现了选编者的"统治"历史学和"管理"社会学的学术倾向。他们在作者和作者的思想取舍上，已经完全抛弃了"阶级斗争"的历史学社会学观念，而把"统治"和"管理"的理论很自然地植入了历史人物和历史文献之中。在改革开放前，乃至20世纪80年代，选编的历史文献中，充斥着阶级和阶级斗争资料，现在则基本上看不到了。这样的编辑思想，如果不是有意，那么，无形之中倾向于为改革开放和现代化社会学服务，则是很能体现选编者们高度的学术自觉性的。

在古代部分，选编者对每个被选作者，都有一段评述，对其生平、时代背景、主要学术成就和社会思想的特点，作概要性评介，虽字数不多，但很精到。有了这一段话，读者可先了解其人，然后再深入了解其文，可得其序助之便。这些评介，也体现了选编者们的学术倾向性。

第三，这本书史料的辑佚、考证、校勘和整理工作，做得非常到位。这项工作是历史学的基础性工作，好比建筑一座房子，要烧砖和制造水泥、钢筋一样，如果没有这样的基础和"原料"性工作，历史学将只能是一座海市蜃楼。而且，史料学也是历史学中的一门硬功夫。中国历史学最值得称道的就是史料考证，中国历史学家最擅长的就是抉隐发微，在虚无之处说实有，在实有里面证虚无。社会学探究自己的前生今世，必须有这一身功夫。

2000年秋，一批在社会学界从事中国社会思想史教学研究的社会学者，在一次座谈会上，讨论中国社会思想史的教学和科研问题，提议成立中国社会学会社会思想史专业委员会。

这一提议得到了时任中国社会学会会长的陆学艺的大力支持。在陆学艺看来，中国古代文明在世界上独树一帜，从未中断。数千年来无数思想家对社会问题、人与社会的关系进行深入思考，创造了博大精深的中国社会思想体系，这是我国宝贵的思想财富。系统整理和研究这一社会学思想宝库，对建设具有中国特色的社会学，对于改革开放和中国的现代化具有重要意义。所以，他很支持成立一个专业委员会的想法。

经过多年的努力，2007年11月13日，社会思想史专业委员会终于在山东青岛大学成立。陆学艺亲自出任这个专委会的会长，南开大学王处辉教授为副会长兼任秘书长。

社会思想史专委会虽然规模很小，但他们有强烈的使命感和责任感，在专委会成立之前，即举办了5次学术研讨会。专委会成立后，一年一度的学术讨论被延续下来。现在每次会议，都有来自全国各高校数十名学者参加。每一次会议，学术讨论气氛都很浓郁，大家都为探讨、发现、交流而来。

从2003年起，研讨会即开始编辑出版"中国社会思想史论文集"。第一本论文集《追寻中国社会的自性》，于2004年在广西人民出版社出版。这是专委会成立前数次中国社会思想史座谈会的成果结集。2010年，专委会又将此前历次讨论会的优秀论文和2009年"中国社会思想及其现代性学术研讨会"论文结集为两本书：《思想、价值与实践》（以下简称"实践"）和《中国社会思想及其现代性》（以下简称"现代性"）正式出版。

"实践"和"现代性"是由陆学艺主编，中国社会思想史学界对中国社会思想研究近年来的最新成果。其中，既有对中国社会思想总体性评论，也是断代专题研究。绝大多数文章，都从社会学和历史学的视角对中国社会思想进行剖析，具有很强的现实性和学术价值。

例如，王处辉教授《论中国社会价值系统的一主多元特性》，将社会价值分为根干价值与枝叶价值；制度化、知识化和生活化形态。提出中国价值系统具有一家主导多元并存的特性。他认为，当代中国要建设中华民族共有精神家园，必须发扬中国社会价值系统的一主多元体现的和合精神。

武汉大学社会学系教授桂胜等人《中国社会结构：基于"缘"的视野解读》，对费孝通"差序格局"的社会结构模型作了更广的推广，提出了"缘"是中国人的社会关系模式的观点。他们还对"缘"的历史演变及其构造作了深入分析："缘"现象的传统关系格局主要以时间长短并辅之以距离远近为情感交易纽带，是回忆与现实的对立与融合。血缘关系以子孙的延续和家庭近距离生活为情感交易而居于中心，姻缘关系以人生的大半时间和家庭近距离生活为情感交易而居于血缘关系外围，乡缘关系以生活时间的长短和近距离生活为情感交易而居于姻缘关系外围。这种分析具有区位学意义。

卞国凤《儒家宗族福利思想的尝试——范氏义庄救助体系分析》，对以儒家思想为主体的宗族福利思想作了研究。作者通过对范氏义庄救助体系的分析，认为这种宗族互助模式完善了中国宗族制度的功能，使社会保障和教化功能成为宗族功能的主角。对我们认识传统社会宗族的社会意义有较大帮助。

田毅鹏、陈宁《中国社会思想史研究 30 年》，对近 30 年中国社会思想史研究作了系统的整理评价和思考。他们认为：中国社会思想史"在推进社会学中国化，与西方主流社会学展开对话等方面，起到了至关重要的作用"。但他们也认为，中国社会思想史研究力量相对薄弱，"写法"即观念思路和方法论单调，与"社会学中国化"的高远目标"存在明显的差距"。他们主张用一种"文化自觉"，来反思社会思想史的研究。[①]

总之，中国社会思想史研究，在社会学界已引起高度关注和重视，它的意义和重要性自不待言。现在的问题是，我们到底需要怎样来研究中国社会思想史？需要怎样从数千年积累的传统文化中，获取什么样的学术思想？来为社会学中国化服务，进而为推进中国特色的社会主义现代化服务。应该做，不是问题；怎样做和做什么？才是我们应该考虑的。

我以为，答案还不在社会思想文化典籍和民俗生活样本之中，而在于现实生活和实践的需求。

中国改革开放和社会转型已经推进了 30 多年，现在到了一个发展的十字路口，中国向何处去？是朝着"中美国"的方向走，成为受人控制任人宰割的边缘化国家？还是科学发展，富民强国，努力实现社会主义、中国文化和中华民族的伟大复兴？如果是后者，科学发展富民强国的实践，需要我们科学地、正面地和建设性地理解中国几千年来形成的社会思想和文化传统，从老祖宗那里获取思想营养和有益启示。而不是像过去那样，粗暴地否定传统的价值，批判

----

①田毅鹏、陈宁：《中国社会思想史研究 30 年》，载陆学艺、王处辉主编：中国社会思想及其现代性——中国社会思想史论集，知识产权出版社，2010 年第 1 牌，第 343-359 页。

地对待中国社会思想中的一切。

　　另外，对中国社会思想多一些整体的理论的和系统的研究，而不是过去那样，碎片式的、割裂的和形而上学式的研究，可能更有助于读者对中国传统的理解。我在问学陆学艺时，曾提出过这个问题。当时我问："以您的理解，中国传统社会思想总体特征和精神内核是什么？"他想了想，说："一切为了国泰民安，长治久安。"

　　这是一个简明而又精彩的答案。

　　当然这是一个很大的问题，也是一个终极性命题。

　　中国社会思想史界已经注意到了这个问题，在不久的将来，对这个问题会有更多精彩的答案。

社会学怎样预测未来?

陆学艺中国社会学体系中，第二个最值得一说的是他的社会预测学。数十年来，他在"三农"的领域，社会结构转型和社会现代化方面，作了大量研究，提供了许多精准的预测报告。从中可以看到他的社会预测学体系以及他在这方面所作的探索。

陆学艺在进入社会学界之前，曾有过辉煌的"前社会学"的研究史。这就是他对农村经济体制改革和农业问题的研究。之所以称之为"前社会学"，是因为他已经实际运用马克思主义社会学理论与方法，作农村社会学的研究，有其实，仅无其名而已。

最早的一次预测，是1978年10月关于农村劳动力剩余及其转移的预测。他在《关于加速农业发展的若干政策问题》一文中写道：

"我国正处在工业化的过程中，我们遇到的新课题之一却是农业人口在总人口中的比例越来越大……到农机化基本实现时，农村能腾出1亿以上的劳动力。

"如何安排好目前农村3亿多劳力，并且为不少地区腾出来的多余劳力找好适当的出路，充分利用我国的劳力资源，这是我们应该解决的大课题。从社会发展的趋势看，农业劳力总要逐渐减少，工业和服务业的职工会越来越多。

我们要在城市设法增辟新的领域，容纳更多的就业人员……吸收一部分农村劳力到工交服务等部门工作。"[1]

这一预测，即使从现在看来，也不失为精当之论。何况在中国改革开放初期的 1978 年，整个国家和学术界，在"左"的政策和思潮轨道上惯性运行时，陆先生的发声，不啻为空谷足音，是相当震憾的。

最值得称道的一次预测，是 1986 年对当时农业发展形势的预测。

农村体制改革成功地推动了农业生产的大发展，80 年代前期一连几年，粮食、棉花和其他经济作物都是大幅增产的，农业中的牧业、渔业、林业以及乡镇企业，发展形势也很好。但到了 1985 年，粮食、棉花开始减产，减幅还不小。

对于多年增产后的第一次减产，理论界和主管部门都认为是好事，是从超常规发展转为常规发展的表现，不足为虑。具体原因，他们认为是计划安排和自然灾害等偶然因素造成的结果。

但陆学艺认为，"1985 年粮食大减产，既非是计划安排的结果，也不是自然灾害等偶然因素造成，而是多种因素综合的结果"。他从 11 个方面分析，农业生产条件正在变坏，农民生产积极性正在下降，以及不重视农业，投入减少，农业物质基础削弱等，是粮食减产的原因。进而，他一针见血地指出，"它是一个信号，我国农业的发展又进入一个关节点，如缺乏有效对策，很可能从此又转入停滞徘徊的局面"。[2]

1986 年 3 月，他把这个看法，写成《农业面临比较严峻的形势》一文，5月 19 日，在社科院《要报》上发表。幸运的是，这篇文章被邓小平同志看到了。6 月 10 日，邓小平同志在听取中央负责同志汇报当前经济情况时，指出"农业，主要是粮食问题。农业上如果有一个曲折，三五年转不过来。粗略估计一下，到 2000 年，以 12 亿人口每人 800 斤计算，粮食产量要达到 9600 亿斤……现在粮食增长较慢。有位专家说：农田基本建设投资少，农业生产水平低，中国将进入新的徘徊时期。这是值得注意的。"[3]

---

①陆学艺：《当代中国农村与当代中国农民》，知识出版社，1991 年第 1 版，第 9-10 页。
②陆学艺：《当代中国农村与当代中国农民》，知识出版社，1991 年第 1 版，第 257-263 页。
③《邓小平文选》，第 3 卷，第 159 页。

有了邓小平"值得注意"的这句话，中央很快出台了一些新的政策，也加大了对农业的投入，在一个短时间里，陆学艺担心的严峻形势并没有出现。尽管言而未中，但从预测学的角度看，陆学艺的这次预测仍属于最值得称道的预测。

最精准的预测，是1995年对俞敬忠同志预测1995年至1996年将增产1000亿斤粮食所作的论证。

当时1994年全国粮食供给出了问题，1995年国家大量进口粮食。这个时候，江苏省农业厅长俞敬忠同志作了一个惊人预测。他认为今后两年内，中国一个新的粮食增长高峰正在孕育，将增产1000亿斤粮食，中央领导同志十分重视，指示在京专家作出论证，看这个结论是否正确。

陆学艺受命为中央财经领导小组办公室作论证。他从建国以来粮食生产周期性增长规律得出认同性结论。他写道：

"建国以来出现过6个粮食增长与高峰。从一个峰顶到下一个峰顶为一个周期，1952年到1990年共38年，每个周期为6.3年。和每跨越1000亿斤一个台阶平均7年的时间基本相吻合。从1990年的8924亿斤（接近9000亿斤），到现在已经过去5年，从1993年的9129亿斤也已两年，增产潜能已经积聚了一些。所以在"九五"期间，实现攀登1万亿斤高峰的目标是有可能的。"

但是，实现这种跨越是有条件的，他继续写道："关键是要创造必要的条件。"这些条件也还是几句老话，一靠政策，二靠科学，三靠投入。"问题是认真做还是应付做。真的认认真真做到了，真的把亿万农民的生产积极性调动起来了，又有科技和物质力量作支撑，那么，农业这盘棋就活了，新的粮食增长高峰是能够实现的。"

事后证明，陆学艺的判断是完全正确的。1995年和1996年两年大丰收，一共增产898亿斤粮食。

当然，陆学艺此时对中国粮食生产的判断是周期性的波动。1996年，他在深入农村调查研究的基础上，对建国以来特别是改革开放以来粮食生产的周期性波动作出总结。他认为："建国47年来，粮食生产有过7次在2至3年内就增产1000亿斤左右的高峰。以改革18年来计，今年（1996年）是第四次粮食增产高峰。"47年来粮食生产总的特征是"波浪式前进，螺旋状上升。"平均每个周期是 6.3 年，改革开放后周期缩短，增幅扩大。他还认为，每次粮食增长走出低谷，跃上新的高峰，都是党和政府做了大量工作或作出重要变革和调整，或增加投入，调动了农民生产积极性的结果。由此，他得出结论，中国政府和人民有能力依靠自己的力量解决粮食供给问题，中国人不仅能养活自己，而且将使自己的生活质量一年比一年提高。"

诸如此类的农业预测，20 世纪八九十年代，陆学艺做了不少，其中绝大部分的都十分准确或比较准确。尤其是与农经学界权威和主管领导的判断相左而后又证明他正确，让他一时名动京城，被称之为农经学界的传奇人物。

1992 年初，中国社会科学院经济片部门出版了第一本经济蓝皮书《中国经济形势分析与预测》，在社会上引起较大反响。

受此影响，时任社科院分管政法、社会片的副院长江流同志，认为政法社会学片也应该搞一本这样的书，来为学术界和决策界服务。5 月份，他找陆学艺和院科研局同志商议，决定由时任社会学所所长陆学艺牵头，组成以社会学所人员为主，法学所、政治学所、民族所、宗教所研究人员参与的"社会形势分析与预测"的课题组，专门来做这件事。

由于此前，陆学艺在农经、社会学领域已做过大量经济预测和社会预测课题，正好有很多预测学方面的想法，需要进一步验证和拓展，所以，江院长一提出这个建议，陆学艺就立即答应下来。

当月，中国社会科学院"社会形势分析与预测"课题组就组建完成。成员分别来自社会、政治学片 6 个研究所，还有部分政府机关、大学和科研机构的专家学者。由江流、陆学艺、单天伦任主编，陆学艺、单天伦、李培林、方明、陆建华、黄平等为课题组核心成员。

1992 年，是中国改革开放和社会发展的重要转折之年。这一年，有许多重大事件发生。其中，邓小平南巡，发表了重要的"南巡讲话"；秋天，中国共产党还召开了十四大，明确提出了建立社会主义市场经济体制的改革目标。邓小平同志"南巡讲话"和十四大召开，为中国改革开放和现代化发展，指明了方向，也对社会科学的研究和发展，提出了新的要求。在这样的时代背景下，"客观地记录和深入地思考已往发生的重大社会变迁，科学地预测即将发生的同样重大的变化，为国家社会经济健康发展提供高质量的服务，成为学界义不容辞的时代使命。"

于是，陆学艺和他的课题组，以极高的使命感和学术热情，参与到"1992—1993 年中国社会形势分析与预测"的创作和研究中。他们于 1992 年夏季、秋季和 1993 年初召开了三次形势分析与预测座谈会，就这一课题的内容和写作形式进行讨论，然后分专题调查研究、写作和修改。在 1993 年初，第一本"社会形势分析与预测"报告，由李培林、陆建华和黄平负责统稿，几位主编最后定稿，在中国社会科学出版社出版。

《1992—1993 年中国社会形势分析与预测》（以下简称《预测》），作为第一本社会蓝皮书，严格来说，是一本论文集。它收录了 1993 年初课题组"关于 1993 年社会形势分析与预测的座谈会纪要"、课题组就 1992-1993 年社会形势分析与预测的总报告和国家统计局计划社会司熊振南、安新利所作的年度分析预测。还有各相关单位和人员对各阶层对社会形势的基本看法、人民生活状况、社会保障、人口治安、社会保险、干部人事制度改革，劳动人事制度改革，教育就业、医疗卫生改革、计划生育、民族关系、宗教、职工、收入分配以及农业和农村形势等，进行专题调查分析。由于各专题作者来自各单位，在各自报告中发表的观点，只是作者个人的意见，并不代表所属单位；又由于成书仓促，作者间并未有充分的交流和讨论，书中有些观点不尽相同，主编也不强求一致。因此，这本论文集具有很强的学术性和"首创"性。

李培林执笔的《社会主义改革和发展进入新阶段》，是对 1993 年 2 月 2 日课题组召开的座谈会讨论所作的综合纪要。该文对 1992 年的社会形势作了一个总体判断，认为这一年在四个方面取得了进展，同时，也认为还存在着四个方面的问题。对 1993 年社会发展进行了整体预测，预测总体上是乐观的。作者认为："只要 1993 年国民经济在保持其高速增长的势头的同时，能够不出现大的波动和较严重的比例失调，那么可以预计，1993 年就全国总的社会形势而言，将继续是 80 年代中期以来最好的年份之一。"

方明执笔的课题组《1992—1993 年中国社会形势分析与预测总报告》，对 1992 年社会形势的一个"转折性变化"：社会转型进入新阶段，进行进一步深入分析。他认为这个转折性变化具体表现在 6 个方面：社会主导价值发生了变化，改革的深度和力度也发生了变化。此外，经济发展速度加快，对外开放、社会

陆学艺先生在2008年度社会形势分析
与预测蓝皮书出版新闻发布会上
（2008年1月3日）

改革的程序和社会参与程度，以及社会心态等都发生了变化。对1993年的社会形势的预测，认为总体上"社会将保持基本稳定，"但他"不排除有遇到较大困难的可能"，对未来一年进行预警。

《预测》一出版，即在学术界和舆论界引起反响。新华社、中新社、《中国日报》等十几家新闻单位都做了报道。美国、日本、英国、德国等国家和中国香港地区的媒体也予以了关注。决策界的一些领导干部也对《预测》的出版，给予了高度评价。

一炮打响。

陆学艺和他的课题组成员们更加坚定了做下去的信心和决心。从这一年起，他们决定每年出版一本年度的社会形势分析与预测报告。到2012年，他们已经连续坚持20年，每年出一本报告，一共出了20本。2010年，课题组副主编之一的陈光金研究员，在"社会学所所志"上发表了一篇《回顾》文章，对1992—2010年"中国社会形势分析与预测"项目18年来的历程，作了一个系统性回顾分析。他写道：

回顾课题组18年从事我国社会形势分析和预测的历程，可以看到，它的成就和价值，与它的若干重要特征分不开。第一，社会蓝皮书的内容有着鲜明的年度特色。它紧扣时代变迁脉搏、对不同年度热点问题始终保持着高度敏感性，这使得每一本蓝皮书都有其鲜明的主题和年度特色。第二，社会蓝皮书形成了一种较为系统的分析结构。它特别注意从社会结构整体角度反映社会变迁和发展。第三，社会蓝皮书始终保持了独立的学术立场。课题组不追求学术观点上的一致，强调作者在报告中发表的观点，属于作者个人，不代表课题组，也不代表作者所在单位。这样做，为人们了解转型时期中国社会形势，提供多维度的、超越具体部门利益的分析、预测和启示。第四,社会蓝皮书对中国社会形势的分析与预测,具有较高的权威性。它既是中国社会形势的年度总结,又是对未来一年的展望和预测,而且还给出了政策的建议和设计,使蓝皮书获得了较强的科学性和权威性。第五,社会蓝皮书锻炼出了一支稳定而且不断更新的高素质研究队伍。18 年中,因各种原因,课题组成员有很大变动,但基本队伍仍保持稳定。这是社会蓝皮书历 18 年而不衰的根本原因之一。

陈光金副主编对社会蓝皮书编写工作中存在的问题,也给予了反思。他认为,需要不断总结,使之"愈益严谨和规范。"同时,还要"进一步提高社会蓝皮书的质量","提高其学术性层面的价值","更加全面系统地研究和反映我国社会发展状况和趋势,更加深入地思考中国社会发展尤其是社会结构变迁过程中存在和面临的各种深层次社会矛盾、社会问题以及社会热点现象,为政府科学决策、学者研究我国现实社会问题以及广大公众认识国情,提供更好的参考资讯。[1]

因写作,我曾到出版这本书的社会科学文献出版社搜集资料。社科文献的谢寿光社长和邓泳红主任很支持,将他们近十来年的存本,一年选了一本送我,尤其是 1992 年 -1993 年的第一本,他们是借了私人藏本(因不是他们社出版的)复印了送给我。我很感激他们的支持,使我对这一浩瀚的历史工程的资料,能够尽可能地把握。

粗略翻阅了这些"预测"报告,我就被这学海书山式的学问所震撼。我知道,一个人写篇文章并不难,难的是这文章是否有"学问";一个人肯花时间,搞点学问也不难,难的是花几十年时间,把学问做成"大气候";一个人花几十年时间,把学问做成"大气候"也不难,难的是坚持几十年如一日带领几十人如一人,做成书山学海式的能够影响社会和政府决策的学问。

陆学艺和他的课题组几十年如一日、几十人如一人地坚持做这样一件事:为了让读者早一点知道中国社会形势今年怎么样,明年又会怎么样,他们用愚

---

[1] 陈光金:《< 中国社会形势分析与预测 > 的十八年回顾》,载中国社会科学院社会学研究所编:《中国社会科学院社会学研究所所志(1980.1-2010.1)(征求意见稿),(2010 年 1 月),第 94-96 页。

公移山的勇气和精卫填海的雄心，从 13 亿人的衣食住行、喜怒哀乐和言谈举止中，观察中国行业的发展、结构的变迁、现代化中的问题，以及历史的走势。在普通人看来，这几乎是不可能做到的事，但这些现代"愚公"和"精卫"们做到了。不但做到了，而且还做得很好，而且一做就是 20 年——社会蓝皮书，以每年每本数万的销量，同其他"皮书"一道，正在中国学界和出版界，崛起一个著名的图书品牌。有位朋友曾善意地提示我说，在学界和政府里面，你不可以说你不知道社科院的"皮书"。如果你不知道，别人会判断你"孤陋寡闻"。这时的尴尬，有如追星小青年，不知道范冰冰是谁一样。

我孤陋寡闻多年，今年进行了一次系统然而也是不求甚解式的阅读，恶补了我的无知之后，我体会到这套书的著名，首当在学术性上。从学术上看，我敢大胆地讲，这套书是社会学对社会形势观察最系统、最全面、最及时、最客观，也最持续的作品，甚至它也可能是社会科学领域对社会形势观察最有权威性的连续观察作品之一。

但从社会预测学的角度看，"预测"年度报告在怎样更加增强"预测"的强度和精准度方面，我以为还有一些经验需要总结，还有一些问题需要讨论。

社会预测学，也称未来学，是运用科学的理论和方法，对未来的发展作出预测的一门科学。预测学具有科学性和实用性。天气预报，对人民的生活和经济活动影响巨大；经济预测，也极具商业价值，如果你能成功地预测股市，那就等于家里开了印钞厂。社会预测，涉及社会经济政治活动，理应更具社会和经济价值。美国在这方面有许多成功案例。如阿尔文·托夫勒的《第三次浪潮》、《未来的冲击》；塞缪尔·亨廷顿的《文明冲突与世界秩序的重建》；还有丹尼尔·贝尔的《后工业社会的到来》，以及理查德·伯恩斯坦和罗斯·芒罗的《即将到来的中美冲突》等等，都是未来学名著。因此，从事社会预测学研究，发展社会预测学这门学科，不仅是必要的，而且也是可行的。

陆学艺和他的预测课题组以 20 年的心力，700 多万字的成果，打造了一门什么样的社会预测学？是需要我们认真总结和研究的。我感到有以下几点很重要：

一是中国社会预测学，作为中国社会学的一个分支学科或重要组成部分，必须以中国社会学的理论和方法作为理论基础和方法论原则。离开了中国社会学理论和方法论的指导，社会预测学将会变得肤浅和盲目。"预测"课题组绝大多数成员都是中国一流的社会学家，他们精通中国社会学的理论和方法，做起社会形势分析和预测来，得心应手。这是他们能够成功的基础。

二是陆学艺的社会预测学，总体上是理性的有条件的乐观主义。这是他的预测前提，也是他的预测结果。同经济预测和天气预测不同，社会预测的对象是人，它具有多变量和变量随机性的特点，预测结果的"客观"性和"科学"性，很大程度上取决于预测者对对象的总体把握和主观判断。换句话说，它带有"艺术"的成份。陆学艺此前从事农业经济预测的高成功率，得益于他对农业经济的总体把握和对农民行为主观判断的正确性。这门功夫，绝不是一天两天可以学来的，而是他数十年经验的结晶。在社会形势分析和预测中，陆学艺将这门功夫移植过来，在总体把握和综合判断上，体现了他对中国改革开放和社会现代化理性的有条件的乐观主义思路。这种功夫是一种学术素养，也是他社会学理论的精髓。只要理性的有条件的乐观主义的事实存在，对这种事实进行有条件的乐观主义观察、分析和预测，其结果都不会与实际相差太远。《预测》年度报告，自始至终贯穿了理性的有条件的乐观主义精神，这是《预测》年度报告成功的奥秘之一。

三是社会预测学目前最高成就的预测，都是中远期预测，短期预测很难取得可以称道的成就。例如，预测一个人会死，肯定是 100% 的准确，但要想预测一个人会在哪一天死？则很难。而《预测》年度报告，做的都是短期预测。值得一提的是，作为一本书来写作出版周期长，往往一年中过了大半年，预测结果才在书中发布，无疑降低了预测的时效性。我以为课题组可以改变发布结果的方式，改用新闻和网络形式，可以大大提高预测的时效性。如果一定要出版图书，那预测的期限就应改为 3 年或 5 年。课题组用图书来发布年度预测，能达到现在这样一个效果，是非常不容易的。

四是《预测》年度报告，应加强横向比较和纵向比较指标体系的研究。横向比较应加强中外和国内各省市区的比较研究，纵向则加强同一指标不同年代的发展变化的研究。这种比较研究在近年生活质量、小康社会等专题中，已有很好的体现，但还应推广至社会建设与管理的各个方面。

在"社会学春天"里期待春天

2005 年 2 月 21 日，中共中央政治局第 20 次集体学习。两位社会学家李培林和景天魁同志第一次坐在主讲席上，为中国的政治领袖们讲解社会学和构建社会主义和谐社会问题。

社会学家讲课完毕，胡锦涛同志发表重要讲话。他说："各级党委、政府和领导干部，要切实加强对本地区本部门和谐社会建设有关情况和工作的调查研究，……要加强对社会结构发展变化的调查研究，深入认识和分析阶层结构、城乡结构、区域结构、人口结构、就业结构、组织结构等方面情况的发展变化和发展趋势，以利于深入认识在发展社会主义市场经济和对外开放的条件下，我国社会发展的特点和规律，更好地推进社会建设和管理。"学习结束时，胡锦涛同志还对李、景两位说："现在提出建设和谐社会，是社会学发展的一个很好的时机，也可以说是社会学的春天吧！你们应当更加深入地进行对社会结构和利益关系的调查研究，加强对社会建设和社会管理思想的研究。"

胡锦涛同志的这个"社会学春天"的讲话，是继 1979 年 3 月 31 日邓小平同志关于社会学要"赶快补课"之后，党中央主要负责同志又一次对社会学研究和学科发展，明确具体地表示支持与重视。宛如一阵春风，吹绿了社会学人的心田，振奋、鼓舞和希望，写在社会学家们心中和脸上。

这一年11月，第六届中国社会学会理事会在安徽合肥换届选举，陆学艺因年龄和届数的关系，已不再担任会长，改任名誉会长。中国社科院学术委员会委员也因年龄关系不再担任，办理了离退休手续。从制度上，陆学艺到了颐养天年的人生阶段，终于可以歇一口气了。

但赶在社会学"春天"到来的当口，满脑子计划、梦想和期望，并且身体机器马力十足，工作惯性仍在加速的他，怎么可以刹车歇脚呢？他不能！他不但不能在社科院的轨道上刹车，而且还于两年前在北京工业大学人文院开辟了第二"战场"，出任这个学院的院长；不仅不能中止他的社会学研究，而且还要思考，社会学作为一个学科，应该怎样回应社会学"春天"的到来？

2006年1月21日，胡锦涛同志在中南海召开社会主义新农村建设座谈会。会议约请陆学艺和林毅夫、翟虎渠（时任农科院院长）等7人参加，时任副总理回良玉和农业部部长杜青林，还有陈锡文等人也一同与会。大家就社会主义新农村问题开展讨论，陆学艺在会上，也就新农村的社会发展问题作了发言。

会后，胡锦涛同志留大家一起吃中饭。席间，胡锦涛同志问："学艺同志，象我们这样一个GDP中一产还占15%的发展中国家，城镇化发展到多少比较合适？"

陆学艺想了想，说："不同地区和国家城市化不同，拉美国家高，多数国家在60%以上，东南亚国家低一些，泰国接近50%，印度还不如我们。按我们现在的工业化水平，十一五期间城镇化发展到50%，达到世界平均水平为好。"

坐在旁边的林毅夫（时任北京大学教授），也同意这一看法。

胡锦涛同志听了两位的回答，点头表示满意。

参加这次会议，使陆学艺感觉到中央对社会发展和社会建设高度重视，对社会学的学科建设和发展充满期待。这一年他一直在思考社会学下一步应该怎样发展。

为此，他对中国社会学学科专门作了一次调查。他对比国外的社会学，对比了经济学的学科发展，对比了社会学的现状及构建和谐社会对社会学提出的要求。真是不比不知道，一比吓一跳。

他发现，中国社会学同国外比，有很大的差别。比如说，2004年美国有651个社会学系，271个硕士点，138个博士点。这一年，一共有26939人本科毕业，2009 人硕士毕业，558 人博士毕业。2004 年，美国的社会工作者有 56.2 万人，平均每千人有 1.9 个社会工作者。全美国有从事社会学教学和研究的专业人员有 2 万人。而同期中国社会学专业和系只有 70 多个，社会工作专业和社会工作系 186 个，在校生（本科生和专科生）约 4 万人，专任教师约 4000 人，加上研究机构 50 多个，研究人员近千人，一共约 5000 人，2005 年社会学学科硕士点 115 个，博士点 25 个。与美国相比，社会学系只有美国的 10%，硕博士点只有美国的 34%，专业教研人员只有美国的 25%。如果以每千人来计算，这个差距就更大了。

社会学同经济学相比，学科规模和质量也不在一个水平上。2005 年，经济学硕博士点是社会学的 13 倍多。经济学硕博士、研究生招生人数分别是社会学的 14.7 倍和 16.6 倍。

通过比较调查和研究，他认为，中国社会学学科发展面临的主要问题有两个。一个是队伍偏小，远远不能满足社会发展、社会建设和社会管理的需要。如果按工业化国家每千人口有 1.5 ～ 2 个社会工作者计算，中国需要 195 ～ 260 万社会工作者，缺口巨大。二是队伍素质有待进一步提高。

这样的科学状况，是不能适应构建社会主义和谐社会的要求的。面对国家建设和谐社会这个伟大战略任务同中国社会学学科处于弱势状况这一矛盾，他心里很忧虑，想写一封信，向胡锦涛同志报告，希望时任总书记的胡锦涛同志能够对社会学的学科建设予以支持和关怀。

2007 年春节过后，3 月 25 日，他经过酝酿准备，并数易其稿，写成了《关于加强中国社会学建设给胡锦涛总书记的信》。

他在信中，除了摘录了他所作的关于社会学学科建设中存在的差距和问题材料之后，还郑重地提出了几点请求和建议：

第一，建议中央、国务院或委托中央宣传部召开一次社会学工作会议，讨论研究贯彻落实胡锦涛同志的有关指示，就社会学面临的形势、社会学发展的目标和任务，应采取的步骤和措施，作出决定，形成文件。

第二，建议教育部、国家学位委员会，讨论批准社会学学科与经济学、法学学科相并列，为一级学科。

第三，建议国家学位委员会仿照 2005 年采取的特别方式，使社会学的博士点在 2007 年和今后几年增加到 50 个左右，并增加 100 个左右的硕士点，使每个省市自治区至少有一个博士点。

第四，建议国家新闻出版总署特别批准增加 5-10 个社会学专业学术期刊。希望近期每个大区能有一个社会学的专业学术期刊。

第五，建议中国社会科学院增设社会心理研究所、社会政策与社会管理研究所、社会保障与社会工作研究所、社会体制改革研究所。

第六，建议把社会心理学作为一个重要学科建设起来。①

4 月份，陆学艺参加一年一度的社会科学基金课题评审会。在会上，他把这封信，给社会学组的郑杭生、李培林、王思斌等人看了。他们都很赞成，并在信后签名表示同意。李培林看了之后，还说："这封信很重要，也很有必要，但光有我们社会学界的同仁签字还不够。老陆，你在学界老朋友多，需要这些朋友的支持。这样，声势大一些，可能上级会关注。"

陆学艺觉得李培林说得有理。会后，他用了两个月的时间，分别找了哲学家胡福明、刑贲思、汝信、黄枬森、社会学家宋林飞、丁伟志、李强、景天魁、经济学家吴敬琏、高尚全、法学家江平等，一共 16 个人，听取他们的意见，并请求支持。这些人都是哲学、法学、社会学和经济学界的名家，也是陆先生的老朋友。大家一听陆学艺来主持办这件事，好事，都签名支持。

2008 年 5 月，陆学艺将这封凝集着中国学界名家共识，承载着社会学界期盼的信件送出。

胡锦涛同志 7 月 19 日在中国社科院社会学所原所长陆学艺等同志建议加大对社会学建设发展的扶持力度的来信上批示：长春、云山、延东同志：专家们来信中提出的问题需深入研究。要从人才培养入手，逐步扩大社会学研究队伍，推动社会学发展，为构建社会主义和谐社会服务。

李长春同志 7 月 19 日批示：云山、延东并周济同志：请中宣部会同教育部按锦涛同志批示要求进行论证，提出落实意见。

刘云山同志 7 月 20 日批示：树刚同志：请商周济同志，就落实锦涛同志和长春同志批示提出具体意见。

----

①陆学艺著：《社会建设论》，社会科学文献出版社，2012 年第 1 版，第 353-359 页。

刘延东同志 7 月 20 日批示：周济同志并教育部：要认真落实锦涛、长春同志批示精神，研究加强社会学学科、人才队伍建设的措施方法。

但这一批示的消息，直到 10 月份，才传到陆学艺耳朵里。

中国社科院的院领导，这时也得知胡锦涛同志的批示内容。分管副院长王伟光同志立即召开会议，研究落实措施。会议决定，责成社会学所李培林、李汉林等同志，先替院起草一个如何贯彻落实这个批示的文件。

社会学所领导高度重视此项工作，不几天，落实报告起草好了。报告提出了 3 条具体建议：

一是召开一次社会学工作会议，建议最好由中宣部主持为好，或者由中国社会学会召集开，由中央领导同志讲话。

二是关于增设社会学博士点的问题，建议国务院学位办能按照中央领导批示精神，酌情增加，中国社会学会可以提供增设单位的建议名单。

三是关于在中国社科院增设有关社会学的研究所的问题，建议先增设一个社会政策研究所，待以后条件成熟再增设几个所，形成社会学研究院。

10 月中旬，社科院院长办公会议讨论并同意了这一报告草案。由中国社科院党组的名义，上报时任中宣部刘云山部长、李长春常委批示后，再报胡锦涛同志。锦涛同志又一次批示同意。

中央领导同志再次批示后，社科院又专门开过几次会议，对具体事项的落实，又专报中央各主管委办单位。这样几反几复，几经周折，直到 2009 年才得到正式批复。而具体落实的只有一项，即增设了一个所。原报告希望增设的社会政策所，不知怎么后来改成为社会发展研究所，于 2011 年成立。

陆学艺得知这一情况后，感到十分遗憾和无奈。他奔走数年的心血，到头来不过是在社会学所之外，成立了一个社会发展研究所。他搞不懂，社会学所和社会发展研究所在研究业务上有什么不同？这与他的设想，与当前所需要加强的社会建设和管理的研究，相去太远。

更遗憾的是关于增设社会学博士点的建议，最后也没有了下文。

对于这一件好事，未能办实，陆学艺至今提起，都不能释怀。他不能理解，这么一件连胡锦涛同志都数次批示的天大的大事，怎么就在上上下下"认真贯彻落实"之中，"大事化小，小事化无"了呢？

我也是闹不明白，几次采访，都提起这件事，想弄清个中缘由。

这是社会学界不愿干的事情吗？

这是一个个人执行力的问题吗？

这是一个体制和文化问题吗？

他不愿明说。

我也不便细写。

有一句俗语说：冬天到了，春天还会远吗？而在这里我要说，冬天过去了，春风吹来了，但真正的春天还没有到来！

这里没有逻辑和常识的错误。

我们还要在春天里，期待春天。

当学问需要钱……

市场经济其实是一个很残酷的经济，钱是这种经济中最为霸气也最为冷漠的上帝。不管是高尚的学问，还是庸俗的学问，都会在钱的面前，俯首称臣。没有钱，一切都无从谈起。

社会学比不上经济学。经济学自称是讲小道理来大钱的学问。"钱"们与之称兄道弟，故经济学家做课题、生活，总会有银行家和大款们支应，从不差钱。而社会学不同，被称为专讲大道理不来钱的学问。"钱"们往往视之为瘟神，躲避唯恐不及，遑论攀亲认戚？故社会学家都经常困顿于缺钱的窘境里。

20世纪90年代，我在大学里教书，想做研究，没有钱，于是申请国家社科基金课题。那可是千军万马挤的独木桥啊。不过，我万幸中了一项，一万元钱，要做问卷调查，还包括出版补贴在内。钱不够，省减劳动报酬之外，调查样本也大大减少。这当然影响课题质量。巧媳妇难为无米之炊，我也只好聊以自慰。

陆学艺是社会学大家，他做研究，经费可能不是问题。但他也感到了在不同国家、不同学科间的学问经费，还是有天壤之别。比如说，中国同美国比，美国做社会科学研究经费比中国多得多；即使在中国，社会学同经济学比，也是一个在天上，一下在地下，经济学比社会学的经费多得多。所以，他很羡慕美国的社会学家，也羡慕中国的经济学家。

进入 21 世纪后，他对社会学学科建设除了争取中央领导同志重视支持之外，他还在考虑"钱"的问题。他认为，要让社会学象经济学那样发展，就需要一个资金平台，需要建立一支基金，来帮助社会学研究，尤其是帮助那些渴望在社会学研究上有所作为的、出道不久、又没有钱的年轻人。

2008 年 11 月 23 日，经过多年的思考和筹备之后，北京市陆学艺社会学发展基金会，以非公募的形式，正式在民政部门注册。考虑到这支基金业务上主要从事奖励社会学领域教、学、研的优秀成果，资助社会学领域的学术研究、培训、调研、考察、出版等方面的公益活动，与中国社会学会和中国社科院社会学所有关，他决定聘请中国社会学会会长，中国社科院社会学所所长李培林研究员担任理事长，汪小熙为秘书长。初始基金数额为 200 万，虽然不大，但这是中国社会学自 1980 年恢复以来的第一支专业基金；而且，这笔钱完全是陆先生和他的亲属和学生私人捐款。陆先生一生为学，工薪收入生活简朴，私人存款不多。为了设立这支非盈利性基金，他可是倾囊裸捐了。因此，陆学艺的义举，感动了社会学界，也感动着基金会管理团队的每一个人。

陆学艺基金会成立大会合影（2009 年 4 月，北京）

2009 年 4 月 10 日，北京市陆学艺社会学发展基金会成立大会暨第一届理事会第一次会议，在北京国际饭店隆重举行。

中国社会科学院学部主席团成员、原副院长汝信，宋庆龄基金会原副主席刘启林，北京市社会团体管理办公室副主任于清源，北京市社会科学界联合会党组副书记丁力等，到会祝贺。中国社科院学部主席团秘书长何秉孟，原院副秘书长单天伦，社会学所所长李培林，社会科学文献出版社社长谢寿光和陆学艺等50余人出席大会。

汝信首先致辞，对基金会的成立表示祝贺。他赞扬了陆学艺在社会学研究方面取得的成就，高度评价了他为推动全国社会学教学和研究发展所作的贡献。何秉孟代表中国社会科学院学部主席团也对基金会的成立表示祝贺，他认为陆学艺基金会的成立集"天时地利"，希望基金会广泛团结社会学界的专家，取得"人和"，为我国社会学的发展，为社会主义和谐社会的构建作出应有的贡献。基金会理事长李培林也在会上深情表态。他说，这是全国社会学界第一个基金会。陆老师很想为社会学界做些事情，特别是他已经把一生贡献给了社会学事业。难能可贵的是，这件事还得到了陆老师的家人和学生们的大力支持。他希望理事会的各位理事，能够尽职尽责，把这个基金会的活动搞好；也希望陆学艺基金会能够成为一个有社会声望，得到社会学界普遍认同的基金会。

在会上，陆学艺作为基金会发起人、基金会名誉理事长，发表感言。他说，这个社会学基金会，首先志在为社会学这个学科的重建和发展，尽绵薄之力；其次，要作为推动社会学业发展的力量，按照费先生所言，志在富民，尽一份力量；再次，要为从事社会学研究的青年人，搭建一个平台，通过这个平台，为国家作贡献，为社会学事业作贡献。

他的真诚话语，赢得与会者热烈的掌声。

会上还通过了基金会章程，选举产生了基金会领导机构。在会上，汝信、丁伟志被聘为顾问，李培林当选为第一届理事会理事长，景天魁当选为监事长。

根据基金会章程规定，基金会设立"社会学优秀成果奖"，每两年评选一次。2009年7月30日，基金会发布首届评奖公告。公告决定：

首届社会学优秀成果奖，将评选1979-1999年度在国内出版的社会学优秀著作3本，同期社会学优秀论文6篇。评选标准是，优秀著作奖，必须是对社会学的发展具有突出贡献或重大贡献，或在社会学发展过程中产生深远影响的优秀著作；优秀论文奖，必须是在社会学理论、方法和实证研究方面的优秀论文。在评选程序上，公告规定，由基金会聘请的推荐委员推荐，然后由一个专门的学术委员会进行学术审议，投票决定。

2010年4月17日18：30，在北京国际饭店国际厅，陆学艺社会学发展基金会在这里举行"首届社会学优秀成果奖颁奖仪式"。

选择这一日期，具有重要的象征意义。4月17日是中国社科院社会学所建所30周年暨费孝通先生百年诞辰纪念大会开幕的日子。在上午开幕式和下午纪念费老百年华诞之后，晚上进行社会学优秀成果颁奖，象征着在费孝通先生带领重建后，社会学园地硕果丰收。这对于陆学艺基金会的运作而言，也是乘风借力，在一个万众瞩目的舞台上，展示卓尔不群形象，上演威武雄壮大戏的机会。所以，尽管一天下来，与会嘉宾相当疲劳，但参加这一仪式的人如潮涌，人们热情不减，期待着社会学优秀成果奖第一批幸运儿的上场。

荣获陆学艺社会学发展基金会首届社会学优秀成果奖著作奖有3部：

第一部是李培林《中国新时期阶级阶层报告》，基金会评审专家对这部书作了高度评价。认为它"以全国性经验调查材料为基础，全面分析了社会各阶级阶层改革开放后的发展变化，回答了中国社会转型中阶级阶层关系的重大现实问题和理论问题。"

第二部是张乐天《告别理想——人民公社制度研究》，专家对此评价也很高。认为"这是一部具有社会史和文化人类学研究风格的人民公社制度史专著。作者基于中国农村现代化进程中如何清理和思考人民公社遗产的学术关怀，……创立了'外部冲击——村落传统互动'的分析模式，提出了具探索性的'剧场社会'概念。"

第三部是郑杭生主编、贾春增、沙莲香副主编的《社会学概论新编》。这是一部大学社会学教材。颁奖人对这本书评价是，"从我国社会实践出发……以'社会良性运行和协调发展'为主线，较早形成完整的社会学教材体系，被社会学界广泛采用，在社会学教材体系发展过程中发挥了重要的作用，产生了较大的影响。"

另外还有5篇优秀论文获奖。它们是：

路风：《单位：一种特殊的社会组织形式》，基金会认为，路风在文章中提出了当代中国社会结构中普遍存在的"单位"组织形式，并对此进行研究，提出了"单位体制"的概念。这一概念在国内外产生了广泛、持续的学术影响。

宋林飞：《农村劳动力的剩余及其出路》，基金会认为，这篇文章较早深入揭示了农村劳动力向工副业转移，实现中国农业现代化的必然趋势和问题……对制定推动农村劳动力转移的政策发挥了重要作用。

孙立平：《改革以来中国社会结构的变迁》，基金会认为，这篇论文"提出了一个重要判断，改革前重国家，轻社会的模式已经改变。"同时，作者也指出，"社会整合与社会分化过程的不同步，是现阶段社会运行的一对基本矛盾"。

王思斌：《经济体制改革对农村社会关系的影响》，基金会认为，论文"揭示了改革开放以来中国农村社会关系的现状及变动趋势。该项研究独到的学术研究视角受到学术界的重视。"

张雨林：《论城乡一体化》，基金会认为，论文"首次提出并阐释'城乡一体化'概念产生的背景及内涵，富有远见地指出城乡一体化是符合我国国情需要的、科学的、具有重要意义的我国社会的发展目标。"同时，作者还指出了"破除城乡分割的旧体制，是推行城乡一体化的必经之路"。

基金会学术委员会在数十篇（部）推荐著作和论文中，评选出 3 部书、5 篇论文，花费了大量精力和艰辛的劳动。所选作品，都是 1979–1999 年 20 年中，

首届陆学艺社会学发展基金优秀成果奖颁奖仪式现场
（2010 年 4 月 17 日）

具有持续广泛影响的公认成果。专家们和基金会以其精深的学术功夫，公正严格的学术标准，极大的热情和负责的态度，来做这件事，感动了与会者和获奖人，也感动了基金会的发起人陆学艺。

陆学艺作为名誉理事长，最后致辞。他感谢评委们的辛勤工作，也对获奖者表示祝贺。他进而指出，1979—1999 年是中国社会学重建发展时期，其间有大量有价值有重大影响的研究成果问世。此次获奖作品，应该是这一期间优秀作品的代表。由于客观和主观上的原因，基金会还不可能做到应评尽评。基金会评奖只是一种导向，引导社会学家朝着具有中国特色的社会学方向发展，朝着中国化社会学方向迈进。他希望，基金会在以后的工作中，能够有更大的作为，帮助更多更优秀的人才，从事社会学研究，实现自己的研究理想。

几位获奖者在会后感到惊喜和振奋。

郑杭生教授一生获奖无数，但他的《社会学概论新编》，被列入获奖名单，着实让他大感意外。虽然他很看重这部书，但毕竟是一部十多年前编写的教科书。而且更坦率地说，在学术观点方面，他与陆先生有同有异，不相互攻讦便算不错了，给予高评重奖则不敢想像。基金会和陆学艺决定给这本书优秀成果奖，让郑杭生教授感慨良多，并对这个基金会和陆学艺的君子"不同而和"的大家风范另眼相看。

首届社会学优秀成果奖评选的成功，经过媒体的广泛报道，使陆学艺基金会，在社会学界已经家喻户晓，在全国社科界也有了一定的知名度。人们在对陆学艺肃然起敬的同时，也在认真思考基金在社会学研究和学科发展中的作用，钱在学问中的作用。陆学艺用一个小钱，办了一件在中国社会学史上值得一写的大事，对许多人有直接间接地启示和影响。比如说，2011 年 10 月成立的北京郑杭生社会发展基金会，可能受到了陆学艺基金会的影响。再比如说，2012 年基金会第二届社会学优秀成果奖评选中发生的新变化，也证明了这一点。

2012 年 3 月 12 日，由陆学艺社会学发展基金会主办的"中国社会建设论坛暨第二届社会学优秀成果奖"颁奖仪式，在北京工业大学举行。

这是这个基金会第二次为中国社会学优秀成果颁发著作奖和论文奖及举办高水平的论坛。基金会评委会去年年底在辽宁省沈阳市，从推荐的近 10 年来数百篇（部）著作（论文）中，评选出 3 部优秀著作和 6 篇优秀论文。它们是：

景天魁著《底线公平：和谐社会的基础》、王宁著《从苦行者社会到消费者社会——中国城市消费制度、劳动激励与主体结构转型》、张静著《现代公共规则与乡村社会》。另外风笑天、李强、李友梅、马戎、沈原、王春光等6位社会学家各有一篇论文获得优秀论文奖。

本届评选及颁奖活动，大体上延续了上届评选与颁奖活动的规则，但不论从规模上还是评选范围都比上一届更大更广，推荐论著和获奖作者也更多地来自全国各地，而不是主要在北京。另外，这次评选和颁奖活动，还受到社会学之外的基金和学术机构的关注。董辅礽经济科学发展基金会理事长毛振华教授到会祝贺并介绍他们运作的经验，中国社会科学院世界经济与政治研究所所长张宇燕研究员出席并发表关于《债务危机与世界经济》的演讲，为这次活动的论坛提供了认识国际金融危机的独到视角。在论坛上，8位来自北京和江苏的社会科学权威专家，在两个小时里，同近200多名听众分享了他们关于社会建设和经济问题的最新见解。

陆学艺先生在陆学艺社会学发展基金会
第二届社会学优秀成果奖评委会初评现场
（2011年底，沈阳）

我作为一名外地观众，慕名而来，观摩了这次盛典。看到陆先生的基金会短短两届，便在中国社会学界，赢得了如此热烈的掌声，既惊叹又振奋。这种成功的运作，体现了陆学艺一惯做人做事的原则——不做则已，要做就做最好的；同时也让我们看到中国化的社会学和陆学艺基金会，如同早上八九点钟的太阳，那种蒸腾向上不可抑止的蓬勃活力。

陆学艺社会学发展基金会，现在还如同一名婴幼儿，只有4岁，还在幼稚园里"排排坐，吃果果"。但在我看来，它有一种生命成长的冲动。可以想象，20年后，50年后或 100 年后，陆学艺基金会该是一个什么样子？会不会成为中国社会学最具权威的一个评价平台？会不会成为唯实主义社会学派成长扬帆、远征的基地？会不会成为引导中国社会科学走向的航标？会不会成为中国社会科学在国际上展示自我形象的窗口？会不会成为中国的诺贝尔？未来是未知的，但我相信一切都是可能的；只要象现在这样走下去，坚持到底，未来就是可以预期的。

陆学艺自 1987 年进入社会学界至今已 25 年。其间他关于"三农"研究、结构转型和社会现代化的理论已为世所公认；但他对于社会学学科建设的理论和实践，则不大为人所知晓。

因为题材所限，本书对他在这方面的建树，也只涉及其皮毛、摘要叙述而已，更加深入的分析还付之阙如。仅从本章所述看，陆学艺不仅有心致力于社会学中国化，而且还身体力行，成果丰硕。不但在推进"补课"中，大胆学习借鉴国外先进和优秀的东西，而且还以高度的"文化自觉"和"政治自觉"，在社会学的学科中，注入了中国的元素，让中国的社会学，不但是现代的为社会主义改革开放服务的社会学，而且还是浸泡了五千年中国传统文明的具有中国特色的社会学；不但是能科学地认识和理解中国与世界进程的社会学，而且也是能在实践中有效地推进中国与世界现代化进程的社会学。尤其是他以个人倾囊之力为社会学的学科发展搭建的基金平台，是他对社会学学科建设最无私、也最宝贵的贡献。

中国社会学已过"三十而立"之年，相信陆学艺和他的同仁们，还在为它的"不惑"而努力。

第七章

"走"学问

长期做文史哲学问的人，总会有一些固化的观念：学问是做出来的。板凳要坐十年冷，文章不写一句空。如果不青灯黄卷、寒窗苦熬几十年，广搜博览，你的学问是不到家的。他们很看不起社会学家，认为这帮人在社会上"混"，不读书，没学问；他们更看不起那些当官的，不仅是没学问，而且没文化。

　　这里有门户偏见，也有学问方法论的误区。

　　十多年前，我鉴于反省真正的学问是什么，研究过几个社会学大家——晏阳初、梁漱溟、毛泽东、费孝通和陆学艺等人的学术经历，发现一个"规律"：即他们都是用"脚"做学问，即在现实中调查研究实践成功的代表。进而推及到社会学学术的成功，必须用"脚"走，而不只是用"手"做。只有到现实生活中去，到人民群众的实践中去，到改革开放和社会现代化的现场中去，观察、了解、调查、研究，才能发现中国社会历史和现实的真相，才能把握中国社会发展的规律和趋势，才能做出无愧于时代，无愧于人民，也无愧于自己的真学问来。

　　十多年过去了，现在，陆学艺的学术人生又有了新的发展，路程"走"得更远了，学问"走"得更大了。为了修正或丰富我当年的观点，我必须跟着"走"，把他的艰辛和精彩展现出来。

社会学不相信书本

社会学有别于其他社会科学最大的学科特点是社会调查。这不仅仅是由于研究资料的获取方式，——通常历史学或经济学，研究资料均主要依赖于文献或统计资料，而社会学则主要从实地调查中得到资料，而且也包括研究课题本身，必须来自于正在发生或刚刚发生了的事项。

在中国，正宗的社会调查的历史同社会学一样长久，可能甚至更为长久。在中国，社会学家都必须具有从事社会调查，甚至社会学调查的能力和经历。因为这个学科的基石，都是那些一辈子都在做社会调查的人奠定的。他们的名字可以说出一长串，其中最具代表性人物有李景汉、陈翰笙、费孝通等，我认为还应该包括毛泽东。

陆学艺在进入社会学界之前，可能已经受到这些人的影响，在农业和农村经济体制改革方面，做了数量很多，质量很高，影响很大的调查研究。进入社会学界之后，他在这方面的优势更好更大程度地得以发挥。

1988年初，中央宣传领导小组在这一年的宣传工作要点中提出，为了拓宽对社会主义初级阶段理论的认识，要进行一次国情调查。这项任务交由中国社科院牵头组织实施。

3月份，社科院科研局局长王焕宇找陆学艺商量，如何落实这项工作。

陆学艺一听，这是一件好事情。社会学要发展，必须从了解国情开始，必须进行全国性的大型社会调查。但他也深知，这是一件难事情。经费是一个问题，更重要的是组织实施。关键看领导的想法和决心。于是，他说"有两种办法：一是组织一些人，通过文献资料的研究，列出中国的政治、经济、社会等方面的数据，进行分析研究，最后写出国情报告。还有另一种办法，就是组织科研人员，对全国上百个各种类型的县和市，进行一个一个县和市的综合调查，把农村和城市的基本情况弄清楚，然后，再在这个基础上研究，写出中国国情的研究报告。"

王局长权衡了一下，倾向于第二种办法。

"但是，怎么样来开展调查研究呢？"王局长又问。

陆学艺建议道："可以分两块。农村一块，城市一块。由院里指定一个所负责农村县的调查；一个所负责城市调查。先起草调查提纲，然后再组织人下去调查。"

王焕宇一听，清楚了。他最后说："农村这一块你熟，你们负责，起草调查提纲，并组织调查；城市这一块，我们考虑可以让财贸所负责。经费问题，由院里来筹措。"

不久，王局长向时任分管副院长的丁伟志作了汇报。取得了院领导的同意后，就把这个任务正式下达给了陆学艺。

院领导的决心和支持，鼓舞了陆学艺和社会学所的同仁。他决定组织社会学所的一部分研究人员，到山东陵县，做这个课题的试点县调查，为制定全国性的百县调查做调查方案的准备。

3月下旬，第一批研究人员张雨林、杨雅彬、樊平、于晓、李国庆、张其仔等人来到陵县。其时，陆学艺在陵县的调查基地已经撤消，但老关系还在。县领导听说是陆学艺单位来作调查，很支持，让县委和政府的相关部门来介绍情况，提供资料，并让他们直接下到边临镇，开展镇、村、户的系统调查。

由于得到了陵县各级领导和部门的支持和热情接待，调查研究人员信心很足，劲头很高。不到一周时间，就初步做了改革以来农村分化的研究，并在此基础上，写出了县调查提纲和调查方案。

4月初，陆学艺向王焕宇作了汇报。王又看了他们起草的调查提纲和方案，很高兴。他告诉陆学艺，院里已将这个调查作为国家"七五"哲学社科基金重点资助课题（后来又列为"八五"国家哲学社科基金重点课题），决定由社科基金拨款100万元来支持。并要求，立即开始物色若干县市做调查试点。

同月，在全国社会科学院院长联席会议上，中国社科院向全国社会科学界发出了"县情市情调查"的倡议。陆学艺被会议指定，在大会上介绍这次县情调查的意义、方法和实验方案，提出调查试点的建议。倡议和陆先生的建议得到了各省、市、自治区社会科学院、党校、高校和政策研究机构的响应和支持。会后，各地大多数社科院都请求加入，在他们那里作调查。

经过协商和审查，第一批试点在31个县市开展调查，每个省市一个点，但山东是两个，一个是社会学所的老点陵县，另一个是省社科院选的点诸城。

试点调查实施几个月后，各点提出了不少问题。为了保证各地调查工作的科学性，通过相互交流实现调查的统一协调，1988年8月，总课题组在河南郑州召开第一次国情调查工作会议。

会议开了两天。与会者对此项目的重要意义和目标作了进一步讨论。上海的李君如、湖北的辜胜阻、河北的赵池、河南的张宏、毋青松等同志，都在会上对如何组建专业调查队伍、选点、怎样调查，以及调查内容和方法等问题，讲了自己的意见，也提出了建议。陆学艺自始至终参加了会议，和大家认真讨论和交流。最后，他对会议进行了总结，强调了调查一定是科学的和全面的，必须求真务实，事实求是。每个县市点都必须做一定数量的问卷调查。他提出，要分期分批扩大调查试点的范围，最终要做100个左右的县市点，即每个省市要做3到5个县市点。然后做出省情、国情的分析研究。在这次会议上，代表们还讨论了统一的县市调查提纲和调查问卷的修订问题。

1989年5月24日至25日，总课题组在江苏南京师范大学召开了第二次协调工作会议。本次会议的中心议题是确立国情调查成果的编写方针。中国社科院领导十分重视，副院长郑必坚同志到会主持会议。会议经过讨论，确定了这个课题成果以丛书形式出版，正式定名为《中国国情丛书——百县市经济社会调查》。其编写方针是：以描述县（市）1949 年以来，特别是改革开放以来的政治、经济、社会、文化的发展状况为主的学术资料性专著。要求以描述为主，同时要具有科学研究价值和实用价值。

经过近两年的努力，各试点县调查研究工作进展很快。有的点，在 1989 年 5 月前便拿出了初稿，如河北省定州卷，在第二次协调会上，便拿出初稿，让与会代表讨论交流。再过一年，又有一批搞件，完成或接近完成初稿。

为了对初稿提出定稿原则与标准，1990 年 8 月，课题组在北京西郊军事科学院招待所召开了第三次协调会议。会前，中国社科院成立了总编委会，主编丁伟志，副主编陆学艺、石磊、何秉孟、李兰亭。何秉孟和谢寿光为正副秘书长。出席此次会议的有总编委会的主要成员和各地分课题组的负责人，一共 80 余人。会议研究了丛书定稿事宜。总编委会提出了该丛书在坚持政治标准的同时，业务上一定要高标准：坚持严肃认真的科学态度，从实地调查到写作、定稿，都要贯彻"真实、准确、全面、深刻"的方针。为了保证丛书的质量，会议还要求，各地书稿定稿后，要先送总编委会，由总编委会指定专家进行审阅，然后才能交出版社编辑出版。经协商，该丛书由中国大百科全书出版社出版。出版社对此很重视，专门成立了中国国情丛书编辑部，谢寿光同志担任部主任。

会后，各地分课题组按要求对初稿进行了认真的修改。1991 年 4 月，第一本《中国国情丛书——百县市经济社会调查·定州卷》正式出版。另有 4 本也进入编辑程序，下半年也会陆续出版。

与此同时，第二批调查点已在各地 21 个县市分别展开。总课题组对第二批调查点的调查和写作，提出了进一步规范化的要求，特别提出要从这一批起，每个点规定要作 500-700 户城乡居民的问卷调查。

1991 年 9 月，另外 4 卷兴山卷、诸城卷、海林卷和常熟卷正式出版。总编委会在中国社科院报告厅举行成果发布会。丛书总顾问邓力群、社科院副院长刘国光、著名学者陈翰笙等以及上述 5 卷的主编和调查点的党政负责同志共百余人出席了会议。在这次会议上，专家们对国情调查的首批成果，给予了充分肯定和赞赏。

四年之后，国情调查终于有了第一批收获，这让总编委会高兴。他们已经积累了做大型调查组织管理的丰富经验，也更加有了信心。1993 年 7 月，他们布置了第四批调查点调查工作，并且在京成立了"国情调查研究中心"。由陆学艺任主任，何秉孟、谢寿光任副主任，准备在此基础上，对国情作深入研究。

到 1994 年年底，有近一半的调查点完成了调查和写作，正式出版的有 30 卷。为了使调查点有较强的代表性，总编委会在布点上力求做到选取不同经济发展程度、不同类型（山区、丘陵、平原等）和各种不同代表性的县市，1995 年以后，又做了一些填平补齐的工作，最终使调查点达到 108 个。

从 1988 年 2 月中国社科院开始酝酿组织，到 1998 年 10 月最后一卷出版，前后历时 10 年 8 个月。一共选点 108 个，出版 105 卷，总字数达 4000 万字。为了保证丛书的总体水平，经过总编委会和国情丛书编辑部的评议协商，从中减去了 5 本，最终成果 100 本。这是中国自 1949 年以来，进行的最大规模的社会经济调查之一，也是社会学组织的最大规模的社会经济调查。

《中国国情丛书——百县市经济社会调查》百卷出版新闻发布会
（1999 年，北京）

总课题组为丛书设定的丛书目标：从多角度、各个层面、全面记述 1949 年以来尤其是改革开放以来，中国经济社会的成就与问题，以便进一步摸准摸清中国的基本国情，拓宽和加深对社会主义初级阶段的认识。这个目标，基本上实现了。

这套丛书100卷，具体记述了100个县（市）的经济社会发展情况，既可以作为学术性研究的资料，又可以作为制定政策和发展战略的依据，具有较高的学术价值和实用价值。

国情丛书出版以后，受到国内外学术界的欢迎。读者们普遍认为，这是社会科学界一项很重要也很基础的学术资料建设。1997年，中国社科院建院20周年时，《中国国情丛书——百县市经济社会调查》被评为建院以来优秀成果特别荣誉奖。

这项调查，先后组织动员了全国社科院高校、党校和党政机关的科研、教学部门的专家和实际工作者3000余人。他们按照实事求是摸情国情的要求，深入实际，调查研究，把发生在中国社会经济生活中的最真实、最鲜活、最有价值的事实和过程，系统准确地记录下来，成为我们认识中国国情第一手的资料，成为中国特色社会学的一块奠基石。而且在调查和写作过程中，一大批社会科学工作者，尤其是中青年学者，受到了"实事求是"的马克思主义思想路线的熏陶和社会学方法的训练。因此，这项调查也是一所大学校，是培养中国化社会学家的摇篮。

1996年，当百县市调查处于尾声时候，有人提出，还应该做一个更微观层次的调查。百县市经济社会调查是一项对县域的几千平方公里、几十万上百万人口的中观层次调查。这种调查，对于认识国情有其很重要的价值，但从社会学角度看，许多资料还不完全来自最基层，尤其是对农村基层的情况，记载得比较少。中国是一个农民人口占绝大多数的国家，改革开放的主战场在农村。这20多年，农民变化最大，农村社会变化最深刻。如果不了解这一块的变化，是很难说了解了中国国情的。因此，有必要在百县市情调查的基础上，再做100个村的调查。从微观层次上对村和农民在改革开放以来的变化状况加以调查，形成村户调查的专著，可能更有意义。而且，与百县市经济社会调查可以结合起来研究，有中观，也有微观，相得益彰，对加深国情认识，可能更加完整。

经过研究，总编委觉得这个建议很好，而且很及时。但要上这个项目，陆学艺觉得，还是要作一次试调查。于是，他委托农村社会学研究室的张厚义主任，牛凤瑞研究员和陈斗仁研究员等人，到距离北京约30公里的河北省三河市选择试点村。经三河市副书记陈柱同志、农村工作部部长王振友同志的推荐，先后考察了 5 个村子，最后将调查地点确定为新集镇的行仁庄。

行仁庄人口多达 3000 余人，是中国北方一个典型的村落。这个村历史悠久，经济发展属于城市远郊型经济，在北方有一定代表性。更可贵的是这个村的组织体系完整，党支部坚强有力，管理制度健全，自 1951 年土地改革到 90 年代的各种档案资料，都保存无损，是做历史和现况调查最理想的"实验室"。

张主任一行这次到行仁庄，是一次试调查，其目的是了解基本情况，形成调查提纲、问卷和写作方案，以便为今后具体调查作准备。

1997 年 7 月，陆学艺和他的团队，向国家社科基金会提交了《中国国情丛书——百村经济社会调查》的课题报告，申请立项。基金会的领导同志认为这个创意很好，很有价值。但因为此时国家社科基金"九五"重点课题在 1996 年已评审结束，立项时间已过，不好再单独立项。经过总编委会同国家社科基金会反复协商，基金会考虑到百县市调查做得不错，而这次续查又很有必要，所以在 1998 年度里特别批准了这个课题，被列为国家社科基金"九五"重点项目。

《中国国情丛书——百村经济社会调查》课题研讨会

"百村经济社会调查"立项后，受到全国各地社会科学界，特别是参与了百县市调查的单位和专家们欢迎。到 2000 年，已有 30 多个单位组织了课题组，并陆续选点、进点、开展调查。

在陆学艺看来，"百村经济社会调查的目的，与百县市调查一样，是为了加深对全国基本国情的认识，特别是要对全国农村、农业和农民的现状和发展有一个科学的认识。但这个项目，也有一个侧重点，即要通过这次调查，对不同地区、不同类型、不同发展程度的农村进行调查研究，来描述和反映中国50年来农村、农业、农民发生的变化。

这又是一项巨大的集体工程。因为有"百县市经济社会调查"项目的管理经验，本次调查在管理方面，相对要顺手得多。在调查点确定之后，调查与写作等一切事务，都由调查点分课题组自行处理，总课题组只是协调、检查和指导。

除了总课题组的协调、检查和指导工作之外，陆学艺还具体承担了一个调查点，即河北省三河市行仁庄的调查任务。

1996年10月11日至13日，陆学艺和课题组第一次到行仁庄做试调查，得到了村党支部书记张德印同志的大力支持。之后四年半时间中，课题组有20多位研究人员和博士、硕士研究生又再次来到行仁庄，进行问卷、访谈和蹲点调查，收集资料。但蹲点时间最长，工作最辛苦的，还是张厚义主任、牛凤瑞研究员和陈斗仁研究员等几位老师。到调查研究后期，李国庆研究员从全书主题的构思和写作框架设计，到多次补充调查，着力最多，在行仁庄蹲点的时间也最长。

1997年，我在陆先生手下作研究生，11月30日至12月7日，我随老师们也来到行仁庄做调查，搜集了不少资料。这个点给我最深的印象，是村支书张德印同志以及所有村干部和村民对我们的热心帮助、坦诚与友好。

"在长达4年的时间中，以行仁庄张德印书记为首的村干部和广大村民，始终给予我们耐心支持和热心帮助，不厌其烦地为我们解释和介绍村里各种情况，允许我们自由查阅村里全部档案资料。在与村民深入交往中，我们与村干部和不少村民成了知心朋友，听到了村民对村里和国家农村政策的真实想法，使我们获得了对行仁庄社会生活的实际感受。"[1]

----

[1] 陆学艺主编、张德印、张厚义、李国庆副主编：《内发的村庄》（中国百村调查丛书·行仁庄），社会科学文献出版社，2000年第1版，"后记"，第496页。

由于行仁庄干部和村民的大力支持与帮助，所以这次调查质量非常的高。2000 年，调查成果以《内发的村庄》之名出版。这是百村调查第一本正式出版的调查成果。

《内发的村庄》是一本严格按社会学要求写作的社会学调查作品。按照费孝通先生的说法，社会学调查与社会调查不同，社会学调查"是要依据某一部分事实的考察来证验一套社会学理论或试用的假设"，而社会调查"只是某一人群社会生活闻见的搜集"。[①]这本书研究的主题和目的是"认识中国村落的社会结构，分析村落社会结构与内发发展的关系，研究促进农村发展的社会结构形态以及阻碍农村落后地区发展的社会因素。"由此看来，隐藏在这本质朴装帧风格里面的是作者在学术和理论上的雄心：他们要借行仁庄这个个案，来阐发中国农村"内发发展"的独特道路。

所谓"内发发展"是一个发展社会学的概念。日本学者富永健一将"社会变迁由一个社会内部的发明创造引发"，定义为"内发发展"。巴西社会学家费尔南德·H·卡多佐说得更明白："所谓内发性发展，就是'对外国'的依附较少，在本国内积累资本并酝酿发展工业的动力，能够依靠自身的力量推进经济增长的状态。"

本书作者"将内发发展评价为中国农村发展的理想形态。"他认为这种发展"充分发挥社会内部的主体力量，根据当地的自然生态条件和社会经济条件，能动地适应市场，充分发挥市场的作用。……是一种自主的发展。"他还认为，这种发展"将避免农村经济完全依附于城市经济体系，避免产生农村人口大量涌入给城市带来的混乱；同时，它还将避免……农村人口大量外流引发的农村地区人口过疏化、老龄化所导致的村落社会解体，保障农村与城市的协调发展。"[②]

《内发的村庄》，全局分七章。第一章描述村落经济结构的整体特征及其宏观背景。第二章分析农民阶层与群体分仕的历史演化。第三章分析村落中的

---

①潘乃谷、马戎主编：《社区研究与社会发展》（上）天津人民出版社，1996 年第 1 版，第 199 页。
②陆学艺主编、张德印、张厚义、李国庆副主编：《内发的村庄》（中国百村调查丛书·行仁庄），社会科学文献出版社，2000 年第 1 版，"后记"，第 8—11 页。

共同体因素。第四章分析行仁庄的政治结构。第五章从内发发展的主体角度分析了社区政治、经济和社会精英。第六章对该村 1949 年以来不同历史时期医疗卫生状况进行了分析。第七章是对 1996 年农户访谈问卷所做的分析。最后，作者在"结语"中认为，行仁庄的经济总体上仍处于工业化初期阶段；政治上，村党支部的组织力量较强，村落政治局面保持相对稳定；其经济社会发展明显具有内发发展的性质；村组织对村民的影响力趋于弱化，家庭逐步成为经济和社会活动的主体；社区内文化整合机制增强了村落共同体的凝聚力与吸引力。一句话，行仁庄社会结构的突出特点是村集体性较强，在我看来，主要是以张德印书记为首的党支部领导和先锋模范作用发挥得比较好。

这一结论是对 20 世纪 90 年代行仁庄特定的时代和结构条件下表现出来的发展状态的理论概括。它的内发发展性，能否为更长时段的试验所论实，还有待今后的后续调查。事实上，一个村子决不能成为一个发展的独立单元。在全球化、西方化和城市化的背景下，尤其是在我国宏观发展战略强调融入全球化、西方化和城市化的背景下，我国一个地区的社会经济发展能否内发发展？甚至我国经济社会发展能否内发发展？都是一个问题。一国一个地区尚且如此，我们当然不能期望行仁庄能鹤立鸡群，超然物外。但作者选取一个特定时段，验证一个特定的观点，这就够了。

行千里路胜读万卷书

他总是很忙。

一年 365 天，一半多的时间在外地行走。

他到过哪些地方？多得连自己也记不清了；但他没有到过哪些地方，他可是记得清楚的。

他东奔西走——出差、开会、考察、调研。有时出差开会之余，别人选择观光旅游，游山玩水；而他却选择去田间地头、去看基层百姓，做另一种方式的考察调研。

古人云：行千里路，读万卷书。而他体会更进一步：行路，也是读书；行千里路，甚至胜读万卷书。

因为在他看来，广大的人民群众，广大的基层干部，每天、每时、每刻都在创造着改革开放的奇迹，都在书写着社会主义现代化的历史。读这种未来的历史，比读过去的历史更有价值，也更有意义。

1990 年 9 月 20 日，陆学艺到黑龙江省出差。这次出差，他是同省社会学会讨论在黑龙江省肇东市建立经济社会协调发展试点县（市）问题的。在此之前，这个市的副市长王雅林同志已来汇报过。王市长是黑龙江社会科学院社会学所所长，当时在肇东市挂职，陆学艺同他很熟悉。

利用这次机会，陆学艺提出想到农村走一走。其时，他对粮食生产很关心，想去看一看东北粮食生产基地的粮食生产情况。黑龙江省接待方同意安排，同肇东市和吉林公主岭市都打了招呼。

陆学艺当时带了刚到所工作报到不久的郭于华同志等人，一下飞机，便去了公主岭市。公主岭市副市长郭铁城同志接待了陆学艺一行，并亲自陪同看了好几个乡镇。郭市长向陆介绍了公主岭近几年经济发展，尤其是粮食生产的情况。陆学艺边走边听边看。这几个乡镇的玉米庄稼长得很好，丰收在望，他估计今年能增产一成以上。

晚上回到哈尔滨，受到省社会学会热情接待，同会长马骏和几位老同志见了面。第二天他同马会长以及省有关方面的领导，一起商讨在肇东建立经济社会协调发展试点县（市）的有关问题。

会开过后，陆学艺一行，到肇东市作试点市工作的具体衔接，并在那里作进一步的调研考察。

肇东市是一个县级市，有 3900 平方公里，主产玉米。陆学艺途经一块玉米地，看到一眼望不到边的玉米，棵棵棒多籽实，还未初霜，丰收已成定局。陪同接待的村干部说，"今年自老山了"（今年是个丰收年）！

王雅林在旁解释说："东北玉米带，过了中秋节，便是玉米成熟期，关键看初霜的迟早，初霜早来一天，就要减产 10%。今年初霜来得晚，所以，丰收是不成问题的。"

陆学艺问："群众生活怎么样？"

村干部实话实说："有一部分生活困难得很哩！"

陆先生又问王雅林："市里财政怎么样？"

王雅林也如实相告："财政只是个吃饭财政，还有一部分要靠省里面转移支付。"

陆学艺坐在考察车上，看着窗外绚丽的晚霞映照下广袤无垠的丰收原野，脑子反复"播放"着"群众生活困难"和"财政拮据"的话语，陷入了沉思。

从肇东回京后，他将这一思考，写成《农业丰收后要注意保护农民利益》一文，在中国社科院《要报》上发表。

2008 年 7 月，第 6 届中国社会学理事会暨学术年会在吉林长春召开。会议期间，他还惦记着公主岭市的粮食生产，专门抽了一天时间，到公主岭市去调查。据了解，这一年，吉林省粮食大丰收，公主岭市将生产出 40 亿斤玉米。但这几年，公主岭市在粮食的加工方面做了大量工作，建立了几家玉米加工大企业。陪同人员告诉陆先生，现在市里的企业完全可以消化掉剩余的玉米，已不存在粮多涨库，谷贱伤农的问题了。

这一情况，给予了陆先生许多启示。长期以来，中国都在粮食少了多，多了又少的怪圈中打转转，但市场经济最聪明，实践最聪明，人民群众最聪明，在产业链条和市场环节上想办法，终于走出了怪圈，这也是他早年乃至现在始终的主张。

1992 年，中国社会学会第二届学术年会，在浙江省杭州召开。陆学艺参加了此次会议。

会议期间，江苏省社科院社会学所所长吴大声建议，社会学所可以到苏南建立一个社会调查基地。其时苏南乡镇企业和经济社会发展搞得红红火火。费孝通先生长期在那里作调查，称其为"苏南模式"，取得了举世瞩目的成绩。陆学艺是无锡人，苏南应是他的故乡，故乡的发展早为他所关注，对这一块的研究，他也是心仪已久，只是还未找到一个切入点。现地方的同志郑重建议，正与他意一拍即合。

陆学艺先生（左 3）参加中国社科院社会学所太仓经济社会研究中心成立大会
（1992 年 10 月）

第七章 『走』学问

241

4月份，陆学艺专程赴苏南考察。在吴大声所长陪同下，他考察了吴县、昆山，再到太仓。经与苏州市委书记邹大千和吴大声所长商讨，陆学艺同意在太仓建立社会学所的调查基地。双方同意，共同成立一个机构，社会学所负责科研项目和指导，地方的同志参与并主持机构的日常工作。

太仓县委书记周振球、县委办主任金世明和研究室主任朱汝鹏等领导同志对此表示欢迎和支持。他们很快就商定，成立社会学研究所太仓经济社会研究中心。

8月份，中国社科院副院长江流同志等人，专程到太仓，为这个研究中心揭牌。并任命金世明为主任，朱汝鹏为副主任。

这是陆学艺就任社会学所长以来他主持的第三个社会学所调查研究基地。第一个社会调查基地，是前面所述的黑龙江省肇东市经济社会协调发展试验市；第二个社会调查基地则是1991年，百县市经济社会调查在河北省香河县建立的社会调查基地；第三个才是太仓这个基地。

当然，社会学家们对建立社会调查基地，早有认识和行动。最早认识到这个问题重要性，并力主此事的，是著名社会学家、社会学所首任所长费孝通先生。他在1980年便提出要建立社会调查基地。他认为，社会调查基地是社会学中国化道路上的一个尝试，具有十分重要的意义。因为它适合中国的国情，有付诸实现的可能。并且，还可以在全国各省、市、自治区建立各种类型的调查基地，建立网络、以获取基层的实际资料。在费先生的力主下，社会学所第一个社会调查基地在北京市宣武区南河沿居委会建立。[1]

陆学艺对费孝通先生建立社会学调查基地的这一观点，高度认同。在他看来，现代社会学的调查研究，是一项系统的动态工程。社会学研究所依据的资料，必须是研究人员"经验"验证的资料，是研究人员亲眼看到亲耳听到亲手得到的"真实"的资料。这样的资料，必须从调查中得来，这是毫无疑问的。对这样的资料的分析，则应该有一个系统动态的参照系比较。否则，我们无法对资料作出分析和评价。建立一个固定的定期调查的网络，有助于我们的研究资料形成系统性和动态性，具有横向可比和纵向可比的性质。

----

[1]中国社会科学院社会学研究所编：《中国社会科学院社会学研究所所志》，（1980.1-2010.1）（征求意义稿），2010年1月，第83-84页。

费孝通学术上的成功，在方法论上最重要的一点，就是把他自己研究史上分散和孤立的调查点，做成了一个动态研究的网络。例如，他在江村和云南三村的调查，不仅做了几十年间纵向的比较研究，而且把它们作为不同区域的样本，作区域间横向比较研究。这一点，对陆学艺可能有直接或间接的影响。

实际上，陆学艺在进入社会学界之前，1983年已在山东陵县做县级体制改革试点调查。为了调查研究和试验农村县级体制改革，陆学艺和他的研究团队，在陵县呆了足足3年。为了工作的需要，山东省委组织部甚至任命陆学艺担任陵县县委副书记。之后，随着社会调查的需要，陆学艺又在福建省晋江市（1992）、河北省三河县行仁庄（1996年）、山东省莱芜市房干村（1996）、四川省成都市（2003年）和北京市延庆县（2009年）等地，建立了社会调查基地。这些基地建设，为陆学艺的社会实地调查，提供了便利，而陆学艺及其团队的调查研究成果，对所在县市的经济社会发展又起了重要的推动作用，真正实现了双赢。由于篇幅所限，我无法一一叙述，只选择晋江基地和成都调查略作简述。

1992年6月，陆学艺到福建省委党校参加一个学术会议。在会议上认识了党校副校长关家麟、教务长魏子熹和黄陵东等同志。当陆学艺说希望去农村看看福建改革开放新气象时，关校长第一个想起的是晋江。他们推荐说，"晋江值得一看。"

1992年，是晋江发展史上的一个跨越之年。在短短14年中，晋江人以"三闲（闲人、闲房、闲钱）起步，成功地探索了一条与苏南模式、温州模式和珠江模式齐名的乡村工业化道路——晋江模式，成为福建乃至全国县城经济快速发展的典型代表。

陆学艺虽然在这以前没来过晋江，但对晋江的发展也是早有耳闻。"其实，早在80年代，我就知道晋江。这里的改革开放与发展的故事，深深地吸引了我。"

会议结束后，在党校魏教务长和黄陵东教授陪同下，陆学艺第一次到晋江。

陆先生的到来，受到县委书记施永康、办公室主任许仲谋等人的欢迎。施书记亲自陪同陆先生，考察了磁灶、陈埭、安海等乡镇。所到之处，塔吊林立，机声隆隆，人声鼎沸，尘土飞扬，一片片建筑工地忙碌、生机勃发的景象，给陆学艺留下了深刻的印象。"这里的起步不简单"，他深有感触地说。

在县委县政府欢迎会上，施书记介绍了晋江近几年的发展情况和县委县政府的发展思路，同时请求中国社科院社会学所的专家学者们能关注这一片神奇的热土，在晋江来作调查研究。

陆学艺当即同意，愿意与晋江县委县府加强在社会调查研究上的合作。他表示，他会把晋江作为社会学所社会调查基地，重点研究晋江发展模式。

时隔两年，陆学艺再一次来到晋江。这一次是带领社会学所的一个十多人的调查组，来晋江作初步的调查研究。

在两年前考察过的乡村工地上，现在他看到的是一个个崭新的现代化的城镇。在陈埭镇，他们看了一个鞋材一条街；在安海镇，他们考察了一个巨大的糖烟酒市场；在东石镇，他们观看了完全由进镇的农民居住的一条街；以及还有英林镇的布料市场和下伍堡的新兴的镇街。其巨大的规模、神速的崛起，以及市场的繁荣程度，让这些见多识广的学者专家们也感到震撼：这个原本地处偏远的沿海穷县，它是怎样一夜之间变得如此富丽堂皇的？

带着这样的问题，陆学艺和他的课题组将要在这里一探究竟。在对发展观现状和民间心态做了大量深入调研之后，陆学艺对晋江模式有了一个初步印象：以联户集资的股份合作制为主要形式，以侨资为依托，以市场为导向，以外向型经济为目标，是晋江迅速腾飞的体制机制奥秘。他在这一年年底举行的中国农村发展道路（晋江）研讨会上，陆学艺正式提出"晋江模式"的构想，并向全国大力推介："如果全国有1/4像晋江这样的市（县），中国就大不一样了。'晋江模式'值得全国学习、推广。"

自那以后，陆学艺每隔一段时间就要到晋江来看一看，访一访，亲自感受一下这里的变化。他还经常邀请当地的领导前往北京参加学术会议，让他们向学者们介绍晋江的最新变化，也让他们零距离地与专家们接触，听取专家们的建议与意见。这样来来往往，陆学艺和很多晋江人交上了朋友。他从这些朋友口中，听到了在调查中得不到的最真实、最宝贵的晋江发展经验。

2007年，晋江撤县建市15周年。这一年3月，晋江市委宣传部张永宁、理论处处长姚运志等同志来到社会学所，向陆学艺提出，希望陆先生组织力量到晋江调研，总结晋江15年来经济社会发展的经验，最好能在晋江15年市庆前能够出版。陆学艺同所里其他同志商量后，认为这是一个好事，接受了这一邀请。

从 4 月份到 9 月，陆学艺带着社会学所和北工大的研究人员王春光、张宛丽、石秀印、胡建国、杨桂宏、谢振忠、宋国恺等 10 多人，先后 3 次到晋江实地调研。通过开座谈会、个案访谈、蹲点调查、问卷抽样、文献分析等多种方式，全面了解和深入研究晋江 15 年来的发展。

10 月，这个课题组集体创作，在京写出了《晋江模式新发展》一书。11 月，陆学艺邀请了国内 30 多名专家，到晋江出席"晋江模式新发展学术研讨会。"同时，举行了《晋江模式新发展》一书的首发会。在会上，陆学艺指出，晋江的发展变化，实际上是中国发展的缩影。对中国县城现代化具有鲜明的示范效应，在全国具有推广意义。

这本书的出版发行，受到晋江和福建省相关部门和领导的重视与高度评价。①

12 月，晋江市举行隆重的建市 15 周年庆祝会，陆学艺再次被邀请出席会议。在会上，晋江市委书记授予陆学艺"荣誉市民"称号。

2008 年 2 月 21 日，陆学艺将这本书的序言中的主要部分，写成《县域现代化的中国意义》一文在《社会科学报》上发表。

该文将"晋江模式的新发展"定位为"县域现代化道路的探索"。他指出，与原有晋江模式乡村工业化道路不同，晋江模式的新发展的内涵"实质上是探索一个县域能否实现和怎样实现现代化的问题"。他不赞成现代化整体论，认为现代化在中国由于地区间的不平衡，可以"使一些地区率先进入较为发达状态"，"先从某一局部地区率先发展，影响并带动整体范围的发展。"

从晋江的发展实践可以证明这一点。晋江原是一个基础薄弱的农业县，改革开放之初，通过工业化，实现了第一次起飞。但在他看来，晋江模式要实现第二次起飞，必须走县域现代化的道路。这就是"三化促两协调"的道路。"通过产业集群、品牌经济的工业化，城乡互动、功能优化的城市化，关注民生、共享和谐的社会事业现代化，促进城乡协调发展和经济社会协调发展，逐步实现县域现代化。"

---

①洪佳景等：《二十年"晋江缘"，——记者专访著名社会学家陆学艺》，载《泉州晚报》，2011 年 3 月 15 日。

陆学艺在高度赞赏晋江模式新发展的同时，还对其未来发展方向进行了前瞻性分析。他指出：一是工业化发展方向要大力培育世界级品牌。"晋江尚需动员现有各种资源，在创造世界级品牌上多做文章。……可以考虑通过政策支持、市场遴选、企业努力，在现有的全国知名品牌中培养育出两三个世界知名品牌。"二是要高度重视城市化载体功能问题。要解决资源不足、环境承载力过重，基础设施建设滞后和流动人口管理问题。三是在社会事业上，建立合理有效地调节不同阶层不同群体关系的利益机制。

2003年11月，中国社会学会学术年会在四川省成都市召开。会议期间，中共成都市委组织部部长有一天晚上，来到会议驻地四川大学，找到陆学艺，说他们的领导要见陆先生。陆学艺一听，就跟着部长一起去了。

领导一见到陆学艺，就说：

"陆教授，我是您的学生啊！"

"我的学生？"陆不解地问。

"前几年，我在中央党校学习时，拜读过您的大作《"三农"论》，深受教益。这算不算得上您的学生呢？"那位领导笑着说。

宾主坐下后，领导就开门见山地讲明来意。他说，成都市委现在正在大力推进十六大提出的统筹城乡经济社会发展战略。但这是个新课题，下面的干部对这个战略认识还跟不上，工作进展不理想。知道陆教授到成都了，希望能抽空给成都的干部们讲一次课。讲讲城乡统筹，社会经济协调发展问题。

陆学艺听了，满口答应。但已接到北京的电话通知，明天就要回北京，要参加回良玉同志主持召开的粮食涨价问题的座谈会。待会议完后，再来成都讲课。

一周后，11月8日，陆学艺带了张林江、宋国恺和陆雷等几个同志，一起到成都。市委先安排他们调查考察了两天，看了双流、新都等几个区县，让陆先生对成都的市情有一个大概的了解。

11月12日，陆学艺在成都会议中心，给成都市和区县及少数乡镇干部，作了一次关于统筹城乡经济社会发展的报告。与会领导对陆先生报告中的观点非常感兴趣。报告完后，书记市长表示希望陆先生能作成都市的发展顾问，以后常来成都。

陆学艺先生在成都作关于统筹
城乡经济社会发展的报告
（2003 年 11 月）

2005 年 1 月，成都市派农工委主任金嘉祥同志到北京，邀请陆学艺春节后去成都，实地考察一下成都统筹城乡经济社会两年来的发展。3 月份，陆学艺和王春光、张宛丽等人如约到成都考察。他们看了锦江、新都、新津、都江堰、大邑等区县，并同几位领导交换了意见。回京后，陆学艺撰写了《成都正在破解城乡二元结构的难题》一文。

陆学艺在这篇文章中写道：

2002 年，党的十六大提出，"统筹城乡经济社会发展，建设现代化农业，发展农村经济，增加农民收入，是全面建设小康社会的重大任务。"成都市委市府按照十六大的这个方针，于 2003 年，做出了"统筹城乡经济社会发展，推进城乡经济一体化"的工作部署。这两年来，成都在城乡一体化过程中做了大量工作，形成了较完整的工作思路，初步形成了城乡同发展、共繁荣的局面。其主要做法是：

第一，统筹城乡经济社会发展，推进城乡一体化，作为解决"三农"问题的治本之策。努力改变过去那种重城轻乡的思路和做法，形成了城乡同发展、共繁荣的局面。

第二，着力调整和改革不合理的政策和体制，破解城乡二元经济社会结构，改变重城经乡的格局，逐步向农民、农业、农村倾斜，是扭转城乡差距扩大趋势，并逐渐缩小城乡差距的根本出路。例如，他们制订了城乡一体的规划，构建了城乡一体的就业、劳动力市场，建立了城乡统一的新型户籍管理制度，还有城乡一体化的产业布局，让农民从城市化中得到实惠，城乡差距明显缩小。

第三，推行"三个集中"战略，积极引导工业向集中发展区集中，耕地向规模经营户集中，农民向城镇集中，是成都推进城乡一体化的重要形式。

第四，在推进城乡一体化的过程中，处理好同农民阶层的关系，不以牺牲农民权益为代价，使农民"失地不失业、失地不失利、失地不失权"。

第五，破解城乡二元结构的难题，既需要对原有体制和机制进行改革和调整，也要有人力、物力和财力的投入，需要改变原来的国民收入分配、财政资源的配置等格局，乃至整个工作思路、工作安排，都应作出相应调整。成都在推进城乡一体化、破解城乡经济社会二元结构方面的工作和努力，做到了精力专注，全力以赴。

总之，成都实施统筹城乡发展，推进城乡一体化的战略是正确的，开局良好。成都的经验，值得总结和推广。

2007年6月，国务院批准了成都和重庆设立全国统筹城乡综合配套改革试验区。这是全国继上海浦东和天津滨海新区之后，第三个全国"综改试验区"。6月18日，《成都商报》记者就设立试验区背景、意义和难题，采访了陆学艺。下面是记者报道的几段谈话（节录）：

成都商报：国务院批准成都设立全国统筹城乡综合配套改革试验区，您听到这个消息后感到意外吗？

陆学艺：……并不意外。据我所知，成都市从2003年就开始了统筹城乡的探索，起步早，闯出了一些好经验，中央比较认可。这几年我去成都调研过，成都的思路很好，也做出了不少创新。

《成都商报》：您认为下一步成都统筹城乡发展应注意什么，你对成都有什么建议？

陆学艺：统筹城乡发展关键是减少农民的数量。……更多地使农民、进城务工人员和他们的家属与市民一样，享有各方面平等的权利、均等化的公共服务和同质化的生活条件。……

《成都商报》：您认为下一步成都应该在哪些方面进行突破？

陆学艺：成都市这些年来在统筹城乡方面进行了很多很好的探索。……下一步成都可以考虑让进城农民工达到一定工作年限后就转为正式居民，解决他们的身份问题。

此后，他又来成都多次，研究课题重点转到社会建设上。在这方面，他发现成都同样是一块沃土。

我住在重庆，离成都只有 3 个小时车程。他至少有两次来成都，都打电话喊我去见面。见面后，他谈起成都来，总是如数家珍，推崇备至，赞不绝口。

我开玩笑问他："到底是成都做得好呢？还是陆教授您说得好呢？怎么我这个四川邻居，没有感觉到呢？"

他说："当然是成都做得好嘛！"

改用一句广告语：陆教授说得好，不如成都做得好！

胸有成竹，然后画竹

深入到社会事件发生的最现场，去观察体验、调查、研究，成就了陆学艺一系列最有价值的作品。在他一系列作品中，最具震撼力的巅峰之作，无疑当属 1998 年至 2010 年间进行的"当代中国社会结构变迁研究"。这一课题，不仅规模巨大，前后有数百人参加调查和写作，课题经费也在中国社会学界空前得多；而且，声名远播，影响力之大，也是前所未有的。我在前面第四章，较详细地介绍这项课题已出版的三大成果：《当代中国社会阶层研究报告》（2002）（以下简称《阶层》）、《当代中国社会流动》（2004）（以下简称《流动》）、《当代中国社会结构》（2010 年）（以下简称《结构》），它们的主要观点和写作出版过程中的一些前因后果。在这里，我还想再介绍一些研究方法论问题。毕竟，它的成功，不仅仅只是理论上的成功，而且还有方法和方法论的成功。而且，我认为，方法论是最容易被人忽视，也是最具价值的学术财产。

"当代中国社会结构变迁研究"这一课题，起因于 1998 年 8 月，时任政治局委员、中国社会科学院院长李铁映同志在北戴河开会时与陆学艺的谈话。当时，李院长提出了这一课题，要求陆学艺和社会学所来做。在领导看来，改革开放已经 20 年了，中国社会的结构可能已经发生了重大变化，这些变化将会以何种方式影响中国经济与社会的发展？是我们应该予以重视的问题。

其实，早在 10 年前，陆学艺已注意到这个问题。并开始在不同场合表达他的看法。[1]其中对后来有影响的是他 1988 年底到 1992 年间，对农村社会分层的研究。当时，他发现农民已经分化为八大阶层。但整个社会是否如农民一样分化为八大阶层了呢？他还没有机会来证实。他在等待一个机会，来对全国的社会分层作调查。李铁映同志主动提出这一课题，使他有了一种英雄所见略同的感觉。

但课题在中国社科院立项之后，陆学艺碰到了一个最大的拦路虎：阶层是什么？怎样划分阶层？为什么要研究阶层？阶层分析与阶级分析有什么同？有什么异？理论上不搞清楚，对时代的理论需求不搞清楚，就不可能进入到调查。所以，陆学艺和他的课题组，这些才高八斗、学富五车的社会学家们，面对阶级阶层这些概念，开始向马克思主义经典作家、西方马克思主义和社会学家请教、学习和辨析他们对这些概念的表述，想从中得到自己想要的信息。

对于课题组中的大部分社会学家来说，社会学在阶层阶级研究领域两大学派——马克思主义阶级分析和韦伯主义的社会分层研究，都再熟悉不过了。马克思主义以生产资料占有形式来划分阶级，韦伯主义则强调身份认同采取多元标准——身份、经济状况和政治权力划分阶层，与欧洲工业革命时期不同政治利益集团的斗争与整合要求相适应。及至近 30 年以来，到了当代新马克思主义和新韦伯主义那里，由于全球化资本主义发展，这两派所面对的西方社会需求，已不再是国内资产阶级无产阶级之间的阶级斗争，而是西方和非西方，中心与边缘的文明之争。所以，他们之间分歧已不那么明显，"新马克思主义和新韦伯主义者采用的阶级阶层划分标准和最终划分出来的结果都极为接近。"课题组从西方阶级阶层理论的演变，发现了特定的理论发展与特定时代需求相适应。这一点对课题组构建研究框架具有重要启示。

陆学艺和课题组对国内阶级阶层问题研究也作了一番探讨和反省。他们把一个相当长时间内作为主流意识形态重要组成部分的阶级和阶级斗争，同社会学意义上的学术研究视角中的阶级阶层问题，作了事实上的区分。他们看到，

---

[1]本节大部分材料源于陆学艺主编：《当代中国社会流动》，第十二章《社会分层划分的理论与调查方法说明》，见该书，第 352-372 页，中国社会科学文献出版社，2004 年第 1 版。

虽然以阶级分析为基础的革命理论，在中共争取革命胜利的过程中，起到了积极作用，但在共产党夺取政权后，在工业化建设时期，仍然强调阶级斗争，则是"严重脱离现实，导致党和政府重大决策失误，激化社会矛盾，引发社会动荡，给社会经济发展和工业化进程都带来了负面影响。"所以他们意识到，"传统的马克思主义阶级理论难以解释当前的社会现实问题。简单地搬用马克思针对19世纪早期欧洲资本主义提出的阶级划分，或者毛泽东针对20世纪二三十年代的中国社会提出的阶级分析理论，来分析当代中国社会的阶级阶层问题，无疑是不恰当的"。

承认马克思主义阶级和阶级斗争理论的历史意义，承认西方社会学阶层理论的工业化社会性质，反省和质疑将这些历史经典理论全盘照搬应用于现代；是陆学艺和他的课题组在这个重大问题上的最清醒的认识，也是他们学术方法论最具价值的内容。

由于没有现代的、可以应用于中国改革开放以后的现实的阶级阶层理论，陆学艺只好从"客观的社会现实出发"，从普通民众的主观感受，来找寻划分当代中国社会阶级阶层的标准。在《阶层》一书中，他们从实际出发，提出了从职业分类为基础，以组织资源、经济资源和文化资源的占有状况为标准，来划分社会阶层的理论框架。并据此将社会分为十大阶层：国家与社会管理者阶层、经理人员阶层、私营企业主阶层、专业技术人员阶层、办事人员阶层、个体工商户阶层、商业服务业员工阶层、产业工人阶层、农业劳动者阶层和城乡无业失业半失业者阶层。

这种阶层划分法，可以称之为"1+3综合标准划分法"。这种划分法，按照他们自己的说法，"既不是来源于国际社会学阶级阶层研究中的新马克思主义或新韦伯主义理论流派，也不是来自于列宁、斯大林和毛泽东等无产阶级革命家所发展的传统的、政治性的阶级理论"，而是陆学艺他们从中国改革开放需要出发，在现实生活中，根据自我研究和观察中总结和归纳出来的，是学术创新的，是符合现实生活需要的，因而也是正确的，经得起历史和实践检验的。

作为一项实证研究成果，陆学艺和他的课题组，十分重视"理论假设"设定。在《阶层》中，"理论假设"便是"1+3综合标准划分法"划分出来的十大阶层。胸中有了这样的"成竹，"接下来要做的，就是在调查中证实或证伪它，毫无疑问，它将被证实。两年后，在进行第二本《流动》研究时，理论假设也是这十大阶层在不同时期变化。不过，作者们时对十大阶层作了"继续深化和完善。"通过进一步的理论研究以及对全国抽样调查数据的分析，对十大阶层的划分提出更为系统的理论说明。在此基础上，建构当代中国社会流动分析框架。在前一本《阶层》中，由于时间和资料的限制，作者们未及时对十大阶层作出理论上的说明；而到了《流动》中，作者对社会阶层分化的动力、机制和结果，有详尽的分析。他们认为，工业化和市场化，是社会阶层结构深化的推动力。工业化带来了两个方面的结果：一是劳动分工的细化和专业化，进而使职业分化；二是组织的科层化，科层组织的发展又使管理层次增加和管理层成为一个阶层。市场化也带来的两个后果：一是私有产权的出现，私有者和劳动者阶层的出现。另一个是国有部门和非国有部门共存。这样，阶层分化的动力、机制和结果，便由于工业化市场化的发展，展现在读者面前。这是作者在社会阶层分层理论上一次原创式的重大成果。有了它，就可以令人信服解释现代社会为什么要分层？为什么要分成十大阶层，而不是传统的"两个阶级一个阶层"。

问题和假设搞清楚了，接下来的便是方法论和方法——用什么方法来证实这个假设？

社会学津津乐道的便是实证调查。按照课题组的方法论定位："对1949年以来的中国社会结构尤其是阶级阶层结构的变迁历程，进行深入地系统的实证研究"。

陆学艺先生在"当代中国社会结构变迁研究"课题组研讨会上

虽然陆学艺并不十分热衷于实证主义，但主流话语都说好，他也不便于反其道而行之，而且，也没有什么其他的道好走。"只是"，他强调，"调查的方法方式，一定要实事求是，符合中国的国情和社会实际"。

在 1999 年 8 月前的第一阶段的研究工作中,课题组首先对国外社会分层的各种理论、模型、方法和问卷等进行了研究。又对国内学术动向作了摸底。然后,又结合改革开放以来特殊群体现状,对课题的研究方案作了细化。他们把所要研究的问题分解为四个部分:一是面向城市的典型调查和个案研究。二是面向农村的典型调查和个案研究。三是专题调研,针对特殊群体(包括私营企业主阶层、干部阶层、个体户阶层、工人阶层和农民阶层)。四是全国性的抽样调查。

1998 年 8 月到 2001 年 7 月,课题组在全国陆续开展了 11 个调查点的典型调查。这 11 个点分别是:湖北省汉川市、辽宁省海城市、福建省福清市、贵州省镇宁县、安徽省合肥市、江苏省无锡市、江苏省吴江市七都镇、广东省深圳市、北京燕山石化总厂、吉林省长春第一汽车制造厂、天津南开大学。这 11 个调查点的选取,体现了课题组既遵循科学,又实事求是的原则。"不是刻意遵循在概率意义上的全国范围的代表性,而是采用主观判断抽样的方法确定的。"在这一阶段的调查中,课题组主要做的是"前导性研究",即试点,为全国性抽样调查,提供"分类的体系",从中找出社会阶层的不同类型,以便提高全国性社会分层指标的代表性;并探索全国调查所适宜的现场操作流程和管理监控方式。

对于这些点的试调查工作,陆学艺十分重视。他不顾年逾花甲,带领课题组人员南下北上,东奔西走各地,寻求当地党政部门的支持,吁请各地科研机构与专家参与合作,组建和培训调查员队伍,进行调查的现场指导。他知道,要做好这一空前重大的社会调查,没有地方政府和科研机构的支持与合作,是不行的,没有一支专业的与课题组同步的调查员队伍,也是不行的。有一份关于这次调查方法的"说明",是这样介绍他们的工作的:

"一方面要依靠地方政府部门,另一方面我们又要极力避免'官'的色彩,以保证调查所需要的独立性与规范性。这样,我们就需要地方的社会研究的专家学者及他们所在的科研机构(地方社科院、大专院校、党校),来掌握调查的实际运作。这些专家学者既掌握'地方性知识',又具有社会研究的专业素养,上可沟通政府部门,下可组织研究实施,是典型调查点中的枢纽人物"。

"调查的现场作业,还要靠一支数十人组成的素质高、遵守调查规范的调查员队伍。……我们委托地方科研机构在当地组织调查员，并要求这些调查员应该有一定的社会工作经验和社会阅历，能够更好地理解社会分层涉及的知识，具有大专以上学历；来自于某一类组织，以便有纪律约束。在我们看来，地方科研机构的研究人员，党校、行政学院的老师及学员，高校老师，是最符合条件的人选"。

在陆先生亲自出面做工作和课题组人员的艰苦努力下，调查点各地政府部门，给予了极大的关注的支持，各地科研机构和专家也积极参与合作，11000份调查问卷和近千份社会访谈资料，得以有效回收。这些资料的有效回收，为课题组第一部专著"阶层"的研究写作，打下了重要的资料基础。

这一阶段的调查，还创造了一种课题组、地方政府部门和地方社科机构合作调查研究的模式：即三方成立一个调查协调小组，"课题组负责派出研究人员做调查的技术指导和监督（包括抽样、问卷讲解、访问培训、质量控制），地方政府部门负责提供资料及行政、后勤保障，地方科研机构负责组织调查实施。"这一模式，为陆学艺大型社会调查活动的成功，提供了组织体制保障。

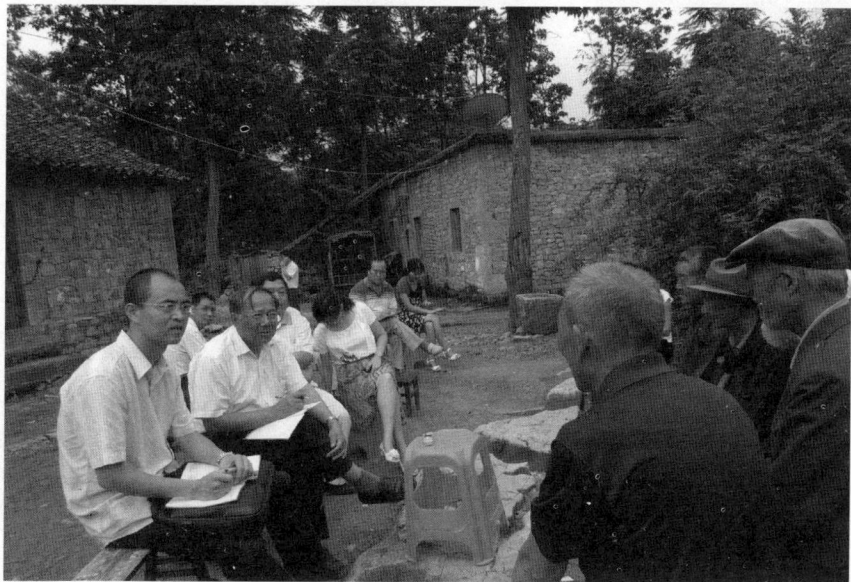

陆学艺先生在贵州省安顺市农村作社会调查

在这些典型调查的试点和探索之后，课题组织对研究工具和操作方法，又进行了一次大幅度的修改和完善。他们首先对城镇和农村调查问卷作了修改，其次对职业分类表进行了扩充，对抽样方式和入户选择表都作了统一规定和较大调整。在此基础上，形成了统一的、针对课题组所有成员和所有样本点的"调查操作说明"、"督导员工作手册"、"调查员手册"和《问卷说明》等规范性文件。

2001 年 7 月，全国范围 6000 份问卷的抽样调查启动。这一调查的技术指导，是中国科学院系统研究所冯世庸研究员和中国社会科学院人口研究所高嘉陵研究员、柯惠新研究员，他们几位是著名的概率论和抽样调查专家。问卷设计的技术指导，是北京社科院戴建中研究员和中国社科院李培林研究员和黄平研究员。课题组采用多阶段复合抽样的方法，从全国 3300 个市县抽取 73 个市县 408 个居委会／村，6240 名（16—70 岁）居民进行调查。12 月份，问卷调查回收后进行处理阶段。前后半年时间，完成了这一课题的调查任务。

这是一个典型的大规模社会调查个案。

为了全面和具体地了解这一过程，下面，我作简单的介绍。

1. 抽样设计

课题组选取 16 至 70 周岁的居民，作为本调查的样本总体。之所以选取这一年龄段，是考虑到这次研究的主题之一是职业，以职业人口为基准。

课题通过调查要推断的主要参数，是社会阶层的比例分布。按照简单随机抽样的计算方法，最低样本应有 2140 个。又根据多阶段复合抽样原则，又考虑到城乡职业变异和分化大于乡村的特点，课题组把城镇区域的样本量扩展到 4000，乡村区域的样本量扩展至 2000。在具体的抽样过程中，他们首先从 3300 个县中，抽取 73 个县（市区），又从中抽取 404 个居委会（村委会），然后再从中选取 6000 个居民户，再用简单随机抽样的方法，抽取 6000 位居民。最后的样本就是入户被访人是由调查员在访问现场选取的。

"调查员入户后，首先将家中所有人员的状况填写在《家庭人口情况表》中，而后将符合访问条件的人口（调查中的界定是年龄在 16—70 岁之间，在此家中居住 3 个月以上的人口），按性别和年龄排序，填入《选择表》中。我们采用的入户《选择表》，是对国际调查界通用的《Kish 选择表》的修正版，……具体的使用办法是：在入户之前，调查问卷首页的所附的《选择表》上，随机圈选 1 ～ 12 种类型中的某一种类型；入户填写完《家庭人口情况表》后，按男性在先，女性在后，年龄大者在先，年龄幼者在后的顺序，将符合访问条件的人口，依次填写在《选择表》左端的'性别'和'年龄'栏目里，并对着候选人的序号。已选定的《选择表》类型所标记的一例，和候选人最后一位的序号对应的一行的交叉格中的数字，就是应该选取的被访人的序号。"

在这里，我们看到了一个非常复杂、同时也是一个完全与"国际接轨"的抽样设计。之所以走复杂路线，完全是因为陆学艺和他的课题组同仁们，对此项调查高质量高标准要求。

2. 督导员 / 调查员培训

从社会调查操作而言，样本的代表性、问卷和调查员的入户访问，是最重要的技术关键点。为了能够采集到高质量的调查资料，课题组参照美国密执根大学社会调查中心的调查员培训手册和 ACNielson 等国际著名市场研究机构的访问规范，制订了培训课程，对所有参与这一课题的调查员和现场督导员进行了集中培训。

在培训中，要求调查员学会完成入户选择、现场访问、核查问卷、事后编码等工作。培训人员在 3 天时间中，为调查员详细讲解了入户选择工具的使用，问卷用语和解释口径，特殊问题的询问和填答方式，编码标准等。

培训也对督导员工作也提出要求，要求他们完成住户抽样，分配问卷，更换被访家庭及被访人、查核问卷、组织编码工作。

3. 实施访问

为了保证调查的质量，课题组采用了"现场小组"的工作方法，即每个居民点（村点）由 1—2 名督导员和 5—10 名调查员组成一个现场小组，每组 1—3 天完成一个居 / 村点的调查。在时间上，城镇居民入户调查均安排在周末或下班以后，农村则没有这样的安排。完成一个调查点之后，再进行下一个点的调查。这样做的目的，是要把调查中可能发生的问题，就地解决。

4. 事后编码和数据处理

调查问卷的初步编码工作，要求调查员在现场完成。每天访问结束后，督导员便指导调查员对自己访问的问卷，逐份编码。逐一核实修改后，才能送出。

问卷由各地审核送往北京，还要对编码复审。然后才能进入数据录入，处理，最终形成正式的数据库。

由于篇幅所限，本书对陆学艺"走"学问，还只限于到现实和实践中去观察、了解和研究这一层面，他在实践中得来未见诸文字，只储存在他的头脑中或隐藏在他的文字里面的学问，我还没有涉及。同许多伟大的思想家一样，陆的真学问的大部分，并不是做出来的文章，而是实践本身。这一点，留待今后体会。

我很相信学问不是著作本身，而在著作之中和在著作之外。

第八章

361 度看问题

1997 年 5 月 26 日，陆学艺接受中央电视台"东方之子"栏目记者的采访。记者问："人家说您像一名县委书记，您自己认为您更像一名县委书记呢？还是像一名学者？"

　　1983 年到 1986 年，陆学艺曾在山东陵县作农村体制改革试验蹲点调查 3 年。为了工作的方便，也曾挂职作了 3 年陵县县委副书记。因为有这一经历，因为这一经历给他的思想和行为可能带来了某些改变，故记者如是发问。当然，这是一个轻松、俏皮的话题。

　　陆学艺同样用轻松的话语回答："我觉得我还是一名学者。……我在陵县 3 年，基本上还是作调查。"

　　记者的话题当可一笑而过，但对陆学艺学者形象的认定，在社会学界和社会科学界，并非没有分歧。即使是我本人，对陆先生的认识，也在发生变化。1998 年，我在一本书中写道：

　　"在我看来，陆学艺的确是一位学者，但他又是能够走到现实生活中去，用学术来解释和影响实际工作的学者，同时也是一名善于从实践中寻找学术概念的创新型学者。"

　　现在，十多年过去了，再来重新审视陆先生的学术人生时，我必须再加上一句：陆先生不仅是一位能"将学术与实际生活打通"的学者，而且还是一位具有"政治自觉"的学者，是一位能 361 度看问题的学者。

为什么知识分子往往是错的？

我是 1996 年秋，到中国社会科学院研究生院社会学系，师从陆学艺攻读应用社会学专业博士研究生的。老实说，当时的研究生院在望京，学校规模很小，课程设置也不怎么规范，但平时与先生下乡做课题，课堂上讨论与课后的闲谈，却深得陆先生学问之要旨。其他的不在这里说，这里专讲一下他在政治方面我印象最深的的几件事。

1997 年，研究生院组团到重庆市挂职。当时，重庆直辖市刚刚成立，需要大批干部。社科院研究生院副书记翁杰明同志带队，准备组织博士和博士生，到重庆市去。我是被选派的 39 名博士生之一。行前，我向我的两位老师请教意见。武汉大学的一位老师主张不要去，他说我做学问很行，去当行政干部是浪费人才。而陆学艺则主张我去，说正好做社会调查，接触社会实际，有利于我在学术上更好地发展。我听从了陆先生的意见，在重庆市搞了十多年行政工作，对中国的现实生活有了较具体的了解。现在个人的体会，从学问角度上看，也不一定亏。

第二件事是他对社会问题与危机的看法，也让我受益匪浅。我记得 1997 年 10 月有一次下乡，在火车上坐着闲聊，说起现在社会问题太多，简直有一点大厦将倾的感觉。但陆老师却不这样看。他说：

"在中国，现在所说的社会问题，什么人口问题啊，农民工问题啦，经济结构调整问题啦，失业问题啦，等等，都不是真正的社会问题，或者说，这些问题都不足以让中国垮台。你看，什么时候没有问题？清朝末年，内忧外患，农民抢米，革命党暴动，多严重的社会问题呀，都没有使清朝垮台。清朝垮台，是慈禧太后死掉，她那个"中央"出了问题，领导人领导不了了，清朝才垮掉的。因此，我认为，真正的社会问题在中央，在中央的领导核心。核心有为，不乱，中国不会垮。"

这一观点，与学术界绝大多数社会问题专家的意见相左。但陆先生的意见，在后来被实践证明是正确的。

陆先生的卓见在于，中国传统社会是一个高度集权的社会。这一社会最大特点是，一个人可以控制一个集团，一个集团可以控制整个国家。而且，这个社会具有很强的自我组织、自我修复的能力。但反过来说，它又是一个很脆弱很好打整的社会。只要控制了最高统治者，便可以控制他那个统治集团；只要控制了统治集团，便可以控制整个国家。近代西方列强对中国采取扶清制华的战略，是深得治理中国的奥妙的。

这件事，当然还有许多同类事，让我见识了陆学艺的"厉害"。他不是一般意义的学者，而是具有独特政治观点的学者；不是只会写书作研究具有文化自觉的社会学家，而是知道为什么写书做研究具有政治自觉的社会学家。他的政治上的正确有一部分是源于他学术上的洞察力，但他的学术成功则主要源于他在政治上的正确，

师从陆学艺学习，以及后来在工作实践中体会与反省，我觉得自己总是在犯和许多知识分子同样的错误，那就是太相信书本上的知识为知识了。书本上写的，经典著作写的，难道还有错吗？书本上写的，经典著作写的，就是知识，就是真理！知识分子就是真理的化身，就是真理分子。实际上，知识源于实践，源于一定时空内人的认识。即使是真理的知识，其真理性也会因时过境迁而衰减。正如同一位法学家所说，法律一旦成文，就已经过时了。

我读过一位作者的一本书，讲述了许多知识分子悲惨的学术人生，我想作者是在同情这些知识分子的遭遇，进而对当时极"左"的政治环境批判和揭露。但从另一个角度看，并非所有的知识分子都遭此厄运，有不少人躲过一劫或有所成长。我希望有良知的作者不要去教唆后来的知识分子简单地重复先前知识分子的错误和失败，而应该总结经验教训，让知识分子聪明起来，强大起来，完美起来。这或许同下雨天出行好有一比：下雨了，你不必徒劳地去咒骂老天爷为什么要下雨，去埋怨它为什么单在我出门时下雨；你的人生策略只能是，要么打伞，要么淋雨而行，要么等雨停了再走。如果有人一定要与天斗，或鼓动你与天斗，骂天止雨，那你必须说一句，这是"扯淡"！

求真需要勇气

在陆学艺近 60 年的学术人生中，在其力求学术与政治贴近的一面，一直褒有一份认定和追求真理，为追求真理而从不迎合、从不迁就、从不妥协的勇气。

我在前面几章介绍了陆学艺在改革、"三农"问题、社会结构转型和社会现代化等方面的研究。从中可以看到他在这些领域为了追求真理所做的努力。这些努力是一些什么样的努力呢？用"艰辛"一词不足以准确概括，用"科学和严肃认真"，也不能完全说明问题，而最接近于事实的用词是："勇敢"和"不畏风险"。在"山穷水复疑无路"的尽头，他"勇敢"地、"不畏风险"地前行，才迎来了"柳暗花明又一村"的。

下面举几个例子。

党的十一届三中全会以后，农村包产到户改革，使农村经济和农业生产高速发展，取得了历史性的伟大成就。以棉花生产为例，1978 年，全国棉花生产4334 万担，到 1983 年，增长到 8780 万担，增长了一倍多。山东德州棉区上升更快，5 年增长 15.6 倍，年均增长 75.5%，德州地区又以陵县增长最快，5 年增长 22.7倍，年均增长 88.4%。

棉花增产了，农民收入提高了，欢天喜地，但商业问题和财政部门却不愿意了。原因是大批棉花积压在各级供销社仓库里，销售不出去，每月占用的资金利息就达 4000 多万元，对地方财政是一个巨大的负担。因此，当时的财贸系统认为这是"生产过剩"，主张调低收购价格，限制棉花生产。

对于这个问题，1983 年，陆学艺作了专项调查。调查结果发表在中国社会科学院的《要报》(第 17—20 期) 上。他认为，棉花生产大幅度增产的主要原因，一是包产到户调动了农民的生产积极性，使多年积累的物质技术条件 (指大规模的农田水利建设、科学种田和农业机械化) 得到充分利用；二是我国现有种棉技术达到了世界先进水平。另外，老天的帮忙，棉价的有利，也是很重要的因素。只要这些因素不变，他认为，1984 年棉花生产仍将呈增长趋势。

他不同意商业部门的"过剩"论，认为国内棉花消费市场很大，国际市场也可以打进去，我国的棉花生产"还有发展的余地"。他坚决反对一方面限制生产，一方面又限制消费，认为这是最下策。最适当的对策是："应该继续支持棉花生产稳步发展，同时，要把重点转到支持发展棉花和棉纺织品的加工、销售和消费，从而使整个国民经济活跃繁荣起来。"

为此，他提了 7 点具体建议：第一，改变棉花作为特殊商品的地位，使之能像普通商品一样正常流通；第二，支持和鼓励各种棉纺织加工工业的发展；第三，在非产棉区和大中城市建立絮棉销售系统；第四，要适当调整皮棉的内部调拨价格，实行季节差价、地区差价等政策，改善棉花的储运状况；第五，鼓励消费棉纺织品，推动棉花的商品生产；第六，调整各省的植棉计划，鼓励"南棉北移"；第七，即使要调低棉价，也不要猛调，实行优质优价，鼓励优质棉生产，按照市场需求来发展棉花生产，等等[1]。这些建议的实质是要改变棉花生产的非商品性为商品性，建立棉花按照市场需求来生产、加工、销售的商品生产系统。

1984 年，棉花果然再度增产，积压问题更加严重。应该采取什么样的对策？陆学艺仍然坚持"综合治理"。在这里，他以前学的马克思主义基本原理起到了指导的作用。他认为，棉花问题，是关系到国计民生的全局性问题，一定要用总揽全局的观点、历史发展的观点来处理。在变革时期，老体制、老习惯、老平衡被打破了，需要我们在新的基础上，建立新的体制、新的平衡，形成新的习惯。棉花"过剩"，同其他农产品"过剩"一样，"并不是真正的过剩，

---

[1] 陆学艺著：《当代中国农村与当代中国农民》，知识出版社 1991 年第 1 版，第 185~198 页。

而是因为交换、分配、消费的体制跟不上生产发展而出现的暂时现象，我们决不能为这种假象所迷惑"。他甚至担心大丰收之后有大减产的可能。为此，他在上一次建议的基础上，又提了几条补充建议，强调了国家从宏观上考虑综合协调促进棉花商品化生产的重要性。[①]

这些建议引起了中央领导同志的高度重视。万里同志将第一篇文章批给杜润生等同志：

"这篇文章请你们看一看。特别是关于棉花是否多了的那一篇，我认为很有道理。我过去只听财贸系统的，有片面性。"

由于陆学艺的这几篇文章，从当时改革开放和棉花生产的实际出发，所提建议认证充分，说理透彻，得到中央有关部门的采纳，对当时中央的棉花政策调整起到了很好的作用。从后来棉花生产的大起大落的教训看，陆学艺这些看法也的确是具有远见卓识的。

1985 年 9 月，他写了《当前农村的形势和几个有关哲学问题的思考》一文，指出近一两年来，我们对包产到户改革以后形势估计"有些过头"。认为单靠一个政策、一个运动若干年解决长期贫困落后的农村农业问题的想法，"是不现实的"。当前"我们确实面临着严峻的问题"。[②]到了年底，粮棉生产的形势不幸为陆学艺所言中。这一年，全国粮食减产7%，棉花减产33%。这是农业实行包产到户后连续大增产后的第一次大减产。当然除了粮棉生产减产外，乡镇企业、工业、流通业发展迅速，农业中的牧业、渔业、蔬菜、水果和平还在大幅增产，农村经济形势还是一片大好。对此，学术界和决策层认识和看法，出现分歧。当时的主流意见认为，农业生产经过 6 年连续高速增长后，减速转入常规增长是正常的，粮棉减产，是计划调整的结果，不必大惊小怪。

陆学艺怀疑这个"常规增长"论是否正确。当时他在山东陵县蹲点。这一年春节过后，他回到陵县，对这个问题做了认真调查，在德州地委和陵县分别召开了几次干部座谈会，又走访了一些乡镇农村。总的感觉是，上上下下对农业生产形势较为乐观，一些惠农政策都在往回收，农民务农的积极性受到挫折。

---

①陆学艺著：《当代中国农村与当代中国农民》，知识出版社1991年第1版，第199-213页。
②陆学艺著：《当代中国农村与当代中国农民》，知识出版社1991年第1版，第241-243页

据此，1986 年 3 月份，他写了《农业面临比较严峻的形势》一文。

在这篇文章中，他认为 1985 年减产，"既非是计划安排的结果，也不是自然灾害等偶然因素造成，而是多种因素综合的结果"。具体来说，有 11 大因素。除上面那一篇文章提到的以外，还有耕地减少，水利工程失修，土地肥力减退，生态环境恶化，自上而下地不重视农业，农业物质基础受到损坏等等。其中两条：农业发展的物质基础严重削弱和农民生产积极性尤其是生产粮食的积极性受到挫伤，是最主要的。这两条说到底，又是上上下下"轻农"、忽视农业的结果。因此，这是一个信号。如果再不加以重视，农业发展可能从此又转入停滞徘徊的局面。

陆学艺在这篇文章中提出了一个比较敏感的问题，就是他认为有些同志以为农业靠政策就行了，所以在实践中，只给政策，而不投资，实际上是"轻农"。

文章出来后，登在中国社科院《要报》1986 年 5 月 15 日、17 日和 19 日 3 期上。文章发表后，引起决策层注意，但反映不一。有人批评这篇文章散布农业悲观论；但邓小平同志关于农业问题的谈话肯定了这篇文章的观点。

邓小平同志 6 月 10 在听取中央负责同志汇报当前经济情况时指出：

"农业上如果有一个曲折，三五年转不过来。……现在粮食增长较慢。有位专家说，农田基本建设投资少，农业生产水平降低，中国农业将进入新的徘徊时期。这是值得注意的。我们从宏观上管理经济，应该把农业放到一个恰当位置上，总的目标始终不要离开本世纪末达到年产 9600 亿斤粮食的盘子。"小平同志讲话十分重要，后收入《邓小平文选》第三卷。这篇讲话传达后，农研中心、农业部、水利部等 5 个部门迅速做出了反应，提出了解决农业问题的 8 项措施。但非常遗憾，由于当时种种原因，这些措施都没有有效实施，实际上成为一纸空文。

1987 年后，陆学艺继续关注着农业生产形势的变化，继续批评"常规增长"论和"轻农"思想，呼吁中央决策者和有关部门回到重视农业农村的正确道路上来。

这一年的 5 至 6 月份，陆学艺带着这个问题到河南、安徽、江苏、上海等粮棉主产省市的农村进行调查。他新入现场，同当地农村工作的同志和基层干部，以及部分农民群众座谈，了解粮棉生产的实际情况，听取他们的建议与意见。

特别是安徽无为的农民反映，现在种田太难了，追肥买不到尿素；天旱买不到柴油。苏南的农民反映，田不可不种，但不可多种，更不能精种。因为多种精种，要赔本，不划算。大连农委的同志说，农业生产资料供应从来没有像现在这样紧张的。这些话给他非常深刻的印象，用"震惊"一词，也未必过分。

回来后，他立即写了《当前的农村形势和粮食问题》一文，批驳所谓"常规增长"论。他以调查得来的资料充分说明，粮棉生产面临种种难题，农民种田积极性下降，农业正在进入一个徘徊期。

他以粮食问题为例，分析其严重程度以及症结所在。他认为，现在（1987年）的粮食问题，一方面是粮食消费、粮食需求是在稳定地增长；另一方面粮食生产、粮食供给却是波动的，不能稳定地增长。这就是我国目前的基本国情和基本粮情。

他在这篇文章中，用十分尖锐的措辞，对农业主管部门错误估计农业生产形势，无视农民意见，挫伤农民的农业生产积极性的认识、态度和政策提出批评：

"我们有些同志对改革后农业高速发展的事实，做了不全面的总结，过分强调了实行责任制在农业增产中的作用。"

"我们对于农业和粮食的形势是估计得过于乐观了。对于一时出现的卖粮难、储粮难、转化难的实质，没有进行深入的调查与分析，……缺乏经验，采取了一些不当的措施（如降价、限购，实际就是限产等）。"

"我们有些同志把一小部分先富起来的农民的典型，误以为是农民普遍富了。于是，财政部门提高农业税、增加税种；农业银行提高对农业贷款的利息；商业部门降低粮棉等收购价格，提高农业工业品的价格；教育、卫生、民政等部门增加对农民的集资数额等等。各方纷至沓来，多少只手伸向农村，致使已有所缩小的工农业产品剪刀差又扩大了，使已有所减轻的农民的负担又加重了。这就损害了农民的利益，直接挫伤了农民的生产积极性。"

这篇文章以其鲜明的学术立场，尖锐的批评指向和难以辩驳的事实，在当时农经学界引起强烈反响，是不言而喻的，但十分遗憾的是，农业主管部门仍然相信所谓向"常规增长"回归的必要性，坚持"照老办法办"、"硬着头皮挺"，在轻农的轨道上运行。

然而，反映客观事实的科学研究，所具有的真理性，是不以长官的意志为转移的。让"常规增长"论难堪的是，1988年粮食产量继续下行，减少300亿斤，减幅为 3-4%。这一减幅虽不及 1985 年大，但国家和农民粮食库存比那时少了，而人口比那时多了 5600 多万。这一减一加，使得 1988 年粮食减产后的经济社会形势，要比 1985 年严峻得多。据当时数据显示，全国各地粮价大幅上涨，并带动强购、抢购、囤粮的苗头出现，生活日用品市场价格也随之上涨。粮食正在成为引爆社会不稳定局面的导火索。

陆学艺密切关注形势的发展，更加强烈地呼吁有关部门，增加对农业的投资，减轻农民负担，理顺农产品价格，调动农民生产积极性。虽然他很不满意农业主管部门无视现实，无所作为，但还是愿意作一只"啼血的杜鹃"，"不信春风唤不回"。

春华秋实。

多年的呼吁，终于有了回应。1989 年 10 月 24 日，江泽民同志出任中共中央总书记不久，即邀约陆学艺等几位农业和农村经济专家，在中南海座谈当前的农业问题。这次会议以后，11 月，中共中央召开十三届五中全会，作出了《关于进一步治理整顿和深化改革的决定》。《决定》再次强调了农业的极端重要性，要求全党、全国动员起来，集中力量办好农业。这一年冬天和第二年春天，在中央领导下，各地组织农民大搞农田水利建设。又增加了对农业生产的贷款，大力发展农用工业，还提高了棉花等农产品的收购价格。几项措施一下来，农业徘徊的局面，立马有了好转。

这充分证明，陆学艺的观点，经得起实践的检验，是完全正确的。

1996 年元旦刚过，中国社科院举行一年一度的工作会议。

年度工作会议，主要议题无非是总结去年的工作成绩，部署今年的工作任务，中间夹杂着讨论发言之类的。

会议进行到第二天中午，常务副院长王忍之召集 6 大片的召集人，到他的办公室开会。说下午的会议，李铁映同志要参加，并发表讲话。

当时，李铁映同志任中共中央政治局委员，国务委员兼任中国社科院院长。

王忍之副院长说："铁映同志要求大家先讲，他听一下意见再讲。大家每人讲 10 分钟，讲什么，你们自己定。但要实事求是，言之有物。不要光讲成绩，不讲问题；也不要只讲问题。"

下午，大会开始后，各片召集人分别发言。陆学艺代表政法社会片，最后讲。

他讲了一通院里一年来所取得的主要成绩后，把发言的重点放在职工普遍感觉到的一些突出问题上。他说：

"……中国现在的问题主要不是自然科学的问题，而主要是社会科学方面的问题。许多问题，理论上说不清楚，政策就制定不好。例如……住房问题。我当所长，最头疼的是两件事：'评职称，分房子'。这两件事中又属分房子最难。院里给5套房子，我们有20个人要，严重不足啊……。住房在我国，到底是一种商品呢？还是一种福利？不清楚。理论上不清楚，政策就难以明确。……"

"住房问题，最近中央有文件，按这个文件办就好了。"李铁映同志忍不住插话说。

陆学艺说："你说的那个文件我看了，但是不灵啊！"

会场一阵骚动。

李铁映同志说："不对，这个文件征求过你们的意见，起草时，社科院也有人参加了。"

他问坐在身边的领导："是谁去的？刘国光参加没有？"

王忍之回答说："刘国光没参加，是杨圣明去的。"

李铁映同志用眼光一扫：

"杨圣明来了吗？"

"来了"，杨圣明站起来回答。

"那你说，这文件到底灵不灵？"铁映同志严肃地问。

"灵的，灵的。"杨圣明有点慌张，忙说。

"但是，执行起来有困难。"他又补了一句。

这个"但是"后面的话，又让大家一阵哄笑。

这时，李铁映同志对陆学艺说：

"你说不灵，那你搞个灵的给我看看！"

陆学艺此前从没有涉猎过房地产研究，但以其高远的心性，在这一"突发事态"面前，他只能选择"接招"。这时他想，既然已经走上华山一条道，那就只好硬着头皮往前走。于是说：

"我们社会学所可以搞，但是这么大一个课题要很多钱的。"

"要多少？"铁映同志步步紧逼。

"这，我得回去算算，然后再给您报告。"

"好，尽快打报告上来。"李院长又补充了一句："你搞得不灵，我可是不给你钱的。"

会后，陆学艺冷静下来，觉得房改，他是有些想法，说说可以，但要挑头做一个比中央文件更"灵"的方案来，谈何容易！他感到巨大的压力。

第二天，他去请示分管政法社会片的副院长汝信同志。汝信同志未等他把话说完，就把他挡了回去：

"你都立了军令状了，退是不行了。"

不过，汝信副院长答应提供支持，催着院里把课题经费5万元尽快拨下来。

陆学艺无法，只好破釜沉舟。

他在所里，来了个全所总动员，把几个骨干和懂房地产的人集中起来，一起来研究。先是收集各种文件和资料，然后访问请教房地产专家和实际工作部门的人员。

所里一位老同志张仙桥同志，曾经担任过住房研究会的副秘书长，对房地产比较熟悉，他把80年代以来的住房和地产文献资料都找来了。

时任中国房地产公司总经理的孟晓苏同志，是陆先生的老朋友，听说陆先生接了一个"挠头的活儿"，也很支持。他亲自过来座谈了几次，把当前住房现状、问题和改革的设想，都毫无保留地奉献出来了。孟总的意见，对陆先生启发很大。

除此之外，陆学艺还分组并亲自带一组到外地房改有成绩的县市进行调查。他那一组，就到了北京密云县和福建厦门市。其他几个组，有到上海的，也有到成都的。

调查告一段落后，接着就是开研讨会研究，集体出谋划策，理出思路来。

在他看来，住房应是一种商品，同时又具有生活福利的性质。当前的突出问题，是把住房完全看做是一种生活福利，住房的体制就是福利体制。结果，导致了城镇住房的极端短缺。因此，改革的主思路是，按市场经济的要求，进行住房分配体制改革，并大力发展房地产业。

他认为，住是人民群众生活最基本的需求。而且，住房是一种商品，房地产业是经济增长点。中国人有很浓厚的传统建房置地观念，农民富了，就是建房，城镇居民也有这样的需求。所以房子不仅是生活之所需，而且它还具有社会保障的功用，具有稳定人心、稳定社会的作用。他通过调查发现，在农村，每户有那么一亩半左右的耕地使用权，农村就稳定了；城镇如果通过住房体制改革，使每户居民也有一间半房，大部分居民成了有产者，人心也就稳定了，社会也就稳定了。

思路形成后，进入写作阶段。先是李春玲写第一稿；接着让张其仔写。景天魁和李培林也参与其中的章节写作。郑也夫也对这个问题，写了一稿。

6月中旬，所有的初稿和资料汇集到陆学艺处。他闭门谢客，亲自操刀，在这些稿件的基础上，写出了4万多字的第二稿《深化住房制度改革的目标和必要条件——建立城镇住房新体制的基本思路和对策研究》（以下简称《研究》），形成了一个关于住房体制改革的若干意见。《研究》提出，住房制度改革，就是要建立既有利于促进生产发展，实现经济高效率，又能体现社会公平，实现社会稳定的住房新制度，也就是要建立并实行一种具有中国特色社会主义的住房新制度。房改目标和结果就是要"通过市场来解决……住房问题"。此外，"研究"还提出了深化改革的必要条件，以及实现向新住房制度转变的步骤和主要措施。思路极为清晰，措施相当具体。

经过讨论，课题组认可了这一稿。经过修改和删减，最后写出了一篇近2万字的正式报告和一份近1万字的摘要本。这两份报告一起送到了李铁映同志那里。后一份摘要稿，1996年7月24日、25日分两期在院《要报》上发表。

8月初，时任国务院总理的朱镕基同志，看到《要报》上发表的那篇文章，觉得很好，就批给李铁映同志阅。

李铁映同志认真阅示了，也很满意，他又在此件上接着批上这么一段：

"镕基同志，这个报告是我让他们做的。他们所提的建议，我们正在研究中。准备请社会学所成立一个住房研究室，继续进行研究，并培养人才。"

朱镕基同志又批："请陈锦华同志阅。"当时陈锦华同志是国家计委主任。

中央领导同志的这些批示，表明赞同或肯定陆学艺文中的主要观点。事后，这些观点有不少见诸于中央房改文件之中，对推动新一轮住房体制改革，起了积极作用。

因这一篇文章，让中央领导，尤其是李铁映同志，对陆学艺另眼相看。不但在接下来他主持召开的住房体制改革会议上，陆学艺都获邀出席并被点名发言，而且，在后来更大的课题的人选中，他都首先想到了陆学艺。

李院长光明磊落，唯才是举。即使顶了他的牛，只要你掌握着真理，他也不计较；不仅不计较，而且还更加看重，这让陆学艺感到幸运。

1998年5月，李铁映同志有感于改革开放以来中国社会结构的重大明显变化，想全面了解一下这一变化对中国社会发展的影响。于是，他找到陆学艺，要他承担这个课题研究。

陆学艺早在此前十多年即已开始研究这一课题。得知院领导要求做这样的大课题，并决定让他来主持，很高兴，答应立即着手调查研究。

经过3年多的艰苦努力，这项课题的第一个成果，以《当代中国社会阶层结构研究报告》（以下简称《阶层》）的书名，于2001年12月10日正式出版。

因时处于党的16大召开前夕，格外敏感，所以《阶层》一出版，立即引起轰动。

评价中有两种声音：

一种是叫好声。有人甚至认为这本书是社会结构转型中"层化派"的代表作，它对于学术界的贡献，几可与厉以宁的"股份制改革"和吴敬琏的"市场经济理论"相提并论。

但另一种声音，则是批评声。

批评者从政治上断定，"陆学艺的'十阶层划分'把私人企业家说成是新阶层，掩盖了劳资矛盾！""陆学艺把西方社会学的方法简单地搬到中国来，否认经济政治地位决定人的社会地位，以所谓的职业划分，掩盖了社会关系的本质，客观上导致了精英主义者忽视工农基本群众利益各种奇谈怪论！""这种划分，提高了'国家与社会管理阶层、经理阶层、私营企业主阶层'的地位，'专业技术人员阶层'只是附庸，同时贬低了工农地位……"

这种没有事实根据，只戴政治大帽子，不讲道理的批评，本不值一驳；但类似的批评，来自于某部门，甚至高层领导，则不能不认真对待，对他们作进一步的解释。

2004年10月25日，陆学艺在一次报告中，对这一内幕作了披露，他说：

"我们这本书出版之后，在社会上最大的批评原因，就是一句话，当着我的面问了。说：'陆学艺，你编的那本书叫阶层研究，你是学马列的，我问你，阶级还有没有？阶级斗争还有没有？阶级分析还要不要？'这三个帽子扣的不小，而且说这话的是（有）相当地位的人。

我说：'第一，阶级有，确实有。第二，阶级斗争也有。……'阶级分析还要不要？我说'当然还要。在我这本书里说光搞阶级分析不够了，……'他说'你这个阶层分析跟阶级分析，是不是一回事，还是两回事？'我回答说，'就从原理来说，作用来说，是一个（回事），都是为了弄清我前面说的基本国情。但是它的方法、方式、意义和目的、手段是不同的。……'

对我们第二个批评最多的，就是某部门的同志。他们对我们将产业工人放在（第八位）那儿，意见大了。某部门的人找到我，说，'陆学艺，工人阶级是领导阶级，你们将工人阶级这样放在老八，这让我们怎么工作'……我说'不是我们将他们排在那儿，他客观就在那儿'。后来有人客观地说，'老陆，你太傻！（应）将工人放在前面。（把）干部放在第一位，他们不愿意听，他怕显眼。'我说'那是政治研究，不是学术研究。那（样的话）要我们社会科学院这帮人干什么呢？'我说我们还是不改。"作为一本深思熟虑的学术著作，陆学艺和他的团队对上述质疑早有预料，在书中也早有答案。只是那些质疑者似乎并未细读书中的论述，只是道听途说，断章取义。对这种人，就是再解释10次，他们也未必听得进去。于是高层人物一批示，他们就将一个学术问题武断地上升到了政治层面，上升到"违宪"的高度。这不仅给陆学艺及其团队带来"莫须有"的罪名，而且也给中国社会科学院的领导带来巨大的政治压力。

2002年1月份，社科院召开年度工作会议。会议第一天中午自助餐时，陆学艺和何秉孟一起到李铁映院长桌旁用餐。

李院长一见到陆学艺，便说："你们可好啊！三年不鸣，一鸣惊人啊！"

陆学艺问："新书收到了？"

"收到了！"李铁映同志回答。

陆学艺进一步请求："还要请您说几句话。"

李院长说："报上已经说得很多了，我再说什么？"

李院长"三年不鸣，一鸣惊人"这句话包含了很复杂的意义。这个课题是他让做的，能有现在这个效果，表明他并未看错人；但引起了社会上较大的质疑声，尤其是来自高层的质疑声，在即将召开16大的关键时刻，意味着什么？

他感到压力。

而陆学艺当时并未注意到领导内心复杂的情感，他只是感谢领导的支持，并希望继续予以支持。

2月，也就是春节过后，形势发生了明显的变化。上班不久，一位副院长找陆学艺和出版这本书的社会科学文献出版社的谢寿光社长，到他办公室谈话，询问有关情况。

最后，副院长说："你们发的这本书，反映不小，不少人有意见。（院）党组讨论过了，这本书有问题。前言中说，是铁映同志支持的，还听了汇报，作了指示。不对！他没有看过这本书，他也没有对课题作过指示。另外，前言中说，这本书是院里重大课题的成果，院里就没有这个重大课题。党组决定，这本书不能再发行了。以后（也）不能再加印。如要重印，要修改前言，报院党组批准后，才能再印。"

到了3月初，全国两会召开前夕，社科院领导召集参加两会的院人大代表和政协委员，开会部署会议提案等工作。会后，李铁映院长和王洛林、李慎明、朱佳木副院长等领导同志，在小会议室专门找陆学艺谈话。

一位领导同志批评了这本书。说"马克思主义历来主张要做阶级分析。而按阶层研究是西方学者的观点和做法。……这样的研究，应该先在内部讨论。你们写出报告以后，也未经过审批，一下就捅到社会上，还让媒体炒作，弄得满城风雨……。"其他两位领导，也就这本书讲了他们的意见。这次领导谈话，是因为这本书捅了一些人的马蜂窝，搞得有人很生气，大家感觉后果很严重。院领导希望陆学艺在两会上不要再在这个问题上发言了。

陆学艺并不认同领导们的意见，也不认同院党组对这个问题的处理意见。但为了顾全大局，作为一名老党员，一名下级，他服从院党组的决定，并同意在两会期间不谈这本书，只谈"三农"问题。

5月份，社科院纪检组按照院党组的决定，对这本书的问题及责任人展开调查。一天，吴海星副组长和一位处长，找陆学艺和谢寿光社长谈话。

陆学艺对吴组长详细谈了这个课题的组建、课题内容设计、调查安排和调查过程，以及课题成果的写作、构思、章节安排、初稿、定稿的来龙去脉和他的想法。他反复向纪检组领导强调，这本书在总体指导思想上，是符合江泽民同志 2001 年"七一讲话"精神的；基本论据也是符合改革开放以来社会发展的实际情况的；所有结论和政策建议，都是为了实现社会主义现代化建设的共同目标的。

所以，他根本不认为这本书有什么政治问题。但他也向吴组长表示："这本书（如果）有问题，责任在我，我负全部责任。不但与院领导无关，也与出版社的同志和课题组的其他同志无关"。

陆学艺将全部责任和风险，都承担下来。在他看来，为这个课题组一百多人三年多来的艰辛探索所得来的宝贵结论，作一点个人的牺牲，是值得的。

但这时的党组织，毕竟是经历过文革和改革开放的成熟的党组织，在这样大是大非的原则面前，不可能凭感情和意气用事。坐在陆学艺面前的纪检组吴海星同志，只是在认真地听，认真地记，他也许还在思考，但不曾说一句话。谈话完了，吴组长走了。

陆学艺回到家里，等待着院党组对此事的处理决定。但一年过去了，两年过去了，一直到现在，也未见院党组一个字的结论。

这几个事例表明，求真不容易；求真须承担风险；求真需要勇气。

高一度才能早半拍

求真需要勇气。但仅有勇气是不够的，还需要底气，需要从政治家的视角，从历史和中国的角度看问题。

改革开放以来，陆学艺在农村体制改革、三农问题、社会结构转型及社会建设和现代化等方面，做了大量有重大影响的研究。这些研究一个鲜明特征是，他总是站在中国立场上思考，为中国改革和现代化殚精竭力，提出一个又一个的建设性观点。许多观点和建议，不仅为学术界叫好，而且也被中央高层决策所采用。下面是他自 1978 年至今被中央领导人批示过的文章和参加中央领导人主持的会议的一份清单：

1978 年 9 月，薄一波同志在《关于加速农业发展的若干政策问题》一文中批示："这十二条建议都很好，有针对性。有些文字语气过重，过激，要注意分寸。"

1980 年 10 月，时任甘肃省委第一书记的宋平同志，在《包产到户的由来和今后的发展》一文中，批示此文可在甘肃省内部文件发表。

1983 年 12 月，时任国务院副总理的万里同志，在《论棉花政策》一文中批示："润生，王磊同志：这篇文章请你们看一看。特别是关于棉花是否多了的那一篇，我认为很有道理。我过去只听财贸系统的，有片面性。"

1986 年 6 月 10 日，邓小平同志看了《农业面临比较严峻的形势》一文，在听取中央负责同志汇报当前经济情况时，讲话中指出，"一是农业，主要是粮食问题。农业上如果有一个曲折，三五年转不过来。粗略估计一下，到 2000 年，以 12 亿人口每人 800 斤计算，粮食年产量要达到 9600 亿斤……现在粮食增长较慢。有位专家说：农田基本建设投资少，农业生产水平低，中国将进入新的徘徊时期。这是值得注意的。"

1989 年 10 月 24 日，参加时任总书记的江泽民同志主持的关于农村农业形势的座谈会。

1991 年春节后，参加时任总书记的江泽民同志、时任总理的李鹏同志等中央领导同志同中国社会科学院院所两级领导座谈会。

1991 年 3 月，参加时任中共中央办公厅主任的温家宝同志主持的座谈会。

1996 年 8 月，时任副总理的朱镕基同志在《深化住房制度改革的目标和必要条件——建立城镇住房新体制的基本思路和对策研究》一文中批示："请李铁映同志阅"。时任政治局委员、中国社科院院长的李铁映同志批示："镕基同志，这个报告是我让他们做的。他们所提出的建议，我们正在研究中，准备请社会学所成立一个住房研究室，继续进行研究，并培养人才。"朱镕基同志又批示："请陈锦华同志（时任国家计委主任）阅。"

1996 年 9 月，时任副总理的姜春云同志在《今年农业大丰收，明年不要又掉下来》一文中批示："这是一个很值得的、（要）重视的问题。请文件起草组同志阅。"

1996 年 9 月，参加时任中共中央常委的胡锦涛同志主持的关于十四届六次会议文件的座谈会。

1998 年 5 月 4 日，参加时任总书记的江泽民同志主持的十五届三中全会文件起草工作会议。

2001 年 12 月 24 日，参加时任总书记的江泽民同志主持召开的农村问题座谈会。

2003 年 11 月 3 日，参加时任国务院副总理的回良玉同志主持召开的粮食问题座谈会。

2004 年 2 月 3 日，参加时任总理的温家宝主持的政府工作报告修改意见专家座谈会。

2006 年 1 月 21 日，参加时任总书记的胡锦涛同志主持的新农村建设座谈会。

2008 年 7 月 19 日，时任总书记的胡锦涛在《加强中国社会学建设给胡锦涛总书记的信》上批示："专家们的意见要好好研究，要从构建社会主义和谐社会的高度，支持社会学学科发展，加强社会学人才队伍建设，为和谐社会服务。"10 月份，他又在中国社科院关于落实总书记批示的报告上批示："同意"。此外中宣部刘云山部长、李长春常委等人都作了相应批示。

从这份远非完备的批示和参会清单中可见，陆学艺与中央和中央领导人保持着密切的工作关系。每逢重大战略调整和出台之际，中央领导人都要事先征求陆学艺等专家的意见。可以毫不夸张地说，陆是近 30 年中央决策的智囊和咨询专家之一。

因为学术上的成就而被中央决策层重视；又因为与中央决策层保持着持续和近距离的工作关系，所以陆学艺在研究中，具有一般学者所不具备的 360+1 度看问题的底气。

360 度看问题，即是全方位看问题，也即是不只从一个学科的角度，而应从多学科的角度看问题；不只从自己的立场，而应从时代和中国的立场看问题；不只从学术的立场，而应从实践的立场看问题。对于一个学者而言，虽然不容易，很难，但历练历练也是可以做到的。然而在 360 度之外加 1 度看问题，则远非"历练"所能达到，这需要"政治自觉"。

陆学艺先生在 1996 年全国"两会"人大会议会场（1996 年 3 月）

陆学艺做学问的成功，有一部分应归功于他的勤奋与勇气。他几十年如一日地关注与坚守某一领域，他几十年如一日地不惧风险求真求新，这已让人佩服不已；而更让人望尘莫及的是，他对"全方位"之外的那"政治自觉"的领悟与追求。

我做他博士生三年，毕业后与他交往也不少。对他的理论体系比较熟悉，但对他这"360+1度"的方法论，却茫然不知。曾数次当面求教，也不得要领。也许，这"真经"，如同可口可乐之配方，或佛门秘诀一样，是信则有，不信则无？

在陆学艺文章和谈话中，专门讲方法和方法论的不多。但也不是完全没有。在我的印象中，有那么几次讲到了这个问题。

2002年6月14日，陆学艺在北京师范大学研究生院的一个学术讲座上，作《当前中国社会形势分析》的报告，对如何正确地分析社会形势，讲了他的方法：

他讲了他到日本去，中国留学生看报纸的故事。他说留学生抱怨看了台湾《中央日报》，报道大陆全是坏消息，看了《人民日报》"海外版"，又全是好消息，他们不知道哪份报纸是真？哪份报纸是假？陆学艺告诉他们，两份报纸报道的可能都是真的，但这些新闻肯定都是主编选择过的，不是新闻的全部。他主张两边的报纸都要看。"光看《人民日报》，咱们中国三年就赶上日本了，你要光看《中央日报》呢，就麻烦了，中国共产党三年就得垮台，这肯定是不对的。我说你两边都得看。""既看到好的，又看到不好的……要学会全面地看问题。"

他在这次报告中，还讲到如何看待官方数据？他认为，判断中国官方数据是真是假，是一个大学问。他的主张，一是要靠经验来判断，二是实地调查。"你要做某一项学问，最好到实地去，光靠数据是不行的。"他的经验判断法是，"那个地方经济繁荣（与否），那个地方好不好，看两条，直观的。一条看那个建筑工地的塔吊多不多。凡是到处是工地，肯定这个地方是兴旺的。……第二个看饭馆。饭馆里面吃饭的人多，这个地方就兴旺。如果饭馆里面没人吃饭了，那就不行了"。

这是他在报告中讲到的方法。讲得比较随意，不能说这就是他学术方法的全部。但从中可以看出他很重视全面地看问题和根据自我经验来判断问题，不完全相信第二手资料。①

对于如何做学问？他的经验是"吃透两头"。"一头是马克思主义，是基本理论，是中央决策的精神，这是方向，要吃透；另一头是农村、城市发展变化中的真实可靠的状况，是你需要研究的地区、行业以及具体对象的纷繁复杂的详细资料，这是要研究解决的实际问题，也就是实事求是中的'实事'，是客观存在着运动着的一切事物，更要吃透。这两头都吃透了，研究的结果才能扎实，有价值。即使发生大的争论，也会心中有底，胸中有数，不至于随风飘。"②吃透上头的政策文件和指示精神，对于在立论和内容上做好一篇文章的重要性，不言而喻。陆学艺在 2011 年 3 月 25 日在四川成都的一次公开学术报告中，向干部们专门讲了他读中央文件了解上头政策走向的秘诀。他说：

"如何认识当前国际国内形势，从我的经验看，认真阅读研究中央近来发布的重要文件，从中领会精神要点，是认清形势的一个重要方面。"他举例说，学习十七届五中全会制定的"十二五"规划的文件，当然要认真研读，"但这不够，还要同其他重要文件结合起来研读。还要同原来的'十五'规划、'十一五'规划文件对比着读，才能比较深刻地体会现在的形势"。

他指出："我们研究这个文件，光看这个文件本身不够，还体会不深。我的体会至少要看三点，首先，这个文件跟'十一五'规划和其他重要文件比，有哪些新话和新的提法。其次，有哪些说法这次改了。最后，有哪些经常讲的话，这个文件不讲了。所以我们研读文件光看纸上印的字还不够，还要看文件没有写出来的和空白的地方，要看出字里行间的内容。"

"比如说'以科学发展为主题，以转变经济发展方式为主线'这个话，以前没讲过，是新话。还有，要'把保障和改善民生作为加快转变经济发展方式的根本出发点和落脚点'，这个话以前不是这样讲的。十七大是这么讲的'要加快改善民生为重点的社会建设'。从改革开放以来，我们关于城市化的方针，没有明确阐述过，这次十七届五中全会的文件讲清了。这些都是讲的新话。这

①陆学艺著：《"三农"新论——当前中国农业、农村、农民问题研究》，社会科学文献出版社，2005 年第一版，第 347-367 页。

②陆学艺主编：《中国国情丛书——百县市经济社会调查（陵县卷）》，中国大百科全书出版社，1993 年第 1 版，第 660 页。

就是当前新形势的反映。

第二，这个文件中有不少说法是改变了。比如关于收入分配问题，在'十一五'规划里面讲要'努力缓解地区之间和社会成员收入分配差距扩大的趋势'，'十二五'规划里面改为'努力扭转城乡、地区、行业和社会成员之间的收入差距扩大趋势'，讲缓解和扭转是不一样的。等到两会开会后又改了，把努力扭转改成加快扭转，这里虽然只有四个字的变化，但是要求是不一样的，反映了新形势对调整收入分配的要求更加迫切了。

第三，有些非常重要的话不讲了。比如说，从20世纪80年代以来，每个重要的中央文件都一定要讲'必须坚持以经济建设为中心'，但这次'十二五'规划不讲了，为什么？这肯定是有重要原因的。还有，以前的规划一定会讲工业增长多少、GDP增长多少，这次的文件没有讲这些数字。所以，我们研究认识形势，一个重要方面可以从研究文件的变化里面领会。我们作为一个地方的领导同志或者单位的同志，要了解全世界、全国的形势，要调查研究，要研读报刊文件，特别是中央文件，从多方面去理会，这很有必要。不光国家是这样，一个地区、一个单位，甚至我们个人对总体的形势，一定要有明确的判断。如果是判断错了，或者是有偏差，那就肯定事倍功半。我讲这段话，就是讲如何判断现在的形势。"①

陆学艺在报告一开头，就讲这么一大段话，披露他研读中央文件的方法，让在座的许多高中级干部大开眼界。许多人对中央文件的阅读，大多停留在传声筒式的讲读，浮光掠影，不求甚解，既不入脑，更难入心。他们想像不到陆学艺作为一名资深学者，对中央文件的研读和理解是如此的用心和认真，他们更想像不到在这普通文字中，竟隐藏着如此丰富的政治信息？

当然，也并非所有学者对中央文件是如此上心的。在许多学者看来，学术应成为现实政策和决策的指导，而不是相反。所以，他们不屑于阅读政策文件和领导人的言论，更不用说去研读政策性文字中间隐含的深义了。

而陆学艺却不这样看，他认为，学术与政策互为体用，互为师生。要做人家的"先生"，必先成为人家的"学生"。学术研究如果不向实际工作学习，

①陆学艺著《社会建设论》，社会科学文献出版社，2012年3月第1版，第44-45页。

不以中央政策精神为指导，它就很难有建设性，也很难有指导性。

陆先生研读中央文件从中获取重要政治信息的学术视野的方法，并非只此一次，而是他多年经验和长期一贯坚持的学术方法。早在 1984 年 4 月，他解读中央 1984 年一号文件，就是与 1983 年一号文件对照起来"研读"的。[①]

他不仅这么看，而且也这么做。改革开放 30 多年来，他都一直高度关注中央政策、战略走向及变化，并在文章中及时呼应和深入阐释，也有时对政策的影响和前景作一些评论。这一点，是他学术具有建设性和指导性的关键所在，也是他与其他学者不同之处，是他高于其他学者一度的地方。

站得高，才能看得远。

认真研读陆学艺的著作，你会发现他的大部分学术观点，都比别人早半拍，不是最先提出，也是最先提出者之一。早在 80 年代初，关于家庭联产承包责任制改革的研究就是一个例子。当年，中央对这项改革，采取的是"摸着石头过河"，走一步看一步的方针，最开始是"不准"，后来变为"不要"，再改为"有条件地允许"，最后才完全放开，并不是一步到位的。而陆学艺每一步都走在政策的前面，他大声疾呼加快这方面的改革。

另一个例子是社会分层的研究农村社会分层问题。早在中央关注前近十年，陆学艺即已关注并开始研究。在江泽民同志 2001 年"七一讲话"之前 3 年，陆学艺关于阶层结构变动的研究即以开始。

他的超前性研究，不仅对政治决策人的观念和决策，有直接间接的指导作用，而且在学术界，尤其是社会学界，近 30 多年来，他的作品和观点，都起到了引领潮流的作用。比如说社会结构转型、"三农"研究和社会建设等研究，他都是最早的开拓者之一，由于他极具影响力的著作的问世，带动了学界在这方面研究。以至于后来多年，这方面的研究都是学界最热门的话题。

永远比别人早半拍，源于他总是站在比别人高一度的地方。

[①]陆学艺著：《当代中国农村与当代中国农民》，知识出版社，1991 年第 1 版，第 150-153 页。

第九章

给知识分子当领导

当领导，是中国人最感兴趣的话题。

有的人，包括我在内，一辈子都想当领导，但是一辈子都当不成领导；即使当了领导，在群众心目中，也不是一个像样的领导。有的人，包括陆学艺在内，一辈子都不想当领导，但一不小心就成了领导，而且是一辈子都在当领导，而且是一辈子大部分时间都在给知识分子当领导。

陆学艺 1985 年任中国社会科学院农村发展研究所副所长；1987 年任社会学所副所长，主持工作；1988 年任社会学所所长；1993 年又兼任所党委书记。所长、书记一直干到 1998 年。同时，他从 1990 年开始，任中国社会学会副会长兼秘书长、会长、名誉会长至 2008 年。若不是年龄的原因，恐怕是很难退下来；若不是年龄的原因，恐怕还会升上去。

但即使所长、会长不当了，他还是一所大学的人文社会科学学院的院长，他在这个位子上，也已经干了 12 年多。他还是几个课题组的组长。虽然"官"不大，但他"管"的人不少，少则几十人，多则数百人。他还不给人发工资，但大伙儿"心齐气顺，风正劲足"，干活儿很卖力。

若往前朔，陆学艺 1983 年就是山东陵县县委副书记，70 年代就是中国社科院哲学所中哲史室的负责人。更早一些，解放前夕及解放初，他就是一个工厂的工会青工部长和家乡的乡人民代表。当时，他才十六七岁。还未成年，就已经成了"领导"。

在许多人看来，领导就是"官"，就是肥缺和美差。但在我看来，还得看给谁当领导。若是给知识分子当领导，那就不仅不是肥缺，而且还是一件苦差事。

陆学艺大多数时间里，当的恰恰就是知识分子的领导。这是一份权力有限责任无限的吃力不讨好的苦差事，但在他手中，却游刃有余，干得风生水起，硬是把社会学所这片干旱贫瘠、寸草不生的荒漠，打整成了风调雨顺、土肥水沃的米粮川；硬是将社会学会这锅做不好、不好做，6 年无人问津的"夹生饭"，煮成了色香味型俱佳，谁都想吃的"佳肴"；硬是让北工大人文社科学院这位不解风情、不懂世事、爹不疼妈不爱的"黄毛丫头"，10 多年之间，出落成有型、有料、有气质、有涵养的"美少女"，社会学 T 型台上一颗冉冉升起的明日之星。

这一切，他是如何做到的？

我很羡慕，也很好奇。

"老陆"

1987 年，是陆学艺幸运的一年。

年初，他被农村所和社科院上报，被评为 1986 年"国家有突出贡献的中青年专家"。这是国家科委组织的第二批评选，第一批是 1984 年。当时中国社科院有邢贲思、汝信、孙尚清等人。

陆学艺对此感到意外和荣幸。因为这几年在山东陵县蹲点调查，大多数时间都不在院里。对农村发展所的工作，坦白地说，实在是了解介入不多。但所领导很关心他的成长，主动上报了材料，院里也从培养未来领军人物的角度，给出了最积极的评审意见。入选消息传来，朋友们都打来电话祝贺，陆先生在高兴之余，也自觉不能辜负领导的盛意和期望，感到肩头的担子更重了。

1 月 20 日，院秘书长刘启林同志，打电话让陆学艺到他办公室谈话。

陆学艺一到，刘秘书长便起身迎接。他握住陆学艺的手说：

"祝贺你，老陆！"

刘秘书长告诉他，院里已经决定调他到社会学研究所，任副所长，主持日常工作。

刘秘书长还介绍说，社会学所成立时间不长，领导班子中有两个人，一个是所长何建章，最近，邓力群要组织一个写作班子，借调何去他那里一年。另一个人是党委书记副所长王庆基。王不管业务，何走后，业务没有人管。于是院领导决定，让陆学艺去社会学所主持日常工作，加强业务上的领导。

听了刘秘书长的介绍，陆学艺感到很突然。这一调动，意味着他又要从农村研究转入社会学研究，从农业经济学转入社会学领域。对这样重大的变化，他当时完全没有思想准备，不知道是祸是福，是喜是忧。个人名利是小，能否担负起领导一个新的领域研究的责任，是必须慎重考虑的啊！

"刘秘书长，谢谢领导的关怀。但此事重大，请容我考虑一下，你看，我十年前从哲学研究转入农村经济研究，已经转过一次行了；现年过50，再转行很困难。"陆学艺恳切地说。

刘秘书长对此表示理解，说："你考虑一下是可以的。但院里已经决定了，你还是得去。"

春节过后，刘秘书长见陆迟迟没有动静，又找陆去谈话，劝他早点动身，并再次强调说：

"你去社会学所的事，胡绳院长已签字了，改不了了，早晚得去。现在社会学所那里，老何走了，业务没有人管，此事拖不得。反正社会学所的事，我是交给你了。晚去不如早去。我看你还是早去的好。至于你自己的研究，改不改行，你自己定。你搞农村研究，院里都知道，你还是可以接着搞，不变。费孝通先生在社会学，不也是搞农村研究的吗？"

这次谈话，让陆学艺感到，院领导的决定，看来是调动没商量，不可改变的了。这时院科研局的几位朋友也来劝，说社会学大有可为，而且说只有陆去最合适。

2月份，陆学艺正式到社会学所报到。

到社会学所上班的第一天，陆学艺走访了设在社科院10楼1027号房间的科研处。当时办公室只有3个人在上班。陈婴婴、张福海和胡秀春。负责人雷镇闿未在。陆学艺简单地了解了一下情况，发现这3个人中有两个人都在为出国进修作准备。陈婴婴已被批准赴日学习一年，她正在等签证，签证一到手她就出国。张福海也被批准去进修外语，不久就要去上课。只有胡秀春没有外出计划。她年龄大，大学里学的是生物，去年才从青少年所集体转过来，对社会学专业的业务不大熟悉。

接着，他又到其他科室转了转。当时，社会学研究所有5个研究室：青少年研究室、社会心理研究室、社会学理论室、城乡发展室、生活方式与婚姻家庭室，还有2个编辑部和3个职能部门。总的来看，一个研究所的构架是齐全了。人员将近90人，也不少。但经了解，专业人员不足，尤其是受过社会学专业训练的人，只有3到5人，而且，虽说学过社会学，但已荒疏多年，重建时归队，需要重新学习。

上班接手的第一项工作，是主持年度的职称评定工作。一查档案，社会学所只有研究员1人（何建章），副研究员5人。当年申报晋升研究员和副研究员的有张雨林等十几人。

陆学艺本人是1983年评的副研，1987年又被评为国家有突出贡献的中青年专家，完全有资格申请破格晋升研究员。科研处和一些同志都建议他申报，但被他拒绝。陆学艺考虑到自己主持职称评定工作，为了避嫌，决定把这个名额让出来，明年到期再报不迟。

领导在关系到自己切身利益的职称评定问题上，高风亮节，不与群众争名夺利，着实让大家感动了一回；同时又严格按有关规定和制度，公平公正地处理。工作做得细，入情入理，让大家感到满意，服气，无话可说。这一年的职称评聘工作，虽时间紧任务重，但进行得比较顺利。

经过一段时间熟悉，尤其是通过这次职称评定，陆学艺对社会学所每一个人都有初步地了解。他感到社会学所发展中最大的问题，是缺乏人才、缺乏业务骨干。

1987年7月间，分管社会学所的副院长赵复三同志，找陆学艺谈社会学的发展问题。趁此机会，他向赵院长全面汇报了这半年来他来社会学所的工作，以及对一下步发展的看法。他说：

"我在来社会学所上班前，领导交代我要处理好社会学所内部，以及所与院的关系问题。已经做了一些工作，情况正在逐步好转，再给些时间，这方面的问题会很快解决的。同费孝通先生的关系，也已有些接触，效果不错。现在最大的问题是缺乏专业人才，缺乏社会学业务骨干。近百人的一个所，没有几个真正能做社会学研究的，能写能讲的人太少。"

赵院长很同意陆学艺的判断。他说：

"你是社科院的老人，发现有本事的人，你可以引进。"

"但是，不行呀！"陆学艺说，"社会学所的编制是满的，不好办"。

赵院长听了之后，立即打电话把人事局长朱成顺请来。他当着陆学艺的面，对朱局长说："老陆到社会学所了，缺业务骨干，需要引进些人。现在社会学所编制是满的。老朱，你通融一下，先借给社会学所一些编制，让他们把想引进的人先引进来，待将来离退休人员办了手续，再把编制名额还给你，你看如何？"

朱局长点头同意，表示"具体的事，我和老陆商量着办吧。"

这一年，陆学艺以伯乐的眼光，在全球范围内寻找他的千里马。在他当时看来，社会学所现在中国社科院这个大家庭中，只不过是一个小弟弟，势单力薄。要想出人头地，大展身手，必须要有一流的人才，作出一流的成果。他虽然很看重专业和学历，对象李培林这样的"海归"，的确是高看一格，但从他内心和本意上讲，他不是一个专业学历主义者，而是一个唯才主义者。他看学历，但不唯学历，他看专业，但不唯专业。甚至他认为，只要有真本事，非专业转行过来，也很欢迎。相反只有文凭，没有水平的人，是不能入他的法眼的。

在这样的思想指导下，1988年，他一口气引进了16个人才。其中有海归如李培林、苏国勋等，也有国内学者如沈原、魏章玲、徐逢贤等；还有的是从其它学科改行调入的和刚从学校毕业的。之后几年，他继续按这种原则，积极引进人才。投奔到他门下后成为著名学者的有：

张厚义，1989年调入社会学所。在农村社会学和私营经济研究中，有卓越成就。1993年晋升为研究员，曾任农村社会学研究室主任。在陆学艺的直接指导下，张厚义研究员长期关注三农问题，结构转型和私营经济的发展。尤其是他1989——2000年所作8次私营企业调查，是全国持续时间最长、影响最大的专题社会调查成果之一。

黄平，1992年，从英国伦敦经济学院博士毕业，被陆学艺延揽至社会学所。黄平同陆学艺相识于英国。1988年，陆学艺到英国作学术访问。在伦敦大学亚非学院的校方接待会议上，茶歇时，一位个头不高，身材有点单薄的年轻的中国留学生，找到陆学艺，自我介绍说：

"我叫黄平，南开大学社会学系毕业，现在伦敦经济学院跟社会学家斯光累尔教授读社会学博士。"

陆学艺在异乡遇见学社会学的中国学生，自然有一种亲近感。见黄平才华横溢、口齿灵俐、思维活跃、热情自信，一开始就有了几分好感。他请黄平方便时，可随他一起参加在英国伦敦的一些活动。

黄平早闻陆学艺大名，又听说他调入社会学所，有心回国投奔其门下。于是很高兴答应为陆学艺访问做向导，访问牛津剑桥和伦敦经济学院。

伦敦之行，陆学艺对黄平的印象深刻。当时就表示，希望他学成回国，到社会学所工作。

1992 年，黄平毕业回国，到社会学所工作。从事知识社会学和发展社会学研究。1992 年晋升为副研究员，1997 年晋升为研究员。曾任社会学所副所长，社科院外事合作局局长，现任美国研究所所长。

景天魁，1992 年从哲学所调入社会学所。

陆学艺同景天魁相识较早。1978 年 6—7 月，中国社科院在全国公开招收硕士研究生，陆先生参加评卷和录取工作。景天魁在山西太原参加考试，成绩很好，陆先生想录取他。但景所在单位《山西日报》不愿放行。陆先生找《山西日报》的领导了解情况，得知景当时是《山西日报》的业务骨干，写作能力强，工作表现突出。经过做工作，《山西日报》最终同意放行，景天魁如愿到中国社科院研究院学习。

硕士研究生毕业后，景天魁到哲学所工作。虽然与陆先生相识相熟，但他一直从事马克思主义哲学和社会发展理论研究，业务上联系不多。陆学艺调入社会学所后，他们两人在业务上的联系逐渐增多。1992 年，陆学艺将景天魁调入社会学所，同年晋升他为研究员。他的主要研究领域为社会发展理论和社会保障。1995 年担任社会学副所长，1998 年为所党委书记，2001—2006 年为社会学所所长。1996 年，获得"国家有突出贡献的中青年专家"称号。2005 年与李培林一起，为中共中政治局第 20 次集体学习讲解《努力构建社会主义和谐社会》的专题，获胡锦涛总书记和其他领导好评。

陆学艺在社会学副所长、所长任上 11 年。11 年中，经他延揽引进的人才达 74 人，几乎占去了社会学所人才的大半。据统计，1987—2004 年正高级研究员 46 人，其中 28 人占 61%，是陆学艺主政时评聘的，后来评聘为正高级研究员 18 人中有 10 人占 56% 是在陆学艺主政时引进的人才。现有"国家有突出贡献的中青年专家" 3 名，首批学部委员和荣誉学部委员 2 人，全部为陆主政时引进。享受政府特殊津贴人员 28 人中有 10 人，现任博士生导师 15 人，其中 12 人，为陆主政时引进的人才。可以毫不夸张地说，社会学所的人才和学术队伍基础，是由陆学艺主政时最终奠定的。

陆学艺识才，用才，也养才。

在中国社科院，领导识才，用才者，不乏其人，也不乏其事。但要说到养才，那可是陆学艺的独门绝技。我在这是要特别一说。

所谓养才，当然首先是培养人才。他从 1992 年开始，就在社科院研究生院带博士研究生，到 2006 年，每年 2 到 3 人，十多年下来，毕业获得博士学位的弟子，也有 30 来人。后来在北京工业大学带的博士生还不算在内。

陆先生培养人才的方法，也别具一格。很多时候，有似于牧人对羊群的"牧养"。管大方问，给于学生充分的"饲草"空间。这一方法，我有亲身体验，觉得很不错。我是 1996 年师从先生读"应用社会学"专业博士生的。先生的专业课程，很多时候都是在会议上，旅途中和调查中"上"的。有些名言警句，我至今都铭记在心，终身受用。

当然，即使最好的训练，研究生学习也只有 3 年，短暂而匆忙，不可能立马成才。人才之养，还在于工作实践中的"牧养"。

陆学艺对于工作中的职工，不管是年轻的博士，还是资深的研究员，都采用"牧养"的手段，让他们在实践中尽快出成果，成长起来。在工作上，陆学艺奉行"成果主义"，或者叫做"一本书主义"。在业务上有本事，有成果，一切都好说；否则，一切都不好说。

因此，在社会学所，你一定看不到社会上司空见惯的某些现象：为工作调动，为职称晋升，为住房分配，为课程申报，为出国进修等事，而吃吃喝喝、拉拉扯扯、吹吹拍拍、搬弄是非、上访告状、造谣生事、拉帮结派，以至于势不两立等等；你一定会看到一个个忙碌的身影，打电话不超过两分钟，上厕所也有人看外语，开口是"主义"闭嘴是"问题"的学术性讨论，充斥每一间办公室，中午吃快餐最常见的场面。这就是特有的"社会学所现象"，虽然说与老一代传承下来的学风有关，但最重要的是陆学艺主政时规矩订得好。虽然有可能导致"过劳死"，不大符合西方人的乐活（LOHAS）主义，但大家还是认可，并且服气。

更让职工服气的是在物性化目标之外的人性化管理。陆学艺的管理学，首先是"一视同仁"。他对待职工，不管你来自何方，哪门哪派，他都一视同仁，给任务，压担子，扶上马，送一程。

其次是因才施政。针对不同专业、不同水平和不同能力的人，因才施政，让每一个都能人尽其职，职尽其才，才尽其用，用尽其能。

第三是待人厚道，不摆官架子。这一点让职工特别感觉放松。在社会学所，工作氛围是紧张的，但人际关系却是轻松的。比如说，大家称呼陆学艺，不喊他"陆所长"，或"学艺书记"，也不叫他"陆老师"，而直呼其"老陆"。不仅是比陆学艺官大、年龄大的人喊他"老陆"，而且同事下级甚至他的学生也喊他"老陆"。我刚入学时，听到师兄弟们都喊陆先生为"老陆"，很不适应，觉得不礼貌。不叫他"陆老"、"陆先生"或"陆所长"，也就罢了，至少应当喊一声"陆老师"吧。可这帮小子们不知天高地厚，一个个喊陆先生为"老陆"，让我无语。有一次我还专门请教过陆先生，我说：

"大家都喊您'老陆'，您不介意？"

他一笑而过，显得轻松而自得。

这并非小事。

我记得当年毛泽东在井冈山和延安时，同事们喊他"老毛"，毛泽东一点也不恼，同事关系甚乐融融。但到了后来尤其是文革后，又有谁敢喊毛泽东为"老毛"呢？大家喊"毛主席"喊惯了，连"泽东"两字都叫得不自然了。一直到现在，中共党内和政府内，甚至在别的学术场所，用职称或职位加上姓氏称呼其人，称某某"书记"、某某"局长"、某某"老"、"老板"等，都成了通行惯例。

而在社会学所，在陆学艺那里，却保持了西方文化的率真和延安时期的轻松，特别亲切，也特别让人敬佩。

中国社会学这锅羹

1987 年 5 月的一个晚上，一位不速之客，敲开了陆学艺在干面胡同的家门。来人刚进门，还未坐下，便自我介绍起来：

"我叫王胜泉，是费老的学生，也是搞农村研究的，现在北京经济学院当教师。"

同行。"快坐下。"陆学艺招呼着客人落坐。

王教授坐下后，先是寒暄和闲聊了一些北京经济学院和农村研究方面的事，然后他重点谈起中国社会学会来。他说："中国社会学会很有一些时日未开展活动了，坦率地说，费老从社科院撤出到北大后，社会学所与北大社会学人类学研究中心关系一直没理顺，扯皮拉筋的事不少。"他希望陆学艺来所后抓一下社会学会的工作。同北大社会学系和费老的社会学人类学研究中心，多联系，多合作，多交流。

陆学艺刚到所不久，对所里的事还不十分清楚；对社会学会的事，虽有所耳闻，但具体情况，也是正在了解之中，但他很赞同王教授的观点。他表示：

"你这个意见很好。我会尽快了解情况。以后我们可以加强联系，你可以直接找我。但我是副所长，重大问题，还得跟老何（建章）商量才能定。"

事后，经过了解，社会学会 1979 年 3 月成立，费孝通先生为会长，由中国社科院主管，秘书处设在中国社科院社会学所。费老出任民盟中央主席和政协副主席后，工作单位转到民盟和政协，不再在社会学所上班了。社会学所所长由何建章教授接任，但他不是社会学会的会长，也不是秘书长，在工作上有诸多不便，直接影响了社会学会的工作开展。学会工作开展得不正常，也因此影响到费老和中国社科院的关系。

1987年，陆学艺调社会学所主持日常工作时，院领导特别交代，要尽快改善同费老和北大社会学的关系，把学会的工作抓起来。因此，陆学艺一直把这件事放在心上，只有初来刚到，工作太忙，一时还顾不上。他准备尽快抽出时间，到北大去向费老汇报，争取支持。

1988年5月，中国社科院党组决定，陆学艺接替何建章担任社会学所所长。

这一消息很快就传出去了。还没有正式公布，北京大学社会学人类学研究中心就打来电话，请陆学艺作费孝通的博士生沈关宝论文的答辩委员。打电话人特别提示，"费先生特别关照，务请陆所长出席"。

陆学艺一听电话，觉得这是一个向费老汇报，改善两家关系的好机会。他当即答应，一定准时参加答辩会议。

6月初的第一个星期天上午，陆学艺赶早直接去了北大勺园。这时候，费老已经在了，另外几个答辩委员北京大学的袁方先生和韩明谟教授也陆续来到。

陆学艺到后，费老很客气，让他坐在自己身边。陆学艺和费老原是大老乡，陆是江苏无锡人，而费老则是江苏吴县人，两地相距不过百里，风土人情相近，语言口音也相通。两位先生用乡音交谈，旁人听不清楚，他们则心领神会，显得亲切而随和。

论文答辩会开得轻松而认真。先由沈关宝摘要介绍了论文主要内容后，大家对其论文逐一做出评述。肯定其选题和主要结论，以及材料，有创新；也提出了其不足的方面。费老也以普通导师的身份，参与其中讨论。他还说，硕士论文，要求只要把问题说清楚，就可以了；而博士论文，要求就要高得多。不仅要题目选得好，观点要新，而且资料要用一手的，要有创新才行。

答辩会完后，几位答辩委员留下在勺园吃中饭。席间，陆学艺向费老敬酒，也简单地向他汇报了他来社会学所近一年多的工作。费老显得很高兴，对陆先生说：

社会学重建还不到十年，是一个老资格的"新兴"学科。现在党和国家高度重视，改革开放又很需要社会学的发展，所以北京大学社会学和社科院社会学所之间，要多一些合作和交流，共同把社会学的重建工作搞好。

陆学艺十分赞同费老的看法，当场表态，今后一定要多向费老汇报，请教，加强两个单位之间的交流合作，共同推动社会学科的发展。

自从 6 月份在北京大学参加了沈关宝博士论文答辩之后，陆学艺同北大社会学系和费孝通先生的来往就多了。在交流中，大家不约而同地关注起中国社会学会的工作和活动来。

自 1982 年在武汉召开了学会第二届理事会之后，已经有 6 年没有开展活动了。这一方面是因为费先生工作的变动，造成北大和社科院在工作联系和衔接上出了问题；另一方面的原因，是学会理事会体制机制上存在问题。在我看来，是会长、副会长和秘书长中，都是当"官"的，没有办事的。第二届理事会、会长费孝通、副会长雷洁琼、杜任之、罗青、李政、陈道、林耀华、田汝康，都是资深且年长学者，让他们办事，当然不行。秘书长吴承毅应该办事，但人数太少，且没有实体单位的支持，在组织活动，协调关系和落实经费上有困难，故活动开展不起来。

陆学艺也看到了学会组织体制和机制上的缺陷，他建议费先生，近期以中国社会学会和社会学所的名义，召开一次学术会议，并讨论一下中国社会学会理事会的换届问题。他还把这一建议报告了雷洁琼教授，希望两位前辈能够予以支持。

费和雷两位先生认为这一建议很好，表示支持。陆学艺经过与其他几位副会长和秘书长的协商，决定把这个会议放在黑龙江省伊春市召开。其原因是，黑龙江省社会学会和哈尔滨市社会学会，以及伊春市政府大力支持，希望在他们那里开一次全国的会议。

这是中国社会学会 1982 年会议六年之后第一次召开会议。社会学界的老新朋友 150 多人，在北国美丽的伊春相聚，既分外亲切，又心怀感慨。费孝通先生和雷洁琼教授虽未与会，但发来了热情洋溢的祝贺信，让代表们感到温暖。会议就社会主义初级阶段与社会学的任务这个主题，作了热烈的讨论，还讨论了恢复和增加社会学会的学术性活动和筹备召开中国社会学会第三届理事会等问题。

陆学艺这时虽不是理事会的成员，但他作为会议主办方之一的社会学所所长，组织和主持了这次会议。为会议的成功召开，作了大量的协调、组织和服务工作，其组织能力和学术水平，第一次在中国社会学会亮相，即赢得了与会领导、专家学者和各地代表的满堂喝彩。这为他进入下一届理事会的领导班子打好了基础。

伊春会议之后，中国社会学会秘书处就开始筹备，同各省各单位联络，商量推荐理事，听取意见，准备于1989年召开中国社会学会第三届理事会。但因一些特殊原因，学会换届会议也就拖延下来了。

1990年春，陆学艺决定要续开这次会议。于是他同宋家昇、沈原等人一起，去费先生和雷先生家，专门就第三届理事会换届问题，作了汇报，听取他们的意见。两位老人家都赞成续开去年延误了的会议，支持陆先生和学会秘书处的意见，全面恢复社会学会的工作，加快推进社会学学科建设。

1990年8月6日至8日，中国社会学会第三届理事会在北京青年政治学院万年青宾馆召开。全国有近百名理事和社会学者参加。费孝通、雷洁琼两人专门向大会发来贺信。经过两天会议，通过了第二届理事会的工作报告，通过了新的学会章程，选举了新的领导机构即第三届理事会。北京大学教授袁方当选为会长，王辉、吴铎、何肇发、郑杭生、陆学艺当选为副会长。陆学艺兼任秘书长，王庆基（常务）、宋家鼎、蔡文眉、李强、谢寿光、王思斌为副秘书长。另推荐费孝通、雷洁琼为名誉会长，王康等16人为顾问。

这次会议在中国社会学会史上具有重要意义。第一，时隔8年后，中国社会学会实现了新老交替，学会工作走上了正轨，有了一个新的开始。

第二，这八年间，各地社会学发展迅速，涌现出一大批中青年新秀，学会理事会首次将各地社会学新秀，选为理事和常务理事，使中国社会学会具有旺盛的生命力和广泛的代表性。

第三，加强了秘书处的力量。陆学艺副会长兼任秘书长，极大地提高了学会全面统筹、协调、组织和管理能力；6位副秘书长分别来自北京各社会学重点单位，确保了各重点实体单位对中国社会学会决定和活动的执行力，另外，谢寿光以其为一家出版社负责人身份当选副秘书长，体现了陆学艺要实体运作学会的意图。

第四，在这次会议上，召开了第三届理事会第一次会议。会议决定，今后每年召开一次学术年会，每次年会定一个主题，进行学术交流。自此，学会的学术年会形成一个制度。

从1991年到2011年，每年一次的学术年会，除1999年外，从未中断。每年的主题都是围绕着当年国家发展的重点进行确定，会议地点则是由各地申报由理事会评选。以下是社会学历次学术年会的情况一览表：①

时间	召开地点	年会主题
1991.5.14～17	天津	社会稳定与发展的理论与实践
1992.3.28～31	浙江杭州	当前社会变迁与小康社会研究
1993.4.3～8	广东深圳	改革开放与社会发展
1994.5.5～9	上海浦东	社会保障与社会发展
1995.11.2～5	北京	第六届亚洲社会学大会
1996.8.2～6	辽宁沈阳	21世纪中国经济社会发展与社会学的历史使命
1997.5.27～30	云南昆明	走向21世纪的中国社会学
1998.5.26～29	福建福清	社会主义初级阶段的中国社会与社会学
1999.4	湖北武汉	
2000.9.22～24	江苏南京	面向21世纪的中国社会学
2011.6.6～9	山东济南	21世纪中国社会发展
2002.7.26～29	甘肃兰州	全球化与中国社会发展
2003.10.31～11.2	四川成都	全面建设小康社会与中国社会结构的变迁
2004.7.7～11	北京	第36届世界社会学大会
2005.10.11～13	安徽合肥	和谐社会构建：中国社会学使命
2006.7.15～17	山西太原	科学发展，共享和谐
2007.7.19～21	湖南长沙	和谐社会与社会建设
2008.7.20～23	吉林长春	光辉的30年：改革开放与中国社会学
2009.7.20～22	陕西西安	中国社会变迁：60年回顾与思考
2010.7.25～28	黑龙江哈尔滨	中国道路与社会发展
2011.7.23～26	江西南昌	新发展阶段：社会建设与生态文明

陆学艺从1990年进入中国社会学会第三届理事会，主政秘书处；1996年至2000年，当选为第四届中国社会学会理事会会长，2000至2005年，他又同郑杭生教授共同当选为第五届社会学会理事会会长。在这15年中，他每年都要花很多精力在中国社会学会的工作和活动上。每年一次的学术年会，从定题、选地，到具体的经费和日程安排，他都要过问，还要在会议上致辞，发表学术演讲，工作量大，具体琐碎，而且全都是无偿服务性质。值得欣慰的是，在中国社会学会理事会领导下，在各地社会学会和地方政府的大力支持下，年会规模逐年扩大。1991年年会只有160人参会，提交论文百余篇。之后逐年增加，

①陆学艺著：《当代中国农村与当代中国农民》，知识出版社，1991年第1版，第150-153页。

到 2011 年，人数增加到 800 多人，分论坛 33 个，提交论文 720 多篇。年会水平也不断提高。1996 年开始对论文进行评奖，2000 年开始将获奖论文结集出版，至今已出版 10 卷。而且，每卷篇幅也在增加，体现了年会学术质量的提高。社会影响力也与日俱增。早年，仅仅是一个学术性会议；而到了现在，会议所在地的地方政府官员也出席会议听讲，媒体参与报道。政府和媒体的参与，增加了人们对社会学的了解，也提高了社会学对社会生活的影响力。

对中国社会学会发展到现在这样一个水平，尽管可能还有些人并不满意，但总体来讲，大家还是认可第三届理事会以来历届理事会尤其是陆学艺所作的工作和努力。陆学艺自己对学会的活动，尤其是对学术年会 20 年多年来的坚持与发展，给予积极评价，觉得这一路走来，相当不容易。

我是中国社会学会局外之人，自然很难窥探这种"不容易"具体指的是什么？但也见过和参加过不少同类学会、协会，同知识分子打交道并不少。深感这学会，不过是一种群众团体，既不是企业，也不是政府，权力有限，资源有限，财力有限，甚至舞台也有限。会员、理事、常务理事什么的，尚不足道；即便会长、副会长，其实也是"公仆"，为大家服务，而且登台唱戏，不过一届两届而已。故一般呆板学人，不但"耻"于上位，而且还力有所不逮。即使是象费老这样的大家，也只能号召号召，让他去东奔西走、求神拜佛，恐怕也难。好不做，做不好，不好做，是学会工作常态。陆学艺在他 15 年实际主政中国社会学会工作中，功劳、苦劳、辛劳，人知、自知、我知，皆不足论。最值得一说的，是他把学会"这锅羹"煮得五味调和，咸淡适宜，为人所称道，又不为人所知道这件事。

知识分子说白了，有如刚下锅的马铃薯，比较有个性，比较独立。你要将这众多个性独立的土豆，煮成一锅羹，还不能有老鼠屎什么的，火候、调料和炒作手艺是重要的。火候掌握不好，调料轻重不合口味，烹饪手艺不到位，就很容易煮成一锅夹生饭，谁吃谁骂人。毫不夸张地说，陆学艺是中国烹制知识分子土豆羹大餐的特级厨师。他知道在什么时候什么地方支起这口大锅，什么时候放入佐餐的调料，然后再进行炒作。这锅羹味道怎么样？粘稠度怎么样？颜色怎么样？是他定，也是大家定。同劳共享，一句话，这是一桌大锅饭。大家说好，才是真的好。

我想这"煮羹"哲学，也就是陆学艺作领导的哲学，也是中国老子的政治哲学，也应是中国治国的哲学。

院长是个力气活儿

说完了陆学艺当所长和中国社会学会长的事之后，再来说说他当大学校长和院长的事。他曾两次作校长和院长，一次是1984年至1986年在山东陵县创立德州农村发展学院；另一次则是2001年至今，在北京工业大学组建人文社会科学学院，并作院长至今。这都是给老师们作领导的事。在我看来，吃力不讨好。然而，每次谈起，尤其是谈起他的那些同事和学生，他都是饱含深情，如数家珍，一脸的成就感，感染得我都很受用。

我在前面说过，1983年，中国社科院同中央农村政策研究室，在山东德州地区陵县从事县级体制综合改革试点。陆学艺是这次试点的倡议者和具体实施人。为了工作的方便，山东省委组织部还专门下文，任命陆为陵县县委副书记，负责这一试验工作。

20世纪80年代初，德州地区领导人深感农村要发展，有赖于乡、镇一级干部素质的提高。提高乡镇干部的文化水平和政治素质，则需要一所专门的党校。当时，德州地区500多万人，只有一所师专，没有别的学校。而在全国各地，也掀起了一股办学热潮。受此影响，德州创办一所大学的积极性很高。1984年初，地委书记王殿臣同志向陆学艺提出，希望帮助他们办一所大学。

陆学艺也觉得这是件大事，也是件好事。既然地委书记提出来了，审批和资金方面，也没有什么问题，在人才和教学方面问题也不会很大。于是他答应了，而且积极性很高。

在他的筹划下，建校的各项前期工作都在顺利推进。筹建的学校叫做"德州农村发展学院"。根据德州今后经济社会发展的需要和分步发展的原则，先期设立企业管理，农村经营和文秘三个专业。聘请著名经济学家刘国光作名誉院长，地委书记王殿臣同志亲自兼任院长，陆学艺作副院长，主持日常工作。他还从社科院聘请了几位专家来负责教务，从陵县调入了几位干部来作行政后勤和基建管理。陆先生当时规划很宏伟，要在多少年后，建设山东一流，全国有影响力的农村发展学院。

1994年9月，农村发展学院开学，3个班120余名来自德州各县的学生开始上课。同时，开始建设新校园和继续招聘教职工。

经过一年多的建设，德州农村发展学院的新校园已经基本建设起来了。新校园正门是一个很壮观的大门，两侧是两个小楼，正面是由胡耀邦同志题辞书写的，由大理石镌刻的"德州农村发展学院"八个大字，显得庄重和气派。正门内面是一栋四层楼的办公教学大楼，正北约100米又是一栋教学楼，再往后是大食堂和伙房，东侧是四栋学生宿舍楼，两侧是四栋教职员工宿舍楼。还有操场和草地，占地方方正正地200亩。建筑队伍很过硬，在短短一年多的时间内，把这个学院新校区建起来了，而且质量很不错，当时在陵县算是最好的房子了。

新校区建好后，老师和学生也陆续搬进新居，新学期新生也直接到新校舍报到。

1986年9月初，新学期开学时，地委和学院在新校园举办了一个隆重的开学典礼。山东省委副书记李振，副省长芦洪、教育厅等厅局领导，中国社科院副院长刘国光、哲学所、农村发展所和科研局等领导，德州地委书记王殿臣及各部委局领导，还有德州各县的领导近百名嘉宾和全校师生员工参加了开学典礼。山东省及德州各大媒体对这一盛典，作了大量报道。

新校区，新的师生，以及各级领导的大力支持，一时间，让德州农村发展学院到处充满着阳光和希望，洋溢着喜悦和笑容。两年来，陆学艺虽然忙碌得团团转，经常达到废寝忘食的地步，其心情同师生们一样，对这所学院的未来寄予了太多的憧憬和想像。这时的他，已经把自己的未来同学校的发展，紧紧地联系在一起。尽管一切都还是刚刚开始，万事开头难，但他坚信，有领导的支持和全体教职员的共同努力，德州农村发展学院一定看好。

但是，现实却给他展示了它残酷的一面。学院开学后就遇到了一系列始料未及的阻碍。其最大问题在于管理体制。1984年秋，在学院向省教育厅申报审批时，当时分管文教工作的副省长把这所学校批为成人高校，而不是普通高校。当时陆先生和学院办事的人不懂这个差别，也没有申辩和计较，就按照成人高校的性质来办。后来才知道，这一差别是一种实质性的差别。因为，批成成人高校，就不能列入普通高校的正式编制，教育厅就不按常规给学院拨教师和学生的人头经费，学生毕业不按普通高校本科和大专学生分配，学生也就不能"农转非"。经费和学生分配都成了问题。也就是说，学院是办起来了，但没有领到"出生证"，为后来的发展埋下了祸根。

1986年下半年，为经费，为毕业生分配，陆学艺和学院其他领导，经常往济南和德州跑，向教育厅和分管领导汇报。但由于体制的原因，许多问题只能特事特批。这当然不能从根本上解决问题。由于解决不了教师的待遇和学生的分配问题，所以，学院在两年后就出现危机。最后，只能"投降"，接受教育局的改编，从农村发展学院转为师范学校。

从1984年初到1986年底，陆学艺为德州农村发展学院足足忙乎了近3年。3年中，他作为主持工作的副院长，从学院的筹建到招生，从胡耀邦的题辞，到老师的招聘，从外聘教授来院讲学报告，到学生课程和学习安排，无不倾注了他大量心血与汗水。

高质量的教学，培养了高素质的人才。尽管学院只存在了4年，但仍有700多名学生在这里接受了较好的训练。这批学生已成为德州地区基层管理队伍的骨干力量，其中有5人由于工作成绩突出，晋升为县级干部，有70多人晋升为乡镇级干部，他们为德州地区经济与社会发展作出了积极贡献。

1997年5月，我随同陆学艺重访陵县。所到之处，都有农村发展学院的学生——当地的负责人来欢迎我们，欢迎他们的老院长。看到这一情景，听说他的学生在当地有政绩，陆学艺感到特别欣慰。

1986年底，因工作调动，陆学艺辞去德州农村发展学院副院长一职，离开陵县，回到北京。

辞别时，学院领导和师生数百人，排成长队送行。其依依不舍之情，及那一双双渴望的眼睛，透出惶恐不安的眼神，让陆学艺至今都难以忘怀。

2000年11月的一天，北京工业大学副书记冯培和几位教师到陆学艺家拜访。

冯书记开门见山地说明来访之意。他说他是受左铁镛校长委托，来请陆先生支持。左校长1996年任校长后，他有个设想：把北工大办成一所综合性大学。现在除了理工科学院外，已成立了经管学院，还想办人文社科院和外语学院。左校长想请陆学艺来筹建人文社科学院。

陆学艺虽然对北工大不很了解，只知道它是北京所属的一所理工科大学，市里很重视，有钱，这几年发展不错，但他十多年前在陵县办学未酬之壮志，犹如残留在岁月余烬中的火种，看似弱暗，实则易燃。冯书记这么一说，让陆学艺看到了星火燎原的机会。他对冯书记说，"此事很好，我考虑一下。"

在接下来的一段时间里，陆学艺对北工大的历史和现状，作了大致的了解。

北京工业大学，创建于1960年。最早只有机械、电机、化工、无线电、数理5个系，后经过多年院系调整合并，增设了建筑、环保、计算机、热能工程等专业，1990年后开始增设管理、外贸、应用经济等系。到2010年底，学校有23个教学院所，16个一级学科博士学位授权点，68个二级学科博士学位授权点。理工科仍是它的强项，尤其是光学、材料学和结构工程，设有国家重点学科和重点实验室；哲学社会科学近十几年快速崛起。全校教职工达3000余人，在校学生28000余人。是北京市属重点综合性大学，进入"211"工程。2010年，在全国大学排行榜中排名第68名，其地位和实力不容低估。

2001年3月，陆学艺接受北工大的聘请，担任人文社科学院院长。与他搭档的有书记冯培，副书记杨茹，副院长张晓华、李东松等等。

任命文件刚一下来，人文社科学院就为陆学艺举行了热烈的欢迎仪式。左校长亲自到场，为陆先生颁发聘书，并发表热情洋溢的讲话。他表示，学校很荣幸地聘请陆先生过来，并成立这个学院，是想借助陆先生的影响力，在北工大发展人文和社会学学科的教学研究。

对此，陆学艺和校方有高度共识。他在致答谢辞中也表示，他有信心和决心，在左校长和学校的领导下，同学院广大教职员工一道，达成学校在社会学领域发展的愿望。

陆学艺先生接受北京工业大学聘请，
担任人文社会科学院院长
（2001年3月）

在此之前，学院希望陆先生找一位名人题写院名。陆先生答应了。他找于光远老先生帮忙。于老时年九旬，听说陆先生到北工大当院长，很支持。不久，他用圆珠笔写了"人文社会科学学院"几个字，由他的秘书胡翼燕同志交来。人大会议期间，陆先生又请宜兴的工艺美术大师谭鑫培老先生将于老的字刻写好。此时，在会上把这块牌子挂上，让人文社科学院顿时"蓬荜增辉"，早春的阳光和师生脸上的喜色，也相交辉映，充满了整个人文大楼。

人文社科学院的前身，是社科部，学校又将学艺术研究所和心理咨询中心合并过来。当时有40来名教职工。成立人文社科学院后，陆学艺同其它院领导商议，原来承担的面向全校学生的公共课程，如思想政治理论课，人文素质选修课，艺术教育和艺术社团指导，心理健康教育与咨询等课程，还是照常上。社会学发展方面，决定先筹建社会工作系和广告系。社会工作系，委托田玉蓉老师筹建；广告系，委托付德根老师筹建。学院一面策划申请，一面招兵买马。最终于2002年正式获批建系。

此后的几年，人文社会科学学院，又于2004年筹建社会学本科专业。2005年建立社会学研究所，特聘（兼职）邹农俭教授为所长。同年社会学硕士点申报获批。此外，陆学艺还在经管学院管理工程专业招收博士研究生。这样，短短几年，人文社科学院在学科建设和人才培养方面，不仅实现了法学门类研究生培养零的突破，而且，还具备了从本科生到硕士博士研究生培养的能力。这一点，让学校领导大感惊喜。社会学科已列入北工大"十一五"、"十二五"规划建设的重点学科。

在科研方面，陆学艺同样抓得很紧。2003年底，陆学艺接受北京市政府的聘请，担任北京市第四次城市发展规划修编关于社会发展专题的首席专家，并承担北京社会发展规划方案的修编工作。

这是一个重要的课题，同时又是训练人文学院研究队伍的一次机会。在陆学艺这个课题组中，北工大人文学院的教师是主力，其中，钱伟量、李东松、丁云、李晓婷、胡建国、刘金伟、杨桂宏、姜会等人，自始至终都参与了。大家齐心努力，2004 年 8 月，就完成了初稿。

这一课题刚完，11 月，陆先生又接受牛文元教授的约请，参加中国科学院路甬祥主编的《中国可持续发展总纲（国家卷）》中第 15 卷《中国社会进步与可持续发展》的编写工作。这项课题，陆学艺同样是把它交给了人文社科学院的教师们做。

2006 年 3 月，《中国社会进步与可持续发展》一书统稿定稿会议，在北京丰台的一家宾馆召开。陆学艺和他的课题组成员参加了会议。其中大部分成员，都来自北工大人文社科学院老师和博士生。

也就是在这次会议上，陆学艺和大家漫谈，人文学院的这支队伍已经成长起来了，可以独自思考和做点什么了。经过讨论，陆学艺决定，做一个《北京社会发展 60 年》的课题。

该课题要对北京自解放以来，在社会建设和社会发展方面的成就和问题，作出评述。涉及的范围非常广泛，年代十分长久。在接下来的两年中，人文社科学院有 30 多位教师和博士生，参加了此项研究，2007 年底，拿出了初稿，一共有 26 章，150 多万字。初稿通过后，各章作者又根据统稿会提出的意见，作了较大的补充和修改。

这是一部巨著。该书由科学出版社出版后，引起社会学界和舆论界的关注，被评为北京市哲学社会科学优秀成果一等奖。人们关注，不仅是关注这部关于北京社会建设的空前巨著，而且更加关注一个在社会学界很不起眼的单位——北工大人文社科学院。因为这本书，学术界的视线第一次认真地注意到了北工大社会学这个"丑小鸭"的成长。

2012 年，我注意到了北京工业大学新闻网上，有一条关于学校"十二五"规划，记者对陆学艺的访谈报道。陆学艺对这十年来人文社科学院建设成果，有一个说法。他认为，经过"十五"、"十一五"这两个五年建设，"初步实现了'两个转变'——从单纯的教学单位转变为一个多层次办学单位,从单纯的教学型学院转变为教学研究型学院,逐步实现了本科生、研究生培养零的突破。"

据陆学艺介绍,人文社科学院在"十二五"规划中的"总体目标"是"学院重点建设的社会学学科实现跨越式发展,教学科研实力有突破性进展,形成我校社会学学科的办学特色,在社会建设与社会管理等优势领域占据国内一流水平。"其他学科如法学和新闻传播学等也要办出特色,为北京市的经济社会发展服务。

他还特别提到了实现这一目标的创新举措和保障措施。在人才和队伍建设方面,他保证通过提供组织重大课题和建设学术平台,来加强对中青年教师的培养。在管理体制方面,他认为要不断完善和建设,逐步形成一种"党委领导、行政管理、教授治学、教职工民主参与有机结合的治理结构。在学科方面,他认为,要突出社会学和文化创意产业两大优势学科建设。

思路非常清晰,重点非常突出,信心非常充足,前景也自然非常广阔和光明。

10年前,我来北京,同几个朋友谈起陆学艺出任北工大人文社科学院院长一事,大家异口同声给出了两个字的评论:"难"!"险"!

困难有四:北工大是工科独大的学校,不懂文科,也看不起文科。以个人之力,想改变一个群体几十年形成的偏见,这是不可能的事。此其一难!人文社科学院由社科部、文学所、心理咨询中心等单位拼凑起来,犹如几个杂牌部队组建一个方面军。里面派系纵横,山头林立,人数不少,但未必有战斗力。领工资时教职员工名单一大串,但要做课题,却找不到几个人。要进人,没编制;要出人,没权力,此其二难!人文社科学院,在北工大不过是一个教学院系单位。上有学校强权部门控制,下有原来系室把持,学院夹在中间。要权无权,要人无人,要钱无钱;上天无门,下地无术。混日子,玩概念,可以;要认真,做实事,不行。此其三难!学校高调聘请陆作院长,可能是看中了他的大名,这是一种炒作。无非是形象代言,"贴牌生产",华而不实而已。他们需要陆一年之中,能出席几次会议,见几个记者,讲几句好话,打几声"哈哈",足矣。要想动真格的,天天坐班,事事决策,亲自过问,指东划西,没门儿。此其四难!

有此四"难",足以让陆先生避实就虚,裹足不前。如果陆先生迎难而上,想愚公移山，精卫填海，则必定内外交困，苦不堪言；如果陆先生知难而退，无所作为，则又被肖小们讥讽其盛名之下其实难符，污损了自己的一世清名！这就是朋友们担心的"险"。

在见到陆先生时，我虽没有说出全部的艰"难"与"险"阻，但出乎对先生的敬爱，也委婉地表达了我们的担心。不料先生坦然一笑，说出北工大许多好处：领导的远见卓识，学校的实力雄厚，人文学院老师的勤勉上进，学生的青春活力，还有未来永远多于现在的机遇，仿佛全中国大学，只有北工大最好。一席话，反而把我们说得心动不已。

现在看来，陆先生所言不虚。北工大人文学院是好样的，陆先生这个院长也是好样的。

陆院长的过人之处，用一位知情老师的话说，在于他是愚公，他相信挖山不止，迟早会感动上帝的。

从2001年到现在（2012年），陆先生当院长已有11个年头。11年中，他只干事，不揽权，协调上下，团结内外，抓项目，做课题，带队伍，忙得不亦乐乎。老人家"老骥枥枥，志在千里"，而且一马当先，年轻人当不用扬鞭更奋蹄。

他是院长，既不当挂名院长甩手掌柜，也不唯我独尊，一手遮天。该放手时自放手，不操心事别操心。大事明白，小事"糊涂"。为"官"十多年，干的都是力气活儿，但赢得了北工大人的尊重。

在此，我得"痛苦"而又高兴地宣布，10年前我们的评论，已经彻底破产。

后 记

2011年3月的一天,我开车3小时,走成渝高速,从重庆到成都,去看望在成都做社会调查的陆学艺。

陆先生时年78岁,已近耄耋之年,但精气神比年轻人还显强劲。当我见到他时,时过正午,课题组许多年轻人在午休片刻,陆先生却一点也不困,同我谈他们这个成都的课题,以及现代化什么的。

我虽在听他谈话,心却开了"小差":我在回忆13年前,在一本书中记述的65岁的他。我在端详,13年来陆先生的身体和思想有什么变化?

当年,我在关注"三农"和农村社会学。鉴于中国学术界经常"忘记"和"忽视"中国学人的理论首创权,于是把陆学艺刻画成一位用"脚"做学问,提出了"唯实主义"社会学理论的农村社会学家,并把他同梁漱溟、晏阳初、费孝通并列。我写那本书的本意,是提醒读者,中国人在理论原创力方面,一点也不比西方人差。

书出版后,学界"朋友"对我如此高看陆学艺很不以为然,对我用"唯实主义"概括他的理论体系,更加"愤愤"不已。对此,我当时未作解释,也无法作解释,也不值得作解释。我在等待一个时间窗口,希望实践来作出解释。我相信,一个好的理论,它一定是一个特定时代的产物,它一定会在特定的时间和空间里产生,在特定的时间和空间里作出他特定的贡献,然后在特定的条件下,完成自己的历史使命,成为一个被后人评说的话题。

13 年后，当我听了陆学艺对他的团队工作的介绍，尤其是读了他这期间出版的一系列作品后，我发现我当年写的陆学艺已发生了很大的变化。因此，他在我脑海中的形象也应该随之而变化。不是可不可以与梁、晏、费并列的问题，而是各有千秋，各领风骚的问题；不是可不可以用"唯实主义"评说的问题，而是用什么样的"唯实主义"去更本质和更准确地评说的问题。

于是，我向陆先生提出，可不可以由我来写一本关于他学术、思想和人生的书？

当时，他思考了一会儿，"同意"，但有三个前置条件：

"第一，客观公正，有一说一，有二说二。"

"当然。"我答。

"第二，你写的书，你的观点你负责。"

"当然。"我答。

"第三，公开出版的资料，我可以给你提供；其他资料，只能由你自己搜集。你使用什么资料，只要有根有据，我不会干涉你。"

"很好。"我同意。

于是，在接下来的日子里，每天当老婆孩子熟睡之后，还有节假日，我便开始与童年、青少年、中年和现在的陆先生"对话"。沉浸在陆先生学术体系海洋里，是一种幸福。它的博大精深和睿智远见，能让人沉稳。两年多来，幸福地"辛苦"所得，是我发现了唯实主义实际上是一个迷宫，也是一座金山。它远非我原先想像的那样简单，而是同所有著名的科学原理一样，在简单的外壳里面，有一个复杂而深刻的内涵。

本书是我两年多来，和陆学艺心灵"对话"的记录，也是我对他学术人生的解读。它不是一般意义的文学传记，也不是一般意义的历史实录，而是一个学术人生的个案分析。

我以陆学艺学术人生为个案，分析在中国什么是真正的学术？为人们也为我自己解答，什么是真正意义的学术成功？怎样才能获得真正意义的学术成功？

在社会学界，出版著作比陆学艺多的人，发表论文比陆学艺规范的人，讲起西方社会学话语比陆学艺"内行"的人，多得不可胜数；但比陆学艺更成功，对实践和生活解释力、影响力更大的人，能数出几人？

后记

毫无疑问，陆学艺是近30年来，中国社会学界为数不多的成功的社会学家之一。他的农村体制改革理论、"三农"问题的理论、社会结构转型理论、社会建设和社会现代化理论，对中国的改革开放、社会发展、现代化进程，产生了较大影响，是社会学自恢复和重建以来，在中国社会发展领域，为数不多的、具有现实意义和学术价值的成果之一。他具有"文化自觉"和"政治自觉"的中国社会学建设思想，正在积极地影响着社会学学科建设进程。

也许你不是社会学家，不必关注陆学艺作为一名社会学家，在社会学理论方面的成功；也许你对学术不感兴趣，不想了解学术到底是什么？但是，只要你愿意求知，愿意有一个成功的人生，了解陆学艺学术人生的成功，对于达成你的愿景，仍不失为一条终南捷径。

本书要告诉你，陆学艺在社会学理论成功背后另一种成功，即他的学术世界观、方法论上的成功，学术人生的成功。

陆学艺的学术，在我看来是唯实主义的，他的人生，也是一个唯实主义者的人生。

"唯实主义"并不深奥，它是陈云同志"不唯书，不唯上，只唯实"中"唯实"一词的引申。这应当是马克思主义的思想方法，也是中国传统学术的思想方法。不过，我在这里取其狭义，意指将"实"作为学术认识本源、过程和目的的学术思想和方法。

1998年，我首次用这一词对陆学艺的农村社会学思想和方法论的本质特征、品格和体系进行概括，提出"实际、实证、实践、实用"等，是陆学艺唯实主义思想和方法论的特征。

经过十多年的实践，陆学艺唯实主义学术体系和方法，又有了进一步丰富和发展。因此，必须进行再认识。我在书中，提出了以下几点：

第一，他的学术世界观是理性的乐观主义。他对中国和世界历史与发展总的看法，总基调，是乐观主义的。他反对"中国崩溃论"，也不赞成"谁来养活中国人"中的"农业悲观论"。他对中国前景的乐观，即使在1989年"六四"风波时，都不曾动摇过。他持续20年乐观地对中国社会形势作年度预测。但他的乐观主义并非盲目，而是有条件的理性的。在绝大多数人"乐观"时，他"悲观"地警示；在绝大多数人"悲观"时，他又是一个乐观主义者。

第二，他学术具有鲜明的"文化自觉"和"政治自觉"。在学术和政治上，他持"中"派立场和倾向。他的社会学理论不仅具有鲜明的"文化自觉"，而且具有鲜明的"政治自觉"，强调社会学中国化，强调"360+1"度看问题。学术立场和政治倾向上，他是一个"中"派，即中间派、中国派、中国特色派、中国特色社会主义改革开放派。他常说"我是中国派"。他的出发点是中国，他的目标也是中国。他的中国派观点，现在更多地表现为中国特色派，社会主义改革开放派。他坚持社会主义、改革开放、富民强国、科学发展，坚持中国社会现代化。在这方面，他很"淡定"，也很坚定。

第三，在学术定向定位上，他是一个"现实"主义者，根基于历史，着手于当代，放眼于未来。他学过中国哲学史，对传统文化也曾下过一番功夫，长期以来，根基于传统文化的继承改造与创新。但自1978年以来，他的研究重点，都放在当前和现实问题上。他的代表作中，至少有5本书的书名，冠有"当代"二字，它们是：《当代中国农村和当代中国农民》《当代中国社会阶层研究报告》《当代中国社会流动》《当代中国社会结构》和《当代中国社会建设》。这说明，他的研究一直是着手于当代。他的"当代"系列和《中国社会思想史》研究，虽然是对中国社会的历史和现实研究，但着眼点是在未来，在于促进中国社会现代化。

第四，他在方法上，坚持以实践为本体的方法论。陆学艺是中国学术思想方法的坚定继承者和倡导者。他不仅在践行"知行合一"、"理论与实际相结合"和"通识"的理念，而且在实践中发展出一套实践本体论的方法论体系。这就是把实践看作是学术研究的出发点、过程和终极目标，实践是检验学术真理性的标准，推动学术发展的动力，推广学术的基地。反过来说，实践本体论的学术，是对实践的总结，是对经验的提升，是对实践成果的推广。从实践本体论观点看，真正有价值的学术，是从实践中得来又能到实践中去推广应用的学术。

第五，在学术价值观上，他坚持学术的效用价值。学术贵在有用、实用、效用。这是不言而喻的。但有什么用？对谁有用？则仁者见仁，智者见智。陆学艺从宏观、历史和政治的高度看待学术的有用性。他在研究中，为了中国现代化和社会转型发展，总是抓重大的、关键的、亟需解决的和具有创新的课题，看似

后记

无用，实则有大效用。他坚持效用基于价值，价值创造效用，效用与价值的统一。当然，社会学作为一门应用性较强的学科，它的效用性是多方面的，政治之用、商业之用、民生之用等等，都需发展。

第六，在学术推广上，他追求建设性真理。学术研究也具有生产性和推广性，学术成果因其推广性，可以分成两类：一类批判性、颠覆性的；另一类则是建设性的。陆学艺全部社会学理论，都是具有建设性的，是为中国改革开放、社会主义现代化建设服务的。虽然他在其中也批评政府某些人、某些政策和某些理论，但他的目的不是颠覆，不是取而代之，而是追求真理，改革和完善偏离正确轨道的体制机制，维护秩序的正常运行。这种建设性理论，在改革开放和社会主义现代化的建设时期，具有学术价值和现实意义。

以上几点，理解成"经验"，似乎不妥。因为这种纯主观体验性的东西，有点像物理学家看到的量子，测不准，确不定。而且，说了，未必能听；听了，未必能懂；懂了，未必能做；做了，未必有效。我在这里写出来，是把它当作一种"境界"来看待。陆学艺学问显示的"境界"，在我，只可远观而渐近它，不可把玩而操弄。而且，"境界"也分层，有最高、次高、中层、次低、最低之分。我辈凡俗且愚笨，有心向学，但不奢望一步登天。"境界"如梯，就顺着一层一层往上攀登吧。

21世纪我不可能达到和超越陆学艺，但愚公式地攀登，22世纪渐近"陆境界"，希冀能实现。

这本书初稿完成之后，我用邮件发给陆先生审阅。陆先生忙，但他还是抽空看完了全稿。今年（2013年）年初我有一次去北京拜访他，想听一下他对于书稿修改的意见。见面后，他谈起书稿来，第一句话便是："吴怀连，你写这本书可是花了大功夫了。有些资料，我都不太清楚啊！但你不要把我写得那么好，有些提法要修改"。

我知道，陆先生是一位严谨的学者，为人谦虚低调。但对待研究，他的确做到了"不唯书、不唯上、只唯实"。这9个字，是陈云同志提出来的，也是陆学艺一生的追求。我用"唯实"来概括陆学艺的学术人生和学术境界，既是对陆先生实事求是地评价，又有我愿与读者共勉的用意在内。让陆先生"高调"

出镜，凸显我对唯实主义社会学的推崇。但这绝不是陆先生的意思，与他的自我认知无关。书中对陆先生学术的评价是高是低，应由实践和历史检验，由读者定论，由作者承担责任。当然，传主和其他任何人对于本书事实和文字的指教，都让我受益终身。在此，我要对传主生前和传主的家属、学生、同事和朋友们的不吝赐教，表示最衷心的感谢。对传主的家属、学生、同事和朋友们进一步的赐教，同样先期表示最衷心的谢意。

2013 年年初的那一次会见，我和陆先生商定；我用半年时间修改，拟于 8 月份出版。8 月 31 日是陆先生 80 寿辰。届时，社科院社会学所和北工大人文社科学院，将为陆先生举办隆重的寿诞学术纪念活动。可万万没想到的是，先生于 5 月 13 日因病突然辞世。先生走了，8 月份的学术纪念活动另作安排，我这本书原定的出版计划也泡汤了。

我本是学术圈外之人，现任职于重庆的一家大型国有企业。平日里，有时舞个文弄个墨，发篇文章写本书，是一种业余爱好。我没有评职称之需，也不靠它来赚钱，出版与否，关系不到名利得失。只是当时之所以承担此任，一是陆先生看得起；二是我有一个梦：想替中国学术做一点"翻案"文章。长期以来中国人讲理论、思想、学派，都是言必称西方，不认为中国人有主义、有思想、有学派。陆学艺毕生致力于实践本体论的社会学研究，形成了唯实主义的理论和方法。我认为，值得认真总结。陆先生在社会学理论原创和学派形成方面的工作，对于寻求中国化、时代化、国际化和实践化发展道路的中国社会学而言，具有探路和先行意义。

因为"仰视"陆先生的为学为人，因为梦想着替中国学术正名，因为要发掘陆学艺学术的价值，所以，我才愿意花两年多时间来写作这一本书，才坚持不惜代价出版这本书。

有人说，对陆学艺的学问，不应该"仰视"，而应该"平视"。说我"仰视"陆先生，那是说对了。这本书的视角，的确是"仰视"的。这个中的原因有二：一是我唯物辩证法学得差，不知道客观分析，"一分为二"、"三七开"、某些观点"正确"之后还必须有一连串的"但是"之类，我弄不来；二是因为我站得太低，他站得太高。陆先生用 35 年成就的学术高度，我用 350 年也未必能够达到，我们之间又怎能做到"平视"呢？但"仰视"，未必就是歌功颂德，

后记

无限拔高。虽然我是陆先生的学生，但还是知道一些"我爱吾师，更爱真理"的道理，对陆先生某些具体观点和结论，未必认同。细心的读者一定会发现，委婉的异议和建议，在书中俯拾皆是。但这绝不能认定为"平视"。我没有这个本意，也没有这个资格。

这一本书写作的本意，是让普通读者对陆学艺的学术思想和学术人生有一个正面的了解，"仰视"导读是必要的。而且，对于刚离去一个阶级斗争和批判时代不远的学术界而言，建设性地对待像陆先生这样的中国原创理论，多一些理解，少一些恶搞；多一些褒扬，少一些贬斥；多说 Yes，少说 No，比较有利。但如果你不是普通读者，你比陆先生站得更高，你的思想更伟大，你当然可以"平视"和"俯视"。我想以陆先生的为人和个性，他在天之灵肯定欢迎多视角评价，尤其是"平视"和"俯视"之言。"仰视"陆先生的书，只出我这一本；"平视"和"俯视"陆先生的书，我希望别人多出几本来。让陆先生的学术和思想活在不同视角的人们心目中，有助于延续他的学术生命。让我们共同努力。

感谢国家的和谐，感谢陆先生生前的厚爱，感谢我所在单位重咨集团的大力支持，感谢高鸽老师和周艳博士的臂助，感谢打字员吕娟的耐心，也感谢妻儿的熟睡，让我走出了"渐近"陆学艺的第一步。

2012 年 5 月 9 日初稿

2013 年 8 月 20 日修改

2014 年 3 月 15 日再修改